PR인의 꿈, 그리고 성공

PR인의 꿈, 그리고 성공

김경해 지음

북적임

들어가며

    필자는 지금까지 PR에 관한 네 권의 저서를 발간하면서 현장 중심이나 한 가지 주제만을 중점으로 다루었다. 이번 다섯 번째 저서는 여러 주제를 다루면서도 PR 산업의 미래를 조망하고 후배들에게 꿈을 심어주는 것을 목적으로 하면서도, PR 산업이 지속가능한 유망 산업으로 발전하기를 바라는 마음이 크게 작용하여 책 제목에 '꿈'을 넣게 되었다.

    필자가 '꿈'에 대해 본격적으로 생각하게 된 것은 초등학교 4학년 때 할머니와 스님과의 대화가 머릿속에 각인이 되었기 때문이다. "스님, 우리의 인연은 오늘까지입니다. 내일부터 저는 예배당에 다니기로 했습니다." 필자의 집 앞마당 입구에서 육순이 넘은 할머니와 스님이 나누는 대화를 하교 후 집에 들어가려는 순간 엿듣게 되었다. 30년 간의 스님과의 관계를 정리하고 그 이튿날부터 비가 오나 눈이 오나 새벽 4시에 시골 예배당에 나가 새벽종을 치시던 할머니의 '꿈'이 도대체 무엇일까 그 때부터 어린 손자는 생각해 보게 되었다.

누구도 할머니에게 그 때 어떤 꿈을 위해서 그런 결정을 했는지 묻지 않았고, 할머니 당신도 밝히지 않았지만 세월이 지나 필자의 집안은 5대가 기독교 집안이 되어 행복하게 살고 있고, 필자도 운이 좋아 한국 최초의 PR 회사를 설립하여 미흡하지만 꿈을 실현한 것을 보면 '이것이 바로 할머니의 꿈이 아니었을까?' 생각이 든다.

필자는 중학교 2학년때 아침마다 하숙집 앞 야산에 올라가 앞으로 한 분야의 파이어니어(pioneer)가 되겠다는 꿈을 품고 가곡 '선구자' 가사를 웅변조로 나지막이 읊조리면서 마음을 다지기도 하였다. 어릴 때부터 품었던 파이어니어의 실현을 위해 1987년 한국 최초의 PR 회사인 커뮤니케이션즈코리아를 설립할 때는 아무도 밟지 않은 첫 눈 내린 들판을 걷는 심정이었다. 도전하면서 배우고 또 발전하는 이런 과정은 필자의 적성에 맞으면서 꿈을 실현하는 길이었다.

PR 산업의 여건이 급변하고 있다. AI의 등장으로 빅데이터를 해석하고 사실과 본질에 더욱 가까운 지능 정보를 산출할 수 있게 되어 PR 산업에 쓰나미가 밀려오고 있다. 이 험난한 시대를 후배들이 현명하게 성공적으로 대응해 나가기를 바라는 마음에서 제호에 '성공'을 강조하였다.

필자는 지난 50년 간 수많은 사람들을 만났다. 주로 한 분야에서 성공한 사람들을 많이 만났는데 한 순간 모든 것을 잃어버리고도 '나는 행복하다'고 한 도사 같은 분도 만났다. 성공 뒤에는 그 사람만의 남다르고 독특한 철학과 비전이 든든하게 버텨 주었기 때문이라고 생각한다. 성공한 PR인의 길이 쉽지 않음에는 틀림없으나, 우리 후배들은 급변하는 환경 속에서 PR이 할 수 있는 새로운 역할을 찾아내어 위기를 기회로 바꿀 수 있기를 바란다. 위기라는 말은 위험과 기회를 합한 말 아닌가. 미리 순비하는 자에게는 위험이 줄고 기회가 커지는 것이다.

 필자는 이 책을 PR 산업에서 일하는 분들과 광고, 마케팅, 정치, 기업과 정부에서 일 하는 분들, 나아가 PR을 전공하거나 PR분야의 진출을 희망하는 학생들에게도 유용한 책이 되기를 바라는 마음에서 집필하였다. 특히 위기관리와 MPR 분야의 새로운 사례들이 대기업 및 중견기업에 크게 도움이 되었으면 한다. 이 책에 등장하는 다양한 분야의 인사들에게 고개 숙여 경의를 표한다.

 책을 쓴다는 과정이 힘들 것이라곤 예상했으나 과거를 정리하기 위해 추억과 기록을 꺼내면서 수많은 PR 현장 이야기가 생생하게 머릿속에 떠올랐다. 그러면서 36년 간 우리 PR 산업이 큰 도약을 한 것을 실감했다. 새로운 도전에 직면하고 있음에도 필자에게 PR의 최고의 가치는 무엇이냐고 물어본다면 '정직'과 '신뢰'라고 대답할 것이다.

 이 책을 쓰게 된 계기는 아내 정나미의 강력한 권고였다. 한번 빠지면 물불 안 가리는 필자의 성격 때문에 새벽 2-3시까지 글을 쓰고 있으면 아내는 그만 쓰고 내일 다시 쓰라고 하는 등 세심한 배려로 나의 집필 활동을 도와주었다. 딸 김희진, 사위 윤승환, 아들 김동준, 며느리 유현이도 옆에 있어 항상 큰 힘이 되었고 아직도 사춘기를 다 벗어나지 못한 손녀 윤재인은 무관심으로 관심을 표시해 주었다.

 회사에서는 김정유 팀장이 큰 힘이 되었다. 김 팀장은 외국 사례 정리와 자료 조사에 뛰어난 능력을 발휘하였으며, 이은홍 부사장은 마지막 정리 작업과 교정에 힘을 보태주었다. 두 분들에게 감사한다. 연세대 한정호 교수는 책의 기획과 사례 정리와 분석에 크게 기여하여 주었고, 홍익대 정지연 교수는 책의 흐름과 편집 전반에 대해 조언을 해 주었다. 그리고 코리아리서치인터내셔널 총괄 그룹장 최승범 박사는 초창기 기획 단계에서 큰 도움을 주었으며, 언론계 선배인 전 세계일보 구월환 주필은 언론인의 감각으로 책의 내용을 더욱 내실 있게 보완해 주었다. 추천의 글을 써주신 김장열 미국 콜로라도 주립대 교수, 김주호 한국 PR협회 회장, 손지애 문화협력 대사 그리고 신호창 서강대 지식융합미디어대학 교수 네 분에게도 깊은 감사를 드린다. 가봉에서 선교 활동을 하시며 아프리카 취재 여행 원고와 관련하여 도움을 주신 김홍기 목사님께도 감사의 마음을 전한다. 그리고 도서출판 북적임의 박종현 대표와 디자인 팀에게도 감사를 전한다. 성원해주신 모든 분들께 고개 숙여 감사드린다.

강남구 논현동 CK빌딩 서재에서
필자 김경해

추천의 글

김경해 회장님으로부터 추천사를 부탁받고 곰곰이 회장님과의 인연을 생각해 보았다. 동향(대구)은 물론이고 코리아헤럴드와 창업하신 비즈니스코리아에 계실 때 나와 같이 미국 미주리 주립대 대학원에서 수학한 피터 엔가르디오와 은퇴한 어윈 슈레이더 교수가 한국에 와서 같이 영문 경제지 비즈니스코리아 발행에 동참한 것도 귀한 인연이다. 뿐만 아니라 따님인 김희진 커뮤니케이션즈코리아 부사장이 연세대 언론홍보대학원으로 들어와 나와 사제의 연을 맺고 다른 제자들과 같이 지금까지 가끔 얼굴을 본다. 그래도 한참 후배인 사람이 선배의 책에 추천사를 쓴다는 것은 결례에 가깝다고 여러 번 사양을 한 바 있다.

무엇보다 회장님과 나는 버네이즈와 아이비 리를 좋아한다. 두 사람에 관해 이야기 할 때는 전화로 한시간을 넘길 때도 있었다.

나는 김경해 회장님을 개척자의 정신이 강한 분으로 존경한다. 비즈니스코리아를 창간하셨을 때는 전두환 대통령 시대였기에 언론통폐합 등으로 신문이나 잡지를 발간하기 어려운 때였다. 동시에 한국의 첫 PR 회사라 할 수 있는 커뮤니케이션즈코리아를 창립하셔서 한국 PR 산업의 오리진(origin)으로 역할을 하신 것은 참으로 대단하다.

  사업적으로도 성공하시고 인재 양성소의 역할도 하셨다. 부드러우면서도 적극적이셔서 일의 성취도가 높다. 일과 후인 밤에 서강대학교에서 위기관리로 강의와 세미나를 열심히 하신 것도 기억이 난다. 김경해 회장님은 전인미답의 길을 걷는 파이어니어 체질이신 것 같다.

  이 책에서는 인식의 변화를 통해 PR 목표를 달성한 사례와 창의적이고 전략적인 생각으로 문제를 해결한 사례들과 김 회장님의 장기라 할 수 있는 위기관리에 관한 많은 실례들, 혹은 에피소드로 가득 차 있다. 그리고 회장님이 PR업에 몸담고 있는 후배들에게 당부하고 싶은 이야기들이나 공유하고 싶은 노하우도 본인의 경험담을 중심으로 진솔하면서도 소탈한 톤 앤 매너로 전하고 있다. 부담 없으면서도 재미가 있다. 기자와 PR 프로페셔널로서 직·간접적으로 체험한 스토리들이 흥미진진해서 한 자리에서 금방 다 읽고 이 추천사를 쓴다. 많은 분들이 독자가 되어 이 책을 읽으리라 보는데, 나는 무엇보다 이 책이 우수한 인재들이 PR업에 흥미를 느끼고 자원하는데 좋은 계기가 되기를 기원하면서 일독을 권한다.

연세대학교 언론홍보영상학부 명예교수
추천인 한정호

서문

 필자는 그간 학자가 아닌 PR 실무자로서 PR의 매력에 대해 진지하게 연구해 왔다. 필자에게 가장 큰 감동을 준 PR 사례들은 1장에서 다룬 '공중의 인식의 변화'를 통해 PR의 목표를 달성한 경우였다.

 예를 들면 경북 청송군의 이미지를 개선하기 위해 청송에 대한 인식을 바꾼 사례이다. 청송교도소를 경북북부교도소로 명칭을 바꾸고, 청계천에 사과 띄우기, 사과 체험, 주한외교관 청송 초청 설명회, 슬로우 시티 선정 작업, 세계빙벽대회 및 기자단 설명회 등을 통해 흉악범들이 수감되어 있는 청송교도소의 이미지를 바꾸었다. 그 후 청송하면 '산소의 고장', 명품사과 단지와 주왕산 주산지라는 관광명소가 부각되어 청송을 방문하는 수도권 주민들이 날로 증가했다. 인식의 변화를 통한 대표적 성공 사례라고 평가하고 싶다. 만 원을 투자하여 한글 명함 한 통을 제작하여 상대방이 즐거운 마음으로 2억 원을 쓰게 만든 감동적인 사례도 포함시켰다. 겨울 음료로서의 코카콜라, 부모라는 단어로 사과광고에 대한 인식을 바꾼 사례도 넣어보았다.

그 다음 2장에서는 '창의적인 생각으로 문제를 해결'한 사례들을 다루었다. 창의적 사고는 마케팅이나 광고, 판촉 등에서 모두 필요한 요소인데 PR에서도 결코 예외가 아니다. 마케팅 PR 분야와 위기관리 분야 모두에 긴요하다. 3개의 i를 사용한 'Wiiings'로 위기 국면을 벗어난 레드 불 사례나 남태평양 괌의 데스티네이션 PPL, 얼음을 뒤집어 쓰는 아이스 버킷 챌린지 등을 포함시켰다. 또한 한일 문화재 반환 협정 체결시 기증(present)이냐 반환(return)이냐 한·일 양측이 해결책을 찾지 못하고 있을 때 'hand over'라는 창의적 아이디어로 양국을 윈-윈하게 만든 사례도 넣어 보았다.

3장에서는 '전략적 사고를 통한' 위기관리 사례들을 다루었다. 전통적인 위기와 SNS 시대의 새로운 위기에 대한 전략적이고 조직적인 준비가 미래의 PR을 이끈다는 점을 강조했다. 위기관리는 사전 예방이 우선이라는 것을 보여주는 가상 시나리오에서 출발해서 말만 화려하고 내용이 없는 비전문가(non-expert)에 대한 전략 수립과 관리, 고맥락 문화와 저맥락 문화의 차이점을 보여주는 사례들도 포함시켰다. 정치인들에 대한 위기관리 십계명도 언급했다. 사람과 조직을 골탕 먹이는 루머의 여러 유형과 특징, 이에 대한 대처법도 나름 설명해 보았다. 같은 맥락에서 위기를 부르는 갓차 저널리즘(gotcha journalism)과 악성 저널리즘(bad journalism)에 대해서도 비교적 상세히 취급했다.

4장 'PR을 PR하다'에서는 PR의 다양한 기능을 알리고 PR이 지속가능한 산업으로 번창하기 위해 우리 PR인들이 지켜야 하는 지침들에 대해서도 써 보았다. 글라이인드와 이해의 갈등(conflict of interest), 공격 PR

의 필요성, 클라이언트 리드하기, 언론 보도 관련 보장(guarantee) 금지와 같은 PR 윤리 문제와 고객 관계들이 후배들에게 도움이 될만한 사항들이라 생각하고 포함시켜 보았다. 『언더독의 역습 : 공격 PR의 승리』에서는 문제 발생 시 무조건 저자세만 취할 것이 아니라 반란자(insurgent)가 되어 크게 승리하는 사례도 있다는 점을 강조하기도 했다.

마지막으로 5장에서는 그간 필자가 PR인으로서, 언론인으로서 살아온 여러 이야기들을 이 책의 전반적인 주제들과 연계시켜 정리했는데 각 스토리가 의미하는 PR적인 메시지를 전달하려고 노력하였다. 중간중간 브레이크를 주기 위해 분홍색 박스로 처리한 다양한 이야기들은 필자가 나름 고이 간직한 것들이었는데 이 책을 통해 털어 놓았다.

끝으로 『PR인의 꿈, 그리고 성공』이 한국 PR 산업의 지속가능성 제고에 일익을 담당할 수 있기를 기원한다.

필자 김경해

목 차

1장. 인식의 변화로 PR 목표 달성

청송 교도소의 이미지를 지우고 청송 사과를 명품 사과로 ··· 020

제일은행 행장에게 배운 사내 커뮤니케이션을 통한 인식의 변화 ··· 027

상원의원 반대에도 불구하고 괌 주지사 한국 합동분향소 조문 ··· 033

F-16 전투기, 일간지 1면 광고게재는 불가능하리라는 인식에 도전 ··· 038

1만원 한글 명함 제작으로 사우디 재벌을 감동시켜 2억 원을 번 MPR ··· 042

세상에 없던 카테고리 만들기의 성공 MPR ··· 050

부모(parents) 단어를 사용하여 사과 광고에 대한 인식을 바꾼 마텔 ··· 058

아이보리 비누를 미국인들의 비누로 ··· 065

인식의 변화를 통한 전략적인 마케팅 : 코카콜라와 아리수 ··· 069

인식의 변화를 통한 전략적인 마케팅 : 애플과 수면 ··· 073

다보스에서 만난 세계 PR 전문가들 ··· 078

당당한 PR 우먼 조안 리(Joan Lee)와의 끈끈한 인연 ··· 081

30대 중국사업가 릴리 루오(Lili Luo)의 슬픈 사연 ··· 086

남북긴장을 느꼈던 평양 적십자 회담과 판문점 군사정전위 회담 취재 ··· 093

2장. 창의적인 생각으로 문제 해결

치열한 외교 현장에서의 창의적인 접근 ··· 104

PPL로 대박 난 남태평양의 괌 데스티네이션 MPR ··· 109

부시냐 고어냐! 미국 대통령 선거전에 빛난 창의적인 전략 ··· 114

〈Wiiings〉 3개의 i로 위기 국면을 벗어난 레드불(Red Bull) ··· 118

디마케팅(Demarketing)은 이익을 가져다주는 손해 마케팅 ··· 121

오랜 시간을 투자한다고 더 많은 가치를 창출하는 것은 아니다 ··· 127

매복 마케팅(Ambush Marketing)의 대성공, 붉은 악마 캠페인 ··· 131

환경 보호론자들의 비난 대상이었던 스타키스트가 환경보전에 앞장서다 ··· 135

아이스버킷 챌린지가 남긴 소셜 미디어 마케팅 교훈 ··· 142

무스탕 자동차의 팬클럽 MPR ··· 147

코리아헤럴드에서 구세주를 만나다 ··· 151

괌의 특급 관광 전도사 미스 괌 출신의 필라 라구아나(Pilar Laguana) ··· 155

코란을 못마땅히 여긴 지아 얼 학(Zia ul Haq) 파키스탄 대통령과의 만남 ··· 162

미국PR협회(PRSA)의 APR 인증 자격증에 도전하다 ··· 167

3장. 전략적 사고로 위기관리

가장 평범한 곳에서 위기관리의 보석을 찾다	⋯ 174
정치인의 위기관리 십계명	⋯ 177
TV 토론시 Non-Expert Expert(전문가인 척 하는 사람)을 관리하라!	⋯ 184
추락한 유나이티드 항공의 이미지…전화위복이 된 사우스웨스트 항공	⋯ 189
고맥락 문화와 저맥락 문화의 치명적 차이	⋯ 198
공식 기자회견을 통해 에이즈 루머를 잠재운 스냅스 패스트푸드	⋯ 205
Gotcha(딱 걸렸어) 저널리즘과 탐사 보도 저널리즘	⋯ 210
위기를 부르는 악성 저널리즘(bad journalism)들	⋯ 216
루머와 대처	⋯ 221
소셜 미디어(SNS)가 만드는 새로운 초현실 위기(hyper crisis)	⋯ 228
5배의 월급을 제안받고 세계적인 로이터통신 주한특파원으로	⋯ 233
카메라 하나 들고 두 달간 아프리카 여행에 나서다	⋯ 237
가택연금 중이던 김대중 대통령과의 만남	⋯ 245
88 서울 올림픽 볼링운영본부장이 되고, 서강대학교 총동문회장에 당선	⋯ 250

4장. PR을 PR하다

언더독의 역습 : 공격 PR의 승리	… 258
도대체 뉴스란 무엇인가?	… 265
특종에 미친 기자들 : 푸에블로함 피랍 함장 석방 기자회견과 특종의 교훈	… 271
생존전략으로서의 린치 핀(linchpin)	… 276
국내 기업의 해외 진출을 지원하는 PR 회사의 역할	… 281
MPR의 전문가가 되라	… 286
PR 회사의 직원 역량 강화(talent based) 모델	… 290
자신의 것은 꼭 지켜라	… 294
전문가 기고(Op-Ed)는 효과적인 PR 도구	… 298
이해 충돌(conflict of interest)과 윤리	… 302
양의 탈을 쓴 늑대 : 전위 그룹(front group) 위장 단체	… 306
보장(guarantee)하지 마라 : PR인의 기본윤리	… 310
카타르시스(catharsis)만 맛보지 말고 위기에 대비하라	… 314
저널리즘 vs 아카데미즘 (journalism vs academism)	… 318

체험 마케팅과 관계 마케팅의 MPR, 양배추 인형(Cabbage Patch Kids) ··· 322

비동맹외교를 위해 박정희 대통령을 도운 스웨덴 왕의 주치의 한영우 박사 ··· 326

졸지에 회사를 잃은 대기업 회장의 행복론 ··· 330

9.11 참사현장 책임자 조 알바우 FEMA(미 연방 재난관리청) 청장 초청 ··· 335

내가 만난 룩셈부르크 왕세자는 최고의 PR맨 ··· 340

대미 구매사절단에 포함된 30대의 젊은이들, 재벌의 싹이 보이다 ··· 344

5장. 파이어니어(Pioneer)의 길을 걷다

파이어니어(Pioneer)의 길을 걷다 ··· 350

참고문헌 ··· 374

1장

인식의 변화로 PR 목표 달성

청송 교도소의 이미지를 지우고
청송 사과를 명품 사과로

이름부터 바꾸어라!
네이밍은 인식의 변화를 이끌어내는 기본

지방자치제도의 실시와 더불어 각 지방자치단체들이 독자적인 마케팅 PR(MPR) 프로그램을 개발하고 있다. 덕분에 지자체에서 생산되는 특산물 판매를 크게 늘리거나 관광객 숫자를 대폭 늘려 주민들의 소득을 증대하고, 지자체장들의 업적을 TV 인터뷰나 신문 인터뷰를 통해 광범위하게 주민들에게 알려서 지자체장들이 재출마 시 유리한 고지를 차지할 수 있게 되었다. 이런 이유로 정치 감각이 있는 지자체장들은 1년에 5억~10억 원 정도의 예산을 편성하여 MPR 전략을 실행하는 공개 경쟁 입찰을 공고한다.

커뮤니케이션즈코리아는 2010년 경상북도 청송군에서 나온 입찰에 참여하게 되었다. 1년 계약에 4억 정도 되는 예산을 집행하여 청송에 대한 인식을 바꾸는 것과 동시에 청송 사과를 명품 사과로 포지셔닝시키는 과제였다. 5개 회사가 입찰에 참가하여 필자의 회사 커뮤니케이션즈코리아가 최종 선정되었다. 당시 한동수 군수와 같이 머리를 맞대고 MPR 프로그램을 기획하고 실행에 옮겼다.

'청송' 하면 뭐가 생각나느냐고 물으면 일반인들은 제일 먼저 흉악범들이 많이 수용되어 있던 영화 '빠삐용'에서 주인공 스티브 맥퀸이 절해고도의 절벽에서 탈출하는 장면이 떠오를 것이다. 전두환 정권 시 사회 정화 차원에서 철저히 격리할 필요가 있는 흉악범들을 청송교도소에 집단 수용하였다. 청송은 경상북도에서 오지에 속할 정도로 시골 같은 곳이라서 '산소의 고장'이라고까지 불렸고 주왕산이라는 명산 등이 있음에도 청송교도소라는 시설 하나 때문에 기피 지역으로 변해 가고 있었다. 이때 얼른 머리 속에 떠오른 생각이 있었다. 에드워드 버네이즈는 1940년대 미국에서 여성이 공공장소에서 담배 피우면 정숙하지 못한 여자로 취급 받는 상황에 대해 '큰 금광 하나를 놓치고 있다'고 생각했다. 그래서 버네이즈가 아메리칸 토바코 사의 힐 사장과 같이 여성 흡연에 대한 인식 바꾸기에 도전하여 노다지 하나를 얻게 된 전략을 청송군에도 한 번 도입해 보자고 작정하였다.

청계천에 띄워진 청송 사과

　청계천 광장을 빌려 대규모 이벤트를 진행하였다. 청송 주민 약 1,000여 명이 상경해서 직접 생산한 사과를 전시하고 시식 대회를 열었으며 청계천 물 위에 사과를 띄우기도 하였다. 청계천 물 위에 떠 있는 사과가 여러 방송국 카메라에 잡혀 방영되어 큰 인기를 끌기도 하고, 시식에 참여한 시민들의 반응도 적극적이었다. 한동수 군수는 입에 거품을 문 것 같이 청송 사과의 전도사가 되었다. "청송은 주왕산이라는 명산을 포함하고 있고 밤에 기온이 낮고 공기가 정말 맑습니다. 사과는 추운 밤을 견디기 위해 당분을 많이 비축하게 됩니다. 그래서 청송 사과는 어느 지역 사과보다 당분이 더 높습니다."

이렇게 한 군수와 커뮤니케이션즈코리아의 노력이 시너지를 발휘하여 청송 사과가 명품으로 자리 잡기 시작했다. 지금도 시장에 가면 청송 사과라고 꼭 지역을 표시한 매대가 많이 보이고 있다.

청송 사과 수출의 길이 트이다

주한 외교관(대사 및 공사 포함) 약 50명을 초청하여 2박 3일 프로그램을 진행하였다. 청송 사과 따기 대회와 간단한 요리 대회(contest도 MPR의 주요한 도구임)와 가지치기 행사도 진행하였다. 외교단에게 널리 알린 프로그램 때문에 청송 사과 수출의 길이 트였다. 말레이시아 태국 등 동남아에서 청송 사과는 보통 사과보다 30-40% 더 비싸다는 이야기를 들었다. 여기에 그치지 않고 세계 빙벽 대회 개최를 신청하여 세계적인 빙벽 선수들이 청송에서 시합한 놀라운 일도 일어났다. 청송군은 관광지로서 서서히 부상되기 시작하였으며 주왕산과 김기덕 감독이 제작한 영화 '봄, 여름, 가을, 겨울' 영화의 무대가 된 주산지 호수와 소나무향이 짙은 청송의 깨끗한 공기는 좋은 관광자원이었다.

이런 좋은 분위기가 무르익고 있는데 흉악범들이 수용되어 있는 것으로 알려진 청송 교도소가 큰 장애 요인이 되었다. 교도소 앞에 청송이라고 들어가 있으니 청송이 수도권 국민들에게는 모두 교도소인 것처럼 들렸다. '이름을 바꾸자' 그러나 쉬운 일이 아니었다. 이름을 바꾸기 위해서는 국무회의를 통과해야 하는 복잡한 절차가 있었다. 이름을 바꾸기 위한 전

'소나무의 고장' 청송 (출처 : 임정의 작가)

략회의가 시작되었다. 청송 출신으로 전국에 흩어져 살고 있는 사람들의 명단이 확보되었다. 커뮤니케이션즈코리아가 작성한 호소문 같은 내용이 그들에게 배포되고, 그들이 살고 있는 곳의 주요 언론 매체의 독자 투고란에 무료로 기고를 하여 청송군민들의 애환을 알리고 이름 바꾸기 캠페인에 참여해달라는 애절한 호소를 하는 내용의 기고 캠페인을 벌였다.

이러한 캠페인을 약 3년 동안 벌였는데 여기저기서 도와주겠다고 나섰으나 국무회의를 통과하는 마지막 절차까지는 도달하지 못하였다. 마지막 마침표를 찍기 위한 노력을 하던 어느 오후 시간에 법무부 장관실에서 연락이 왔다. "장관님이 어느 독자가 조선일보에 투고한 기고문의 애절한 사연을 읽고서 국무회의에 올리려고 하니 청송 관계자와 회사 관계자가 법무부로 들어와 주시오."

3년 간의 피나는 노력 후에 이런 낭보가 전해진 것이었다. 그래서 청송군 측에서는 희망 교도소 혹은 숫자를 상징적으로 넣어서 123 교도소 등 다양한 희망사항을 올렸다. 그러나 정부의 폐쇄적인 입장 때문에 결국 '경북북부교도소'로 이름이 바뀌게 되었다. 왜 꼭 경북북부라는 지역이 표시되어야 하는지 아직도 잘 이해가 되지 않고 있다. 경북북부지역에 있는 군위, 의성 및 영양 등에서 심한 항의를 하기도 하였다. 이왕 교도소 이름이 나왔고 청송은 깨끗하다는 이미지가 굳어졌으니 아예 '감옥 휴양지'를 만들어 보자고 건의하였다. 몇 시간 야외에 마련된 독방 감옥에 들어가 감옥체험을 하면서 명상을 즐기는 관광 프로그램을 마련하는 것이었다.

슬로우 시티 지정

당시에 감옥체험을 기획하면서 알게 된 놀라운 사실이 하나 있다. 젊은 신임 검사들이 자원해서 청송교도소에서 감옥체험을 하고 있다는 것이다. 그들이 법을 집행하면서 범죄자의 입장에서 억울함이 없도록 해야겠다는 다짐을 감옥체험을 통해서 한다는 것이다. 이런 젊고 참신한 법조인들이 늘어날 때 사법부에 대한 무너진 신뢰가 회복될 것이라고 생각해 보았다.

당시 군청에서 감옥체험을 기획했던 강병극 과장과 통화가 되어 감옥체험 프로그램에 관해 얘기를 듣게 되었다. 실제 청송교도소 밖에 개방교도소라 하여 모범수들이 2-3일 가족과 함께 지낼 수 있는 시설이 있다고 한다. 개방교도소를 벤치마킹하여 교도소 인근에 공기 좋은 곳에 감옥체험 시설을 마련하면 교육적인 측면에서 큰 효과를 볼 수 있고 관광진흥 측면에서도 큰 기여를 할 수 있었을 텐데 내부적인 문제로 실현되지 못한 것이 못내 아쉬웠다고 강 과장이 옛날 그 시절을 회고하였다.

한동수 군수와 필자는 케미가 아주 잘 통하는 사이였다. 만나는 시간마다 서로 창의적인 의견 교환을 하면서 대화를 나누었고 그 대화 중 청송군에 도움이 되는 아이디어가 있으면 당장 실천에 옮기는 것이 한 군수였다. 하루는 슬로우 시티(Slow City, 본부는 이태리에 있음)에 대한 이야기를 했더니 당장 국제 본부에 신청해서 많은 자료들을 요청하여 슬로우 시티 자격 요건을 알게 되었다. 필요한 모든 서류를 본부에 보냈더니 실사를 위해 본부 간부가 직접 청송을 방문하겠다는 연락을 받았다. 본부에서 사람들이 와서 최종 점검을 한 후 청송은 '150% 충분조건'을 갖추고 있다고 말했고 약 한 달 후 슬로우 시티로 선정되었다는 기쁜 소식을 듣게 되었다.

청송 군민 중에 캐나다로 이민 가서 캐나다 인디언이라 불리는 아메리칸 원주민(Native American) 중 큰 그룹인 최초의 아메리칸 원주민(First Native American)의 추장과 친한 사업가가 있었다. 그가 아메리칸 원주민 추장을 청송으로 초청하여 실제 방문이 성사되었다. 그 아메리칸 원주민 추장은 아메리칸 원주민 보호구역에 살고 있었는데 처음에는 그곳이 아주 오지였으나 도시가 점점 확대, 발전되면서 일반시민들의 주거시설을 옆에 둔 보호구역이 되었다. 그 후 시청에서 다른 멀리 떨어진 지역을 줄 테니 현재의 보호구역을 바꾸라는 제안이 와서 새로운 지역으로 옮기게 되었다. 그 새로운 지역에서 귀한 광물과 가스가 개발되어 최초의 아메리칸 원주민들은 물밀듯이 몰려오는 돈을 처리할 방법을 모를 정도가 되었다고 한다.

그러나 돈이 생기니 아메리칸 원주민 2세들은 마약을 하게 되고 향락에 빠져서 아메리칸 원주민 1세들을 실망시켰다고 한다. 아메리칸 원주민 문화를 보존하기 위해서 공기 맑고 풍경이 좋은 곳에 아네리칸 원주민

박물관을 설립하자는 제안을 청송 이민자가 발의하여 박물관 부지로서의 적절성을 판단하기 위해 아메리칸 원주민 추장이 청송을 찾게 되었다. 그 때 필자의 회사가 주선하여 추장과 언론 인터뷰도 하게 되었다. 주왕산 아래 부지까지 선정되어 박물관과 호텔을 세워 한국 국민들이 아메리칸 원주민 문화와 음식을 즐기게 하는 계획이었다. 아주 좋은 계획이었으나 아메리칸 원주민들 자체 내부의 문제 때문에 실천에 옮겨지지 못해 못내 아쉬웠다.

위와 같은 다양한 노력을 한 덕분에 현재 청송을 찾는 관광객은 빠른 속도로 늘어나고 있고, 대형 콘도시설까지 청송에 들어섰으며 당진-영덕 고속도로가 청송을 통과하고 있어 관광 여건이 놀라울 정도로 달라졌다. 거기에다 청송 옆에 원로 작가 김주영 씨가 태어난 곳인 진보에 김주영 문학관도 있어 관광 코스가 되고 있다.

이제 청송이라고 하면 푸른 소나무로 가득한 맑은 공기, 그리고 주왕산과 주산지가 있고 세계 빙벽 대회가 열린 절벽이 있고 또 명품 사과가 있는 곳으로 인식이 바뀌어졌다. 청송군에 전화를 걸면 가수 윤형주가 부르는 청송 로고송까지 들을 수 있어 사람들의 기분을 맑게 한다. 위와 같이 인식을 바꿔서 성공한 MPR 사례로 청송을 리스트에 올리며 주왕산을 방문하는 관광객과 사과 밭에서 사과를 재배하면서 밝게 웃고 있는 주민들이 늘어나는 것을 보면서 나도 명예 청송군민이라 불릴 자격이 있는 것 아닌가 하면서 혼자 빙긋이 웃어보곤 한다. 현재 윤경희 군수가 청송의 제 2의 도약을 위해 심혈을 기울이고 있으니 앞으로 더 많은 사람들이 '산소의 고장' 청송을 방문할 것이라 확신한다.

제일은행 행장으로부터 배운
사내 커뮤니케이션을 통한 인식의 변화

유명 화가가 아닌 직원 자녀들의 그림으로 만든
은행 달력, 단합을 이끌어내다

1997년 IMF 사태로 발생한 큰 변화 중 하나가 우리나라 최대의 민간은행 중 하나인 제일은행이 미국 펀드의 손으로 넘어가게 된 사건이다. 뉴브리지(New Bridge) 펀드가 51% 지분 투자를 하여 외국계 은행장이 서울에 부임하였다. 서울에 부임한 윌프레드 호리에(Wilfred Horie) 씨는 일본말도 알아듣지 못하는 일본인 3세였다. 금융 전문가로 한국 내의 반외국인 은행장 분위기를 바꾸어서 은행 업무가 정상적으로 이루어지도록 만들라는 사명을 띠고 파견되었다.

위기 요소는 외국인 손으로 넘어간 제일은행 경영에 대한 직원들의 반응과 언론보도, 그리고 대한민국 정부의 비협조적인 태도와 노조의 조직적 활동이었다. 그러한 상황에서 뉴브리지펀드 최대주주의 아들은 세계최고의 경영전략대학원인 와튼스쿨 동기이며 외국 정부들의 미국 내 로비 활동을 도와주는 데이비드 모리(David Morey) 씨를 한국으로 파견하였다. 모리 씨는 과거에 대한민국 정부의 대미 로비 활동을 도와준 적이 있었고 멕시코 정부의 대미 로비 활동의 창구 역할을 맡기도 하였다.

모리 씨는 한국에 도착한 즉시 평소 가까이 지내던 청와대의 지인을 예

하와이 마라톤대회에 참가한 직원들과 윌프레드 호리에 행장

방하여 현재의 제일은행이 봉착하고 있는 어려운 문제를 털어놓았다. 그 자리에서 이러한 위기를 자문해 줄 수 있는 위기관리 전문가를 찾고 있다고 말하면서 혹시 아는 사람이 있으면 추천해 달라고 하였다. 마침 그 때 휘문고등학교 재학시절 필자로부터 과외 공부 수업을 받았고 서강대학교 신방과를 졸업한 K 행정관으로부터 필자의 회사인 커뮤니케이션즈코리아를 추천 받았다.

　모리 씨는 청와대 방문 후 즉시 필자에게 연락하였고, 필자는 롯데호텔에서 그를 만났다. 약속시간에 나가니 왠 동양 사람처럼 보이는 사람이 옆에 있었다. 그 사람이 제일은행 초대 외국인 행장으로 임명된 호리에 행장이었다. 그 자리에서 모리 씨는 제일은행을 위기에서 구할 수 있는 위기관리 전략에 같이 동참할 수 있느냐고 물으면서 필자의 의견을 물었다. 모리 씨와 호리에 행장에게 한국형 위기에 관해 설명하고서 내일 중으로 간략한 제안서와 서비스 피(retainer fee)를 제안하겠다고 하였다.

당시로서는 고액의 PR 서비스 피를 받았는데 외국 정부를 상대로 업무를 해왔던 모리 씨의 조언으로 용역 대금은 최고로 지불하면서 최고의 서비스를 받자는 전략이었던 것이다. 이렇게 3년 간 받은 서비스 용역 대금은 회사가 성장하고 안정의 길로 들어서는데 중요한 디딤돌이 되었다.

제일은행과 초기 계약서 협상 과정과 업무 진행에서 크게 역할을 한 임원이 있었다. 정용민 부사장(현 스트레티지 샐러드 대표)이었다. 호리에 행장과 모리 씨 두 외국인들을 상대해야 해서 한국적인 수준이 아니라 그들의 수준에 맞춰 서비스 피를 제안하자고 하였고, 일반적으로 가격을 제시하면 가격협상이 들어올 것이라고 생각하여 상당히 높게 '불러본 것'이었는데 그것이 그대로 받아 들여졌던 것이다. 오래전 정용민 대표와 만나 그 때 얘기를 하면서 '가격 정책도 PR전략의 한 부분이 되어야 하는 것 아니냐?'고 가볍게 얘기한 기억이 난다. 지금은 위기관리 분야를 독보적으로 개발하여 사업을 잘하고 있다는 소식을 접하고 있고, 커뮤니케이션즈코리아에 근무할 때 둘이서 위기관리 분야에 대해 공부하는 자세로 진지하게 토론하기도 하였다.

롯데호텔 미팅 후 두 번째 미팅은 호리에 행장의 집무실에서 이루어졌으며 배석자 없이 단둘이 만나게 되었다. 제일은행에서 고위급 임원으로 일하고 있는 필자의 지인으로부터 호리에 행장이 사내 커뮤니케이션에 일가견이 있다는 얘기를 들었다. 필자와 두세 번 만난 후 호리에 행장이 위기관리에 일가견이 있다는 세평을 확인하였으며 호리에 행장은 현실적으로 직면하고 있는 위기를 예리하게 분석하면서 해결책을 같이 찾아보자고 제안하였다. 두 번째 만나자마자 호리에 행장은 제일은행 달력이 걸려 있는 벽으로 필자를 안내했다. 당시에는 각 기업들이 회사의 사세를 과시하기 위해 달력 제작에 많은 돈을 투자할 때였다.

그 당시 달력에는 유명한 화가의 그림이나 외국의 명소 또는 늘씬한 미녀들을 모델로 사용하였는데 놀랍게도 제일은행의 달력에는 어린아이들이 그린 것 같은 아마추어 그림이 실려 있었다. 호리에 행장은 '김 사장, 내가 부임 초기에 한국에서 달력을 제작하는 일반 관례에 대해 들어보니, 달력 제작을 위해 유명 화가들에게 비싼 돈을 주고서 그림을 구입한다고 들었소. 게다가 그 그림들을 정부 유력 인사들에게 로비용으로 선물한다는 것을 듣고는 잘못된 관행이라고 생각했소. 그래서 어느 날 직원들의 자녀들 중 그림에 재주가 있는 아이들을 어린이대공원에 모이게 했더니 약 500여 명이 모였소. 거기서 사생 대회를 열었소. 12반으로 나눠 각 월별로 그 달에 맞는 주제의 그림을 그리게 하였소. 그 중 전문가가 뽑은 12개의 그림으로 이렇게 달력을 만들고 차석에 당첨된 12개의 그림으로 데스크 캘린더를 만들었소'. 라고 말했다.

이런 일은 놀라운 일이었다. 호리에 행장은 화가에게 지불해야 할 5억 원에 가까운 돈을 절약했을 뿐 아니라 정부 관리 등에게 그림을 일종의 뇌물로 바치는 부패의 고리를 차단했고, 또 직원들의 자녀들이 그린 그림을 데스크 캘린더와 달력에 실음으로써 직원들의 애사심을 높였다. 직원들은 과거 한국인이 행장이었을 때에는 어느 누구도 직원들의 자녀에 대해 관심을 두지 않았는데 외국인 행장이 부임해서 회사 달력에 직원의 자녀 이름과 직원의 이름까지 표시되면서 자녀의 그림이 실렸으니 직원들의 만족도는 말로 표시 할 수 없을 정도였다. 그 조치들은 돈으로 평가할 수 없을 정도로 고차원적인 사내 직원 커뮤니케이션의 승리였다.

호리에 행장의 사내 직원 커뮤니케이션은 너무나 성과가 뚜렷한 사

례여서 필자가 2015년 스위스 다보스 월드 커뮤니케이션 포럼(Davos World Communication Forum)에 연사로 초청되어 한국형 위기관리에 대해 연설할 때 대표적인 사례로 언급하기도 했다. 그 사례는 단순한 한국형이 아니라 글로벌 성공 사례에 넣어도 조금도 부족하지 않다는 평을 들었다.

  그 다음 커뮤니케이션즈코리아가 기획한 것은 호리에 행장이 2001년 호놀룰루 마라톤대회에 참석하는 직원들을 격려하기 위해 호놀룰루를 깜짝 방문하는 것이었다. 이 마라톤 대회에 단체로 참가한 제일은행 직원들은 호놀룰루 마라톤 대회를 한편의 감동적인 드라마에 비유했다. 제일은행이 많은 문제를 안고 외국에 팔렸기 때문에 국민들의 따가운 시선을 받고 있는 와중에 한가롭고 사치스럽게 18명씩이나 해외 마라톤 대회에 참가시킨다는 비난을 받을 수도 있었다. 그러나 호리에 행장은 과감하게 참여를 결정했다. 그리고 호놀룰루 마라톤 대회 내내 대회에 참가한 직원들의 후원자 역할을 했다. 그는 대회 중에는 32km 지점에서 오렌지를 썰면서 자원 봉사자로 참가했다. 태극기와 제일은행 깃발을 텐트에 걸고 밴드도 동원하여 열심히 응원했다.

  호리에 행장의 부인도 제일은행 참가자들에게 물을 나눠주며 열심히 봉사했다. 그 당시 현장에 같이 있었던 선주성 마라톤 칼럼니스트는 '마라톤에서 가장 힘들어지는 30km 이후 지점에서 행장이 헌신적으로 봉사하는 모습을 보는 제일은행 직원들의 마음에 밀려올 감동이 얼마나 클지, 저는 직원이 아닌데도 가슴 뭉클함을 느꼈습니다. 저와 같이 갔던 일행들은 모두 완주 후에 호텔로 향했습니다. 호텔로 돌아오니 호리에 행장이 전화를 해서 대회 결승점이 있는 카피올리니 공원 한 쪽에 간단하게 점심을 준비했으니 같이 했으면 좋겠다고 했습니다. 호리에 행장은 직원들에게 밥을 일일이 떠주며 완주한 직원들을 개선장군처럼 대접했습니다. 쇼하는 것이 아니었습니다. 그의 눈빛과 손길, 그리고 호리에 부인의 따뜻한 미소, 이 모든 것은 직원들을 감동시키기에 충분한, 진심이라는 느낌이 들었습니다.'라고 회고했다.

  호리에 행장은 연봉 34억 원의 사나이였다. 당시 연봉 34억 원은 물론 큰 액수이다. 그러나 그가 CEO로서 직원들의 사기를 높이고 은행의 이미지를 개선한 것은 돈으로 환산할 수 없을 것이다. 호리에 행장, 모리 씨, 그리고 필자로 구성된 트리오의 3년 간에 걸친 필사적인 노력으로 제일은행 관련 위기는 수그러지기 시작하였다. 모리 씨는 현재도 미국 수도 워싱턴DC에서 로비 활동과 TV출연, 강연 및 저술활동 등으로 왕성하게 사업을 진행하고 있다. 그가 필자에게 붙여준 닉네임 'Mr. PR'을 생각하며 힘들었던 3년을 회고한다.

상원의원 반대에도 불구하고 괌 주지사 한국 합동분향소 조문

괌 주지사가 방한하여 사망자 빈소에서 무릎을 꿇고 한국식으로 절을 하고 문상하게 하다

1997년 8월 6일 오전 1시 43분경(현지시각) 서울 김포국제공항발 대한항공 801편, 테일넘버 HL7468이 미국령 괌의 안토니오 B. 원 팻 국제공항으로 접근하던 중 추락하여 승객과 승무원 총 254명 중 228명이 사망한 사고가 발생했다. 당시 괌을 방문하는 한국인 관광객 숫자가 괌 전체 방문객의 80% 이상이었기 때문에 그 사고는 괌정부관광청으로서는 최고의 위기상황이었다.

괌은 우리의 거제도와 같은 크기의 남태평양의 작은 섬이었지만 동시에 미국령으로서 미군의 전략적 요충지 역할을 하고 있었고, 주 수입원은 관광업이었다. 이런 이유 때문에 추락사고 이후 뚝 떨어진 한국 관광객 숫자를 올리기 위해 괌 주지사(governor) 사무실에서까지 신경을 곤두세우는 상황이 발생했다. 당시 괌 주지사 사무실은 한국의 괌 관광청 PR 업무를 대행하고 있던 필자와도 긴밀히 대화하면서 위기관리를 위해 효과적인 전략 수립에 고심하였다.

다양한 종합적인 전략을 고심한 끝에 필자가 강력히 주장한 것은 당장 김포공항 가는 길 옆에 있는 새마을 연수원에 약 100여 명이 넘는 사망

KAL기 추락사고 유가족들에게 사과하는 괌 주지사 (출처 : 경향신문)

자의 빈소가 마련되어 있으니 이들 유족과의 소통을 통해 더 이상 괌정부를 비난하지 않게 해야 한다는 것이었다. 괌 주지사 사무실과 괌 관광청에서는 획기적인 조치의 필요성을 느끼면서 필자와의 대화를 강화하였다. 칼 구티에레스 주지사의 비서실장으로부터 직접 연락이 왔고, 여러 차례 교신을 이어 나갔다.

 필자의 주장은 '괌 주지사가 김포공항 인근 빈소를 방문해서 한국식으로 문상을 하는 것이 좋겠다'는 것이었다. 그래서 '빈소에 와서 두 번 절을 하고 마지막에 일어서서 반절(일어선 상태에서 반 정도 절)하며 커뮤니케이션즈코리아가 적어준 우리말로 위로의 말을 유족에게 진정성 있게 전하면 좋겠다'고 권유했다. 이러한 주장을 한 배경 설명으로 '한국 문화는 생전에 원수였던 관계라도 상가에 문상 오는 사람은 더 이상 원수로 생각하지 않고 화해할 수 있다'고 했더니 주지사의 비서실장은 내용을 잘 알아들어 즉각 필자가 제안한 대로 절차를 밟고자 했다.

하지만 비서실장은 당시 괌의 관광 분야를 관장하는 상원의원 몇 명이 이러한 내용을 이해하지 못하고 있으니 필자가 직접 괌으로 와서 한국문화에 대한 자세한 설명으로 의회 관광분과위원회 위원들을 설득할 수 있도록 해달라고 요청했다. 필자는 약 열 명의 상원의원과 상원 관광 전문가들과 관광청 전문가들이 출석한 가운데 칠판에 주요 단어(keyword)를 써가면서 설명을 해 나갔다. 그럼에도 불구하고 상원의원들은 주지사가 한국 빈소에서 혹시라도 신체적 폭행을 당할 수 있는 리스크가 있지 않을까 걱정을 이어갔다. 하지만 괌 주지사실에서는 필자의 말을 굳게 믿고 한국행을 최종 승인하였고 주지사가 즉시 김포공항 인근 빈소를 방문하기로 하였다.

필자는 정말 조마조마했다. 최대한 설득력 있게 한국 문화를 설명하고 이런 절차를 밟는 것이 좋다고 했지만 과연 한국 유가족들이 주지사의 조문을 받아들일 것인가? 그리고 또 혹시 모를 폭력사태가 발생하지 않을까? 심히 걱정이 됐다. 주지사는 김포공항에서 막바로 빈소로 향했다. 서양인 얼굴 모습의 괌 주지사가 빈소에 도착하여 문상하러 왔다고 하자 주위 사람들이 웅성이며 몰려들어 주지사의 행동을 주시했다. 주지사는 유가족들의 손을 잡고 위로한 뒤 한국식으로 두 번 절한 후 반절을 하고 다시 유가족에게 어눌하지만 진정성이 담긴 한국어로 위로했다. 그제서야 유가족들의 얼굴이 서서히 펴지면서 멀리까지 와서 감사하지만 빨리 사고 원인을 밝혀주고 사후 대응책을 수립해 달라는 요청을 하였다. 우려했던 폭행 사태 등은 발생하지 않고 잘 마무리되었다.

그리고 저녁에 사고 당시 괌에서 고생하면서 취재했던 40여 명의 기자를 초청하여 이태원에서 저녁식사를 같이 하면서 괌에서의 현장 취재에

KAL기 추락사고 현장

대한 노고를 위로하고 인간적 교감을 나누었다. 그 자리에서 괌 주지사는 유가족들을 위한 사후 대응책 수립에 만전을 가하겠다고 약속하기도 했다. 그 이튿날 각 신문에 31개의 기사가 주요기사로, 우호적으로 보도되었으며 많은 사람들이 주지사의 진정성을 잘 알게 되어 위기해결에 결정적 역할을 하였다. 이종문화 간 커뮤니케이션(intercultural communication)의 중요성을 실감하였다.

괌 사례와 같이 절체절명의 위기 발생 시에만 이종문화 간 커뮤니케이션이 빛을 발휘하는 것은 아니다. 필자의 회사에서는 한 독일 회사가 한국과 제품에 포함된 성분과 관련하여 서로 다른 입장을 가지고 있어서 최악의 경우에는 오랜 기간 동안 한국에서 유통되던 독일 음료 제품의 판매가 중단될 수도 있었다. 당시 독일 회사의 입장에서는 '판매가 중단되면 전 세계 각지에서 아무 문제없이 판매되고 있는 제품이 한국에만 없을 수 있다'면서 한국 정부에 대해서 역제안을 하겠다는 계획을 밝혔다. 한국 정부에서 염려하는 어떤 성분이 제품에 포함되어 있는지 여부를 물어온다면 언제라도 정확한 답변을 주겠다는 역제안이었다. 독일 회사의 임원들은 세계에서 단 세 명만 알고 있는 기업비밀의 유출은 기업의 운명이 달려 있는 일이라고 설명하면서 한국 정부가 이 사항을 긍정적으로 고려해달라고 요청했다.

필자의 회사는 유명 법무법인과 독일 회사의 개발담당 부사장과 PR 담당자와 함께 머리를 맞대며 정부 기관과 독일 회사의 임원 미팅을 통해 원만하게 해결되기 위한 전략을 수립하고 있었다. 여기에 한국 정부 관리의 문화와 관습, 한국과 독일의 깊은 관계에 대한 내용 부각(실제 제품자체가 파독 광부들이 맥주와 함께 섞어 즐기던 제품) 그리고 처음 관리들을 만났을 때 한국어로 나누는 인사 등 이종문화 간 커뮤니케이션 전략 및 행동을 컨설팅하였다.

독일에서 온 대표자의 명함을 한글로 제작했다. 그리고 한국어로 인사를 나누는 연습도 하였다. 이러한 작은 노력이 첫 만남에서 한국 관리들에게 아주 좋은 인상을 주었다. 면담은 성공적으로 잘 이루어졌다. 동행하던 변호사는 '이번 성공적인 미팅에 커뮤니케이션즈코리아는 정당한 지분을 갖고 있다'고 하였다.

F-16 전투기, 일간지 1면 광고게재는 불가능하리라는 인식에 도전

F-16 전투기는
대한민국의 믿음직한 동반자 이미지 각인

   3년 간의 'PR 전쟁'이라 불렸던 F-16과 F-18 전투기 중 하나를 대한민국 공군의 주력기로 선택하는 차세대 전투기 사업의 현장에서 있었던 일이다. 필자가 운영하는 커뮤니케이션즈코리아는 F-16의 제너럴 다이나믹스 사(General Dynamics)를 위하여 홍보활동을 펼쳤고 F-18의 맥도넬 더글라스 사(McDonnel Douglas)는 당시 PR계의 여자 스타였던 조앤 리(스타 커뮤니케이션)사장이 담당하여 3년 간 전쟁에 가까운 경쟁을 하였다. 조앤 리와는 서강대 영문과 선후배 사이로서 언론 매체들이 한국 최초의 동문끼리의 PR 전쟁이라고 묘사하기도 했다.

   맥도넬 더글라스사에 비하여 늦게 프로모션을 시작한 열세를 극복하기 위하여 의욕적인 PR 프로그램들을 제안했다. 그 중 하나가 국내 전 일간지 신문 1면에 5단통으로 F-16 전투기가 올림픽 경기장 주위 서울 상공을 나르는 사진과 제너럴 다이나믹스 사는 대한민국의 믿음직한 동반자라는 메시지를 전달하는 광고를 게재하는 대형 프로젝트였다.

   필자가 이 안을 최초로 제안하였을 때 예상되는 효과에 대해 자세히 분석하였다. 제너럴 다이나믹스 사의 국제 담당 이사였던 조 조플링(Joe

올림픽 경기장 위를 나는 F-16 전투기와 광고 카피

Jopling)은 긍정적인 반응을 보였으나 한국 측 담당자들은 부정적인 반응을 보였다. 우선 F-16 전투기가 서울 상공을 비행하는 광고를 주요 일간지 1면에 게재하는 것은 정부에서 허용하지 않을 것이라는 선입견을 가지고 있었으며, 법적으로는 가능하다 하더라도 국방부나 정부의 결정권자들의 심기를 건드릴 수 있다는 우려가 있었기 때문이었다.

주요 언론사 광고부 내에서도 전례 없는 일이라서 반신반의하고 있었다. 신문사에 관련 문의도 해봤으나 딱 부러지는 답변 없이 조금 문제가 생길 수도 있다는 식의 답변을 들었다고 하였다.

필자는 가장 중요한 관건이 광고의 제목이라고 생각하여 심사숙고한 끝에 '대한민국의 믿음직한 동반자 - 제네럴 다이나믹스'로 결정하였다. 무기 광고에 대한 일반적인 인식 때문에 광고게재 마지막 순간까지 엎치락뒤치락 했으나 필자의 확고한 입장 때문에 광고게재로 방향이 최종 결정되었다.

필자는 그 당시 정부의 최고위층과 접촉하여 광고 게재가 국민 안보의식을 고양하는데 도움이 될 것이라는 최종 판정을 간접적으로 받기도 하였다. 당시 전 일간지에 1면 5단통 광고 진행은 천문학적 광고 비용을 필요로 한 상황이었다. 조플링 이사는 이러한 광고 집행을 결정하며 '당신의 그 집념에 손을 들었다. 그렇지만 우리 제너럴 다이나믹스 사에 대해 그 만큼 큰 애정을 가지고 있기에 이런 제안을 하는 것이 오히려 고맙기도 하다'고 말하였다. 끈질기게 고객에게 끌려다니지 않고 고객을 리드하는 리더(leader)가 되어 F-16 전투기가 대한민국의 차세대 전투기로 선정되는 쾌감을 만끽할 수 있었다.

1997년 당시 괌에서 대한항공 여객기가 추락하는 큰 사고가 있었다. 당시 괌 관광에 대한 비판적 여론이 형성되고 위험하다는 인식이 늘어날 수 있는 긴급한 상황이었다. 필자는 이러한 심각한 위기를 해결하기 위해 괌 최고통치자인 괌 주지사가 직접 한국을 방문하여 유족들에게 사과하고 재발 방지책을 제시하는 것이 필수적이라고 강조하였다. 상원의원들의 반대를 잠재우고 결국 주지사의 입장에 변화가 보이기 시작하고 한국을 방문 하게 되어 여객기 추락과 관련된 위기는 진정의 기미를 보이기 시작했다.

그 이후 본격적인 회복(recovery) 프로그램이 필요하다고 강조하여 추가적인 예산을 받아낼 수 있었다. 추가 예산 제안 시 괌정부관광청의 직원들은 깜짝 놀라며 이 정도의 예산 증가는 불가능하다는 반응이었다. 그래도 관광청의 실무자들 입장에 끌려가지 않고 예산 증가에 대한 이유와 그 혜택을 열심히 설득에 설득을 거듭하며 그들을 선도(lead)하였다. 그러한 노력의 결과로 나에게 하나의 새로운 사명이 부과되었다. 그것은 바로 괌 의회에 가서 직접 예산을 주무르고 있는 관광분과위원회 상원의원들을 대상으로 1시간여의 프레젠테이션을 통해 그들을 설득해 달라는 것이었다. 시기의 중요성과 프로젝트의 타당성과 괌 관광의 혜택에 관한 프레젠테이션을 통해 설득 메시지를 전달하였고 괌 의회 상원의원들의 전폭적인 지지를 받았다. 결국 한국 특별 예산이 대폭 증액한 상태로 편성되어 의욕적으로 프로젝트를 진행하였고 당시의 결실로 지금도 많은 한국관광객들이 괌을 방문하게 하는데 초석을 다질 수 있었다.

　PR 업무를 36여 년간 진행하며 항상 잊지 않고 직원들과 주변 사람들에게 말하는 것이 바로 '주인 의식'이다. 어떠한 기업 혹은 지자체의 홍보를 담당할 때, 수동적으로 시키는 일만 하는 것이 아니라 주도적으로 어떠한 프로그램이 클라이언트의 성공적인 홍보 효과를 이끌어 낼 수 있을지 항상 고민하고 행동하는 것이 중요하다. 끌려 다니게 되면 성취감도 느낄 수 없고 항상 고객의 지시만 로봇처럼 따르다 보면 고객과의 실패한 관계가 굳어지게 된다. 적극적인 활동 중에 어떠한 어려움이 있더라도 적극적인 자세로 클라이언트를 설득하는 것이야말로 PR 업계에서 성공적인 '리더'가 될 수 있는 길이며, 이 평범한 메시지가 PR 업계뿐만 아니라 우리 모두에게 인생을 살아가면서 잊지 말아야 할 진리라고 본다.

1만원 한글 명함 제작으로 사우디 재벌을 감동시켜 2억 원을 번 성공적인 MPR

명함은 인사 나누는 도구라는 인식에서 마케팅 툴로 변신

　세계적인 재벌의 마음을 크게 움직여 잡지 발행 초기 2억 원이 일시불로 입금되어 초창기 경영의 어려움을 한방에 해결한 한 잡지 발행인의 이야기다. 최근에 작고한 월간 영문 외교잡지 『디플로머시(Diplomacy)』의 임덕규 발행인은 한번 마음 먹었다면 끝까지 가는 분이었다. 끈질긴 노력으로 고향인 논산에서 국회의원에 당선되기도 하였다.

　임 발행인은 사우디아라비아 경제계의 거물이며 무기 거래의 큰손이라고 불리던 트리아드 그룹의 아드난 카쇼기 회장이 박정희 대통령을 만나기 위해 방한한다는 뉴스를 읽고 카쇼기 회장을 감동시켜 놀랄만한 일을 하나 만들어 보고 싶었다. 사우디아라비아 대사관을 통해 도착 날짜와 시간을 알아내고 시간에 맞추어 조선호텔 로비에서 카쇼기 회장의 도착을 기다렸다. 오후 3시쯤 도착 예정이었는데 밤 11시까지 기다려도 카쇼기 회장은 나타나지 않았다. 피곤에 지친 임 발행인은 호텔 입구 직원에게 팁을 주면서 로비 한구석 의자에서 쪽잠을 자고 있을 테니 카쇼기 회장이 들어오면 자신을 꼭 깨워달라고 부탁했다. 호텔 직원이 새벽 1시 30분이 넘어서 황급하게 자고 있는 임 발행인을 깨웠다. 임 발행인이 기발한 아이디어로 미리 준비한 것은 '트리아드 그룹 회장 아드난 카쇼기'라고 쓴 한글 명함이었다. 카쇼기 회장은 술이 얼큰하게 취한 상태로 우리나라 최대의 해외건설 회사 회장 한 분과 어깨를 맞잡고 호텔 로비로 들어서고 있었다. 임 발행인은 카쇼기 회장에게 접근하여 우리말로 된 명함을 건네면서 '오늘 오전에 박정희 대통령을 만나게 되면 고개를 숙이고 깍듯이 인사하면서 이 명함을 드리면 놀라운 일이 일어날 것입니다'고 하였다. 카쇼기 회장은 임 발행인의 말뜻도 다 알아듣지도 못하고 일단 명함을 받아 주머니에 넣었다. 아침 7시경에 일어난 카쇼기는 간밤에 어떤 사람이 명함을 전달한 것이 어슴프레 기억이 났다. 명함을 꺼내 확인하면서 명함이 처음 만나는 박정희 대통령과 쉽게 친해질 수 있는 좋은 전략이라고 생각하였다. 그리고 청와대에서 미리 나와서 기다리고 있던 비서에게 'I am 카쇼기'라는 말을 한국어로 어떻게 발음하는지를 배워 몇 번이나 반복 연습하였다.

카쇼기 회장은 드디어 박정희 대통령을 만났다. 90도로 깍듯이 예를 표하면서 명함과 함께 '저는 사우디아라비아에서 온 카쇼기입니다'라고 한국말로 자신을 소개하였다. 순간 박정희 대통령 표정이 확 달라졌다. 박 대통령은 자신의 보좌관으로부터 카쇼기 회장이 아주 콧대가 높다는 얘기를 들었는데 이날은 딴판이었다. 이것이 계기가 되어 박 대통령은 카쇼기 회장에게 스케줄에도 없는 점심식사까지 같이 하자고 제안하였다. 이 점심 제안에는 특별한 이유도 있었다. 비서관들로부터 카쇼기 회장이 움직여 주면 중동건설 진출에 결정적인 계기를 만들 수 있다는 얘기를 들었기 때문이다.

원래 박 내동팅과 같이 하기로 되어 있던 짐심식사는 김종필 국무총리

에게 맡겼다. 그 당시 한국은 국제신용평가가 높지 않아 해외건설 진출에 어려움을 겪고 있을 때였다. 그 점심 미팅에서 한불종합금융(Korea France Merchant Banking) 설립이 합의되어 한국 건설 회사들이 해외 진출에 큰 날개를 달게 되었다. 사우디아라비아 측 투자자는 카쇼기이며 한국 측 파트너는 대한항공이었다. 그 후 한불종합금융은 한-중동 경제 협력 관계 증진에 큰 역할을 담당하였다.

사우디에 도착한 카쇼기 회장은 임 발행인이 너무 고마워 감사편지를 통해 '무엇을 도와줬으면 좋겠냐'고 타진하였다. 임 발행인은 『Diplomacy』 잡지 제일 뒷면(back cover)에 1년치의 광고 게재를 요청하였다. 지금으로 환산하면 약 2억 원이 넘는 금액이었다. 카쇼기 회장은 광고 건에 대한 결재를 하며 즉시 송금하라고 지시하였다. 창간 초기에 재정적인 어려움을 겪고 있던 임 발행인이 단비를 맞게 된 것이다. 그 때 필자가 우연히 무교동 그의 사무실에 들렀더니 전 직원들이 둘러 앉아 축배를 들고 있었다. 이 모든 것이 명함 한장의 위력이었다. 필자는 단돈 만원을 투자해서 2억 원을 창출한 이 명함 MPR 기법에 깊은 감동을 받았다. 돌아가시기 두 달 전 필자와의 식사에서 어떻게 명함 아이디어를 생각하게 되었느냐고 물었더니 회장을 어떻게 감동시킬까를 골똘히 생각하다가 잠이 들었는데 꿈에 한글로 된 명함을 만들라는 계시가 있었다며 한바탕 크게 웃었던 적이 있다.

임 발행인의 국회의원 당선 과정에도 그의 기발한 마케팅 아이디어가 작동하였다. 정치인들은 마케팅적 접근을 통해서 자신을 관리하고 이미지먼트("Imagement" = Image + Management)를 많이 하는데 그는 이런 기법을 몇 십 년 전에 선구자적으로 응용하여 국회의원에 당선된 것이다.

원래 임 발행인은 대학 졸업 후 고향인 논산에서 앞으로의 진로에 대해 고민하던 중 9년 간이나 주 UN 한국대사를 지낸 임병직(Ben C. Limb) 대사가 귀국하였다는 소식을 듣고 즉시 상경하여 말로만 듣던 임 대사께 인사를 드렸다(임 발행인은 임병직 대사를 본받아 명함에는 '임'을 'Limb'로 표시하였다). 그리고는 그 자리에서 '오늘부터 제가 지극정성으로 대사님을 모시겠습니다'라고 하면서 한 달에 한번씩 꼬박꼬박 조찬 모임을 주선하였다. 갓 미국에서 귀국한 임 대사의 조찬 모임은 크게 인기를 끌어 정주영 회장 등 재벌 총수들까지도 이 모임에 참석해서 임 대사의 해박한 국제정세 분석에 귀를 기울였다. 임 대사도 임 발행인의 '지극정성'과 근면성에 감동을 받았다.

임 발행인의 극진한 섬김에 감동한 임 대사는 그의 절친 로물로 필리핀 외부상관 얘기를 하면서 필리핀을 방문하여 직접 인사를 드리라고 권유하였다. 당시 필리핀의 로물로는 이승만 대통령과 같은 열혈 독립운동가로 국제적으로도 명성이 높았고 필리핀 새 정부의 파워맨이기도 했다. 임 대사와 로물로 장관은 피차 설움 많던 일제시대에 각자 자기 나라를 위한 독립운동을 하면서 뉴욕에서 어려운 시기를 보냈기에 개인적인 친분 관계는 형제처럼 가까웠다. 좁은 방에서 김치까지 같이 나누어 먹을 정도였다고 한다. 임 대사는 임 발행인에게 로물로 장관을 만나보라고 권했다. 이 말을 들은 임 발행인이 필리핀으로 가서 로물로 장관실에 도착하자 마침 외무 차관 등과 간부 회의를 하고 있던 그는 임 발행인이 임병직 대사의 친서를 갖고 장관실을 방문했다는 소식을 듣고는 벌떡 일어나 간부 회의를 중단하고 그를 반갑게 맞았다고 한다. 이 소식을 전해 들은 주한 필리핀 대사가 임 발행인을 찾아 왔다. 티로나 대사는 당시 주한 외교단장의 중책을 맡고 있었는데 그는 한국을 너무나 좋아해 필리핀 대사로서 한국에 더 머물고 싶었던 것이다. 이 문제를 해결해줄 사람은 임 발행인이라고 생각했다.

임 발행인은 로물로 장관에게 티로나 대사가 주한 외교단 단장으로서 뛰어난 외교수완으로 필리핀 국위를 선양하고 있으니 연임시켜 주시면 좋겠다는 서신을 로물로 장관에게 보냈다. 로블로 장관은 편지를 받자마자 임 발행인에게 전화를 걸어 'No problem(문제 없이 해결해 주겠다)'고 해서 티로나 대사의 임기가 3년 더 연장되었다고 한다. 이에 감격한 티로나 대사도 임 발행인을 돕고 싶었다. 그는 임 발행인의 꿈이 국회의원 출마라는 것을 알게 되자 은혜를 갚기 위해 발벗고 측면 지원에 나섰다.

거의 매주 주말에는 임 발행인의 지역구인 논산으로 함께 내려갔다. 티로나 대사는 매번 승용차에 양담배나 양주를 싣고 가서 지역구 내의 시골 마을을 차례로 방문하여 돼지도 잡아 경로잔치를 벌였다. 한 1년이 지나니 임회장은 그 지역에서 '노인을 공경하는 논산의 아들'로 소문이 나서 확실한 포지셔닝을 하게 되었고 국회의원 선거에 무난히 당선되었다. 임 발행인은 카쇼기 회장과 티로나 대사에게 어떤 부담도 주지 않고 상대가 기꺼이 2억 원을 쓰게 만들고 또 매주마다 양주와 양담배를 싣고 가 경로잔치를 베푸는 도움을 받은 것이다.

AP통신을 최대한 활용하다

임 발행인은 언론을 다루는데도 뛰어난 능력을 갖고 있었다. 필자가 외교부를 출입할 당시 주한 인도네시아 대사와 친하게 지냈다. 임 발행인도 인도네시아 대사와 가까이 지내 인도네시아 독립기념일 행사에 한국에서 필자와 임 발행인이 초청되었다.

인도네시아 아담 말리크 부통령을 필자와 임 회장이 같이 인터뷰하였다. 그 당시는 전두환 국보위위원장이 실세였지만 국제적으로 인정을 받지 못하던 시기였다. 임 회장은 그 때 한국의 전두환 체제를 지지하느냐는 질문을 하였으며, 국제적 외교 무대에서 널리 알려졌던 말리크 부통령은 한국과 인도네시아의 전통적인 우호관계를 강조하면서 전두환 체제에서도 그 관계가 더욱 발전하기를 바란다는 희망사항을 말하며 전두환 체제를 지지한다는 얘기를 하였다.

필자는 독립기념일 행사에 초청받았기에 기사 송고에 별로 신경을 쓰지 않고 있었으나 그 때 전두환 위원장과 관련된 뉴스가 국내에서 관심을 끌 때라 행사가 끝난 후 호텔에 늘어가서 본사에 기사를 보내셨나고 생각하고 있었다. 임 회장과는 경쟁자가 아니었으니 아무 생각 없이 오후 기사 송고에만 신경 쓰고 있었다. 그런데 호텔에 돌아오니 주 인도네시아 한국 대사관에서 나에게 코리아헤럴드 본사로 연락을 해달라는 것이었다.

전화했더니 AP통신이 임덕규 씨를 인용해서 말리크 부통령이 전두환 체제를 지지한다고 기사를 내보내서 방송 매체와 많은 일간지 등 서울이 난리가 나 있었다. 임 회장은 외국에 나갈 때마다 서울 AP통신사의 황경춘국장과 미리 얘기를 해서 외국정상과의 만남에서 나온 중요 인터뷰 내용을 황국장에게 보내면 AP에서 기사화 해주고 있었다. 임 회장은 동화통신의 논설위원을 지냈기 때문에 기사화 되는 과정을 너무나 잘 알고 있어 그것을 최대한으로 활용하고 있었다.

귀국 길에 필리핀에 들러 필리핀 퍼스트레이디 이멜다를 인터뷰하게 되었다. 그 때도 전두환 체제에 대한 질문을 해서 이멜다가 전두환 체제를 지지한다고 하자 그 즉시 AP통신에 알려줘 널리 퍼졌다. 이 바람에 그런 이면을 잘 모르고 있었던 필자가 다시 한번 아프게 한방 얻어 맞게 되었다. 친구도 순식간에 적이 될 수 있는 곳이 뉴스의 세계임을 실감했다.

임 발행인과 알제리 대통령의 일화도 재미있다. 2003년 12월 부테플리카(Bouteflika) 알제리 대통령의 한국 방문은 언론의 조명을 받지 못해 당시 노무현 대통령의 외교보좌관이었던 반기문 전 유엔사무총장도 입장이 좀 난처했다. 알제리 대통령의 방한은 남아공 만델라의 방한(1995년) 이후 첫 아프리카 정상이어서 정부로서는 빛이 나야 할 입장이었다. 이 때 임 발행인은 재빨리 그의 마당발 인맥을 동원하여 호텔에서 알제리 대통령을 특별연사로 초청하는 대규모 조찬강연회를 성황리에 개최해 그의 방한을 부각시키는데 성공했다. 이에 흡족한 알제리 대통령은 본국으로 귀국 즉시 감사 전화를 하면서 돕고 싶다는 의사를 전해왔다. 대통령실은 일등석 항공권까지 보내면서 임 발행인을 알제리로 초청하였으며 이때도 월간 『Diplomacy』의 광고나 도와달라고 해 몇 년치 광고를 땄다고 한다. 귀국 후 한 달 후 주한알제리아 대사가 직접 『Diplomacy』 사무실을 방문하여 알제리 문화훈장을 수여하기도 하였다. 그는 이승만 대통령의 최측근으로서 2대 외무장관과 초대 유엔대사를 지낸 임병직 씨로부터 한국외교를 위한 순수 영어 잡지를 해보라는 권고를 받자 1975년 자택을 저당잡혀 은행대출로 외교전문 영문 월간지인 『Diplomacy』를 창간, 잡지 제작과 경영에도 지극정성으로 임했다. 평생 좌고우면하지 않고 피와 땀을 바쳤다. 그 결과 300명이 넘는 외국 정상급을 만나는 기록을 세웠고 각국 정상들과의 인터뷰와 인적 접촉을 통해 국제친선과 국위를 증진시켰다. 그는 이 방면에서 유례를 찾기 어려운 독보적 존재였고 그런 의미에서 죽을 때까지 국제친선에 봉사한 훌륭한 민간 외교관이었다.

　최근에 상가에 모인 국회의원 몇 분과 얘기를 나누면서 'MPR의 대가 한 분을 잃게 되었지만, 그의 창의적인 생각과 도전정신은 정치인, 기업가 및 PR인들의 귀감이 될 것이다'라고 필자의 의견을 피력하였으며, 문상 온 각계 인사들도 그가 48년 동안이나 국내 유일의 영문 외교전문지인 『Diplomacy』를 경영하고 다른 한편으로는 30년 간이나 꾸준히 백소회(百笑會, 충청도 유지 모임)를 주관하면서 여야 정치성향과 관계 없이 충청인들의 단합을 조성한 노고를 치하했다. 백소회도 '임병직 포럼'처럼 매월 꼭 한 차례씩 호텔에서 조찬회를 가졌다.

세상에 없던 카테고리 만들기의
성공 MPR

*블루 오션을 원한다면
빈 공간을 찾아라!*

필립스 에어 프라이어

튀김요리는 맛있고 바삭바삭한 음식을 만들기 위해 기름에 재료를 담가 조리하는 방법이다. 하지만 기름의 양부터 온도 조절 등 신경을 써야 할 것들이 많다. 튀김요리는 기름이 튀기도 하고, 사용하고 난 기름의 처리 등 꽤 번거로운 요리 방식이다.

이러한 소비자들의 숨겨져 있던 불편을 간파했던 것일까? 2011년 필립스는 기름 없이 공기로 튀김요리를 하는 '공기 튀김기'를 한국 시장에 전격 출시했다. 출시부터 소비자들은 '기름을 쓰지 않고 튀긴다'는 전혀 상상하지 못했던 새로운 제품에 큰 관심을 보였다. 특허 받은 고속공기순환기 기술로 원재료의 지방 성분을 이용, 기름 없이 튀김요리가 가능한 것이 특징이었다. 기존 튀김요리 방식에 비해 지방 함량을 최대 80%나 줄여 다이어트에 관심 많은 여성들의 주목을 받았으며, 조리시간을 단축하고 간편하다는 것도 큰 장점들 중 하나였다.

당시 비교적 고가로 출시된 제품을 시장에 성공적으로 안착시키기 위해 필립스는 '내 아이를 위한 영양간식'이라는 제품 포지셔닝을 설정해 워킹

맘과 주부들의 감성을 자극하기로 전략을 수립했다. GS숍과 공동으로 올바른 어린이 간식 문화를 만들기 위한 '아이! 좋은 간식 캠페인'을 제품 출시 시점에 맞춰 진행했다. 세부 내용은 영양 전문가 여에스더 박사와 함께 미취학 아동 및 학부형들을 대상으로 지속적인 교육 프로그램, 간식 만들기 클래스, 어린이 개별 영양체크 및 검진 등을 진행하는 것이었다. 이러한 내용을 담은 기사 노출, 행사, 교육 등을 통해 필립스 에어프라이어를 활용하며 내 아이에게 보다 건강한 간식을 만들어 줄 수 있다는 인식을 형성해 가기 시작했다. 자주 해주지 못하더라도 더 몸에 건강한 음식을 자녀들에게 챙겨주고자 하는 부모들의 마음을 자극한 것이다.

 이처럼 제품 세일즈 증대를 위한 타겟과 메시지를 명확하게 설정했을 뿐만 아니라 타겟 공략을 위한 커뮤니케이션 채널을 전략적으로 설정한 것도 돋보인다. 과거 인지도를 급격하게 끌어 올리기 위해서는 TV 광고는 기본으로 했지만, 필립스는 대중 타겟 TV 광고에서 탈피해 효과적인 채널들을 집중해서 활용했다.

먼저 다양한 기획 기사들을 통해 신종 제품에 대한 신뢰도를 확보했다. 또한 당시 여성들에 대해 영향력이 높았던 홈쇼핑, 소셜 미디어 활용, 체험 이벤트 전개 등의 방식을 적극 활용했다. 특히 파워블로거 및 '필립스 맘 카페' 등을 통해서는 제품에 대한 다양한 체험들을 알리고, 각자가 터득한 레시피를 확산하는 등 요리에 관심 높은 사람들의 호기심을 자극하는 콘텐츠들을 지속 확산했다.

이후 '에어프라이어(Airfryer)'란 명칭에 대해 '누구나 사용할 수 있는 상표'라는 특허심판원 결정이 나오면서 유사 제품 및 저가 제품들이 2015년부터 많이 출시되었고, 시장은 본격적인 경쟁 구도가 펼쳐지게 된다. 경쟁사 유사 제품들이 출시되기 시작하면서 당연히 에어프라이어라는 제품군 내 시장 점유율은 점차 줄어들 수밖에 없었지만 가격이 고가임에도 불구하고 원조 에어프라이어인 필립스 제품에 대한 수요는 계속 늘어났다.

대외적인 환경 또한 에어프라이어가 주방에서 필수 가전으로 자리잡는데 우호적 영향을 미쳤다. 2020년 세계를 불안에 떨게 한 코로나 19 확진자가 늘어나면서 우리 일상 생활 패턴도 변화했기 때문이다. 국민들은 외식이나 외출을 자제하고 집에서 보내는 시간이 늘어났으며, 집에서 할 수 있는 취미생활을 추구했다. 소위 말해서 '홈루덴스족(Home Ludens)'이 늘어난 것이다.

홈루덴스족은 '홈(Home)'과 라틴어로 놀이를 뜻하는 '루덴스'의 합성어로 자신의 주거공간 안에서 모든 것을 즐기는 사람들을 가리키는 신조어다. 에어프라이어는 근사한 한 끼를 간단하게 만들어 먹을 수 있다는 점에 있어서 홈루덴스족에게 많은 사랑을 받았으며, 1인 가구 및 현대인들에게 있어 '필수 가전'의 자리를 차지해가기 시작했다. 실제로 시장 조사 기관에 따르면 2018년 에어프라이어의 국내 가정 보급률은 40%에 달하는 것으로 나타났으며, 현재는 더욱 확산되어 주방에서 전자레인지 다음으로 많이 쓰는 기구가 되었다.

LG 전자 씽큐(Think Q) 방탈출 카페

　기업들은 자사 제품을 반복적으로 사용해주기를 바라는 생각에서 충성도 높은 고객들을 확보하는데 총력을 기울인다. 충성도 높은 고객을 확보하기 위해서는 고객과의 접점에서 긍정 경험들을 확대해 나가는 것이 중요하다. 이런 관점에서 최근 기업들은 핫플레이스에 팝업스토어를 운영하거나 고객 체험 행사를 적극 활용한다. 2022년 LG전자도 획기적인 고객 체험 이벤트를 진행했다.

　2022년, 가전 시장에서 스마트홈 플랫폼의 중요성이 높아지고 있었지만 여전히 소비자들의 실제 사용 경험은 부족한 상황이었다. 외부 환경은 포스트 코로나 시대의 도래로 야외 활동 제약이 완화되며 팝업스토어 운영 등 소비자 체험 마케팅이 다시 주목받고 있었던 시기였다.

　이에 LG전자는 향후 스마트홈 플랫폼과 가전 소비의 메인 타깃이 될 'Z세대'를 대상으로 단순 체험이 아닌 재미 요소를 가미하여 자연스럽게 제품 경험을 유도하기 위한 이벤트를 기획했다. MZ 세대들의 핫 플레이스로 떠오른 성수동 '카페 할아버지공장'에 '씽큐 방탈출 카페'를 만들기로 한 것이다.

　부엌, 거실, 서재, 세탁실 등 4개의 주제에 맞춰 설계된 방에는 'LG 오브

LG ThinQ 방탈출 카페 시즌 1

제컬렉션' 제품들을 배치했다. 씽큐 방탈출 카페의 테마는 스마트폰 애플리케이션 'LG 씽큐'를 활용해 방안에 있는 LG 가전제품들을 제어하면서 힌트를 얻고 방을 탈출하는 것이었다.

해당 이벤트가 성공적이라고 평가받는 이유는 철저하게 타겟의 눈높이에 맞춰 기획되었다는 것이다. Z세대가 즐겁게 제품과 서비스를 체험할 수 있도록 하자는 의도가 적중했으며, 소비자들의 감성을 자극하는 것에도 성공했다. 이를 증명하듯 1주일 단위로 예약을 받아 운영되는 씽큐 방탈출 카페는 회를 거듭하면서 빠르게 예약이 마감되었다. 1차 예약은 1시간 걸려 마감됐지만 2차 예약은 5분, 3차 예약은 1분 45초 만에 마감될 정도로 입소문이 확산됐다.

두 번째 성공 포인트는 타겟들에게 바이럴을 확산할 수 있는 방안들을 전략적으로 활용했다는 점이다. MZ세대의 취향을 겨냥한 이벤트인 만큼 오픈 초기 셀럽, 인플루언서, 인증샷 이벤트 등을 적극 활용해 바이럴에 집중하고, 운영 기간 동안에는 씽큐 앱 및 방탈출 카페의 간접 체험을 확대하기 위해 유튜브, 블로그 등 온라인 채널을 통해 체험 후기를 지속 확산했다.

특히 이벤트 사전 및 오픈 초기에 집중해 프로그램을 구성하면서 기대감을 효과적으로 끌어올린 것이 돋보인다. 정규 오픈 전 SNS 상 인플루언서들을 대상으로 프리 오픈 행사를 진행해 사전 기대감을 조성했으며, 다양한 현장사진 활용 및 체험 리뷰로 LG 씽큐 인지도 증대 및 씽큐 방탈출 카페를 매력적인 핫플레이스로 포지셔닝 하는데 성공했다. MZ 세대들의 큰 관심 속에 당초 계획한 기간을 2주 연장해서 진행했을 뿐 아니라 2022년 9월부터 약 7주간 시즌 2를 진행했다고 하니 얼마나 관심이 높았는지 짐작할 수 있을 것이다.

PR 업무 중 어렵고 복잡한 내용들을 일반 국민들에게 어떻게 쉽게 전달할 수 있을지 방법을 찾아내는 것은 까다로운 것 중 하나다. 위의 사례처럼 게임 요소 등을 접목해 직접 경험해보게 하기도 하고 어려운 내용을 최대한 소화해 인포그래픽 형태로 만들어 노출시키기도 한다. 특히 MZ 세대들은 과거 기성세대들과 다르게 영상 노출 빈도가 매우 높기 때문에 텍스트에 대한 이해도가 낮다는 점을 충분히 감안해 영상 활용 방안, 체험 등을 보다 적극적으로 활용하여 기업의 목표를 성공적으로 달성하였다.

서울우유 새로운 제조날짜 표시

요즘 소비자들에게는 익숙해졌을 수 있지만 예전에는 우유에 '유통기한'만 표기되어 있었다. 서울우유는 2009년 유업계 최초로 제조일자 표기를 도입하는 새로운 시도를 했다. 신선식품의 경우 제조일로부터 시간이 지날수록 신선도가 떨어지는데 고객들은 우유의 신선함을 확인하고 싶어하는 니즈가 존재했다. 뿐만 아니라 실제 기존과 같이 유통기한만 표기할 경우 각 제조사별로 제시하는 음용 가능한 기한이 달라 어떤 제품이 가장 최근에 나온 것인지 가늠할 수가 없었다.

당시 유업계가 처한 어려운 시장 상황에서 도입된 제조일자 표기제는 서울우유 내부적으로도 위험한 도전이라는 우려도 있었다고 한다. 당시 국내 식품안전기본법상 우유를 포함한 유통식품은 유통기한 혹은 제조일자 중 하나만 선택해 표기해도 되는 상황이었다. 하지만 서울우유는 고객의 알 권리를 충족시키고 고객 건강을 우선시한다는 생각으로 이를 추진하게 된다.

이러한 시도와 더불어 고객 커뮤니케이션 또한 활발하게 추진했다. 고객들로부터 제조일자에 대한 신뢰를 한 데 모으기 위해 제조일자 표기 1주년을 기념해 차두리와 김남주를 모델로 한 전략적인 캠페인에 돌입했다. '제조일자를 찬성합니다'라는 주제로 전개된 광고 메시지를 통해 고객들의 공감대를 형성해 나간 것이다. 실제 제조일자 찬성 이벤트에 참여한 인원이 120만 명을 넘는 등 제조일자에 대한 고객들의 뜨거운 호응이 이어졌다. 기획 기사 노출, 각종 브랜드 평가 및 소비자 신뢰도 조사 등에서의 수상 내용 기사화 등의 활동들도 병행해 진행했다.

'제조일자 표기제'의 반향은 컸다. 이 제도를 도입한 후 매출이 전년 대비 16% 증가한 1조 5000억 원에 달하는 성과를 냈다. 고객들이 서울우유가 제시한 새로운 선택 기준에 대해 높은 만족도를 보인 것이다. 실제 조사에서도 이러한 사실은 증명되었다. 전체 응답자 중에서 우유 구매 시 실제 제조일자를 확인한다는 응답자가 64%에 이르렀으며 이 중 98%는 구매 결정에 영향을 받았다고 응답했기 때문이다.

경제적 효과뿐만 아니라 이러한 소비자들의 신뢰를 확보했다는 것은 더 큰 성과다. 이러한 신뢰에 기반해 제도 도입 이후 업계 1위 자리를 지속적으로 지키고 있을 뿐만 아니라 각종 브랜드 시상에서도 1위 자리를 공고히 유지하고 있다.

소비자들의 불편함을 개선하겠다는 생각에서 나오는 제품 개발과 서비스 공간의 창출, 제품 정보 고지 개선 등의 소위 새로운 카테고리 만들기 전략은 기업에 있어서 큰 부를 축적하게 할 수 있을 뿐만 아니라 혁신, 선도 등의 긍정적 기업 평판 자산을 확보할 수 있게 해준다. 제품과 아이디어 개발에 못지 않게 중요한 것은 이에 걸맞는 마케팅 커뮤니케이션 전략이다. 네이밍을 포함한 새로운 카테고리에 대한 적절하면서도 강력한 소비자 인식의 포지셔닝이 필요하기 때문이다. 앞으로도 계속될 다양한 MPR 전략들이 기대된다.

부모(parents) 단어를 사용하여
사과 광고에 대한 인식을 바꾼 마텔

사과 전략의 핵심은 진정성.
부모란 말 한 마디로 화난 민심을 달래다

지난 2007년 세계 최대 규모의 장난감 기업 마텔(Mattel)이 생산한 제품에서 납 성분이 검출되었다. 마텔의 명성을 믿고 아이들에게 마텔의 장난감을 사줬던 부모들의 배신감은 컸다. 오랜 시간 사랑받던 '마텔의 장난감 왕국' 위기는 최근 국내에서 발생한 식품사들의 이물질 검출 위기와도 닮았다. 62년 넘게 쌓아온 브랜드의 신뢰에 금이 간 심각한 위기 상황이었다.

마텔은 등을 돌리려는 소비자를 잡기 위해 언론 PR 활동에 총력을 다했다. 각종 인터뷰에 적극적으로 응했고, 납 성분 사태가 터지자 즉각 홈페이지에 CEO의 사과 동영상을 띄워 소비자들에게 성의를 보였다. 그러나 이러한 사태에서 그 중에서도 가장 돋보인 PR 위기대응은 마텔의 CEO인 로버트 에커트가 TV 생방송에 출연하여 부모(parents)의 심정으로 위기관리에 임하겠다는 강력한 다짐을 하고 일간지 사과 광고문에서도 같은 다짐을 자세히 게재한 조치였다.

부모는 자식을 위해 목숨을 던지기도 한다. 이러한 마음으로 모든 소비자들의 자녀들의 부모가 되겠다(to be parents)는 마텔 CEO가 다짐하

마텔이 판매하는 장난감

는 강력한 메시지를 던져 들끓던 여론이 잦아들기 시작했다. 회사의 생사가 걸린 위기 상황에서 진정성을 보인 마텔의 위기관리 활동 중에서 월스트리트 저널에 실린 사과광고문은 사과 광고문의 교과서로 여겨지고 있다. 사과 광고문이 면피용이 아니고 진정성이 담길 때 소비자의 이해를 얻을 수 있다는 것이 우리의 기업들에게 참고가 될 수 있게 사과 광고문의 전문을 실어본다.

 마텔에 무슨 일이 벌어지고 있는 건가요? 지난 몇 주 간 기준치 이상의 납 성분이 포함된 제품들의 리콜을 단행하면서 수 많은 사람들이 내게 한 질문입니다. 걱정스러운 표정의 제 부모님과 우리 회사의 직원들, 이웃들, 옛 동료들과 나의 아이들까지도 모두 궁금해 했습니다. 마치 모든 사람들이 우리의 리콜에 대해 알고 있는 것처럼 보였습니다. 저는 이 상황을 긍정적으로 봤습니다. 이건 하자가 있는 우리 제품에 대해 소비자와 성공적으로 커뮤니케이션 하고 있다는 것을 의미하기 때문입니다.

미디어는 소비자들에게 리콜에 대해 널리 알리는데 많은 도움이 되었습니다. 하지만 안타깝게도 우리의 의도와는 전혀 다른 기사나 악의적인 기사가 나기도 했습니다. 심지어 우리의 전면 사과문이 실린 신문의 다른 면에 '마텔이 아무 사과도 하지 않는다'는 어처구니 없는 기사가 실리기도 했습니다.

그래서 또 다시 사과합니다. 저는 지금 저희 회사가 처한 상황이 어떤지 명확히 알고, 정부의 지시가 있기 이전에 자발적으로 행동하려 합니다. 저는 '미국 소비자 제품 안전 위원회(CPSC)'를 적극 지지하고 있으며 우리에게 어려운 이 시기를 CPSC와 협조함으로써 헤쳐나갈 것입니다. 더불어 저는 CPSC의 즉각적인 행동과 프로정신에 박수를 보냅니다. 아이를 네 명 가진 아빠로서 저는 부모들이 무엇을 원하는지 잘 알고 있습니다. 바로 안전한 장난감입니다. 아이들이 가지고 노는 장난감이 확실한 안정성 검증이 되었는지 믿고 싶어하죠.

최근 납 성분이 함유된 페인트는 부모들의 최고 관심사일 것입니다. 저는 마텔이 지금 조치를 취하고 있음을 부모님들이 분명히 알아주었으면 합니다. 첫 번째 리콜 이후 납 성분이 페인트에 들어가는 것을 막기 위해 우리는 다음과 같은 세 가지 단계를 통해 품질 관리를 강화했습니다. 첫 번째로, 우리는 모든 공급자로부터 공급받은 페인트를 일일이 검사했습니다. 한 차례의 예외도 없이 모든 공급자들이 이 검사를 통과해야만 했습니다. 둘째, 우리는 매 단계마다 수 많은 테스트와 조사를 수행했습니다. 마지막으로, 출시되기 전 완제품에 대해서 또 한번 검사를 했습니다

마텔은 이번 사건에 대한 철저한 조사를 통해 납 성분이 포함되어 있다

고 판단되는 모든 제품에 대한 리콜을 실시하는 바입니다. 제품에 얼마나 많은 납이 포함되었는지는 중요하지 않습니다. 우리는 그 어느 때보다도 강도 높은 조사를 실시하고 있습니다. 예를 들면, 우리는 크기가 3인치(약 7.5cm)인 장난감 자동차의 헤드라이트 부분에 납 성분이 들어간 페인트를 썼다는 것을 밝혀냈습니다. 이 때문에 우리는 이 자동차 모델에 대해 리콜을 실시하고 있습니다. 이런 움직임은 마치 짚 더미에서 바늘을 찾는 것만큼이나 어려운 일 입니다. 하지만 우리의 목표는 이 바늘을 찾아내는 것입니다. 우리의 장난감은 절대적으로 안전합니다. 이번 납 페인트 사건과 관련된 제품은 우리 회사가 지난 12개월 동안 생산한 전체 제품의 0.5%도 되지 않습니다. 하지만 나는 이것이 0%이길 희망합니다.

우리가 조사를 계속 할수록 우리의 기준에 부합하지 못하는 제품들이 더 나올 수 있습니다. 물론 CEO로서 저는 더 이상의 불량 제품들이 발견되지 않았으면 합니다. 하지만 한 사람의 부모로서, 추가적인 문제가 발견된다면, 어떤 작은 문제라도 그냥 넘어갈 수 없습니다. 우리는 고객들에게 최대한 빨리 널리 이 사실을 알려서 그들이 적절한 행동을 취할 수 있도록 도울 것입니다. 지난 몇 주간의 장난감 테스트에 관해서 얘기가 많았습니다. 저는 이번 일을 계기로 마텔이 앞으로 사람들이 우리에게 기대하는 것과, 우리가 나아가고자 하는 방향에 대해 이야기하게 되었으면 합니다. 이번 일로 우리에 대한 신뢰에 금이 갔지만 우리에게 더 나아질 것을 요구하는 시험으로 알고 겸허히 받아들이겠습니다.

저는 시카고의 교외에서 자랐는데 저의 아버지의 신뢰를 얻기 위해서는 말이 아니라 행동을 보여줘야 했습니다. 오늘날 저 역시 우리 아이들에게 말합니다. '말이 아니라 행동이다.' 그리고 이것은 마텔이 앞으로 나아가야 할 행보의 원칙입니다. 우리는 말이 아닌 행동으로 여러분들의 신뢰를 다시 찾아 오겠습니다.

로버트 에커트의 성명서에는 진심으로 반성하는 자세와 깊은 신뢰감이 흐르고 있다. 우선 그는 CEO로써 무한한 책임을 느끼고 있으며, 철저하게 반성하고 있다는 점을 강조했다. 거기에 이번 사건으로 인해 회사 내부에서 즉각적인 변화가 있었음을 매우 상세하고 구체적으로 알렸다. 또한 직접적으로 말하지는 않았지만 평소에도 엄격한 품질 관리를 실시하고 있었다는 점을 암시해 그들이 나쁜 기업이 아니라 단지 운이 없는 기업이라는 점을 호소했다.

소비자들은 CEO의 말에 크게 공감

하지만 CEO로서의 이야기만 썼다면 소비자들은 로버트 에커트의 말에 크게 공감할 수 없었을 것이다. 이 성명문의 최대 장점은 소비자들과 CEO가 동일한 사람이라는 것을 부각시켰다는 것이다. 키워드는 바로 '부모'였다. 에커트는 '당신과 나는 모두 똑같이 부모의 마음을 가졌다'는 메시지를 빠뜨리지 않고 자신의 과거 이야기까지 언급하며 CEO가 아닌 '한 아버지'로서 느끼는 안타까움과 고민을 표현하고 있다. 당신과 나는 똑같이 부모의 마음을 가졌으며 당신이 느끼는 감정을 똑같이 느끼는 사람이라는 메시지는 사람들의 분노와 배신감을 달래기에 충분했다.

적극적인 사과와 더불어 마텔이 이번 위기관리에서 중요하게 생각한 것은 말 뿐만 아니라 책임 있는 행동이었다. CEO의 약속대로 마텔이 보여준 리콜은 확실히 달랐다. 보통의 기업들도 리콜을 실시하지만 마텔 만큼 적극적이고 포괄적이지는 못했다. 마텔은 리콜을 단순히 비용의 문제가 아닌 또 다른 방식의 홍보의 수단으로 생각했다. 때문에 마텔이 보여준 리콜 과정에서의 책임감과 친절은 소비자의 기대를 훌쩍 뛰어넘었다. 우선 마텔은 자신들이 리콜을 실시하고 있음을 적극적으로 소비자들에게 알렸다. 야후(Yahoo)와 같은 유명 인터넷 사이트에 해당되는 제품들의 사진을 올리고 바로 마텔의 리콜 관련 웹페이지로 넘어가도록 광고를 만들었다. 이렇게 함으로써 소비자들은 귀찮게 마텔 판매점에 찾아가 고객서비스센터에 문의해야 하는 불편을 덜 수 있었다. 마텔 역시 이 프로세스를 담당하는 업체들에게 추가 비용을 지불할 필요가 없었다.

CEO의 말대로 마텔 측은 부모의 입장에서 이 문제를 해결하려 했다. 단편적인 문제 해결에 그치지 않고 문제의 근본 원인을 해결하기 위해 노력한 것이다. 마텔은 위기가 발생한 근본 원인이 무엇인지 철저히 밝혀냈고, 재발 방지를 위한 대책을 수립하였으며, 소비자들에게 이 사실을 정확하게 전달했다.

마텔 위기의 배경에는 '메이드 인 차이나(Made in China)', 즉 중국 내의 생산 과정이 문제가 됐다. 마텔의 경우 제품의 65%가 중국에서 생산되는데 중국에서는 하청을 준 중국 제조업체가 다시 하청을 주는 피라미드 구조로 이루어져 있었기 때문이다.

2007년 8월 14일 에커트와 부회장 짐 월터는 이번 사태가 마텔의 여러 단계의 공급망 구조에서 생긴 부정행위라고 말했다. 즉 문제가 된 제품들은 얼리라이트라는 공급자의 제품인데 이들은 다시 홍리다라는 기업에 도색 작업의 하청을 주었다. 홍리다는 정해진 페인트를 사용하지 않고 비용을 아끼기 위해 다른 페인드를 사용했는데, 이 페인트가 문제가 된 것이다. 에커트 회장은 '얼리라이트 역시 마텔과 마찬가지로 피해자다.'라고 말했다.

 마텔은 리콜 이후 임의로 실시하던 완제품 검사를 모든 제품에 실시하겠다고 약속했다. CEO인 에커트는 이것이 더 나은 기업으로 거듭나기 위한 산고(産苦)임을 강조했다. 위기에 대처하는 마텔의 원칙은 간단하다. 진정성 있는 말로 사과하고, 행동으로 보여주고, 다시는 이런 일이 반복되지 않도록 대책을 마련하고 이를 적극적으로 알린 것이다. 위기를 진정성을 가지고 성공적으로 관리하여 새로운 기회를 창출한 사례로 평가할 만하다.

아이보리 비누를
미국인들의 비누로

비누조각 경연 대회로
아이보리를 비누의 대명사로

　버네이즈 생애 30여 년간 P&G에 제공했던 PR 서비스는 여러 면에서 현대 MPR의 교과서이다. 버네이즈의 최고 전성기였던 1920년에서 1950년대 사이의 일이다. 그간 P&G는 버네이즈의 가장 중요한 클라이언트였다. 미국의 최대 종합생필품 제조사인 P&G (Procter & Gamble)는 1860년 미국 남북전쟁 당시 군에 비누와 양초를 납품하며 크게 성장했다.

　1870년대 토마스 에디슨이 백열등을 발명하자 양초 수요는 급격히 감소하였고, 이에 따라 P&G는 자연스럽게 비누 생산 쪽으로 비중을 옮겼다. 1879년에는 P&G의 한 직원이 우연히 물에 뜨는 아이보리 비누를 발명하게 되었다. P&G는 당시 기존의 비누보다 훨씬 순하고 부드러운 아이보리 비누를 '순수함(pure)'이라는 컨셉으로 포지셔닝하며, 우아한 여성, 어린 아기, 성직자 등을 모델로 내세워 적극적으로 광고 캠페인을 전개해 나갔다. 적극적인 캠페인 덕에 1890년대 P&G는 30여 종이 넘는 미국 최대의 비누 생산업체가 되었다.

　1923년 P&G는 당시 최고의 MPR 전문가인 버네이즈를 고용하여 아

아이보리 비누에 새긴 조각상들

이보리 비누 캠페인 확대를 의뢰했다. 버네이즈는 PR을 실행하기에 앞서 설문조사를 실시했다. 그 결과 사람들은 무색, 무향의 순한 비누를 선호하는 것으로 나타났다. 하지만 아이보리 캠페인의 모델 겸 타깃층이었던 어린이들은 비누에 대해 전혀 관심이 없다는 게 문제였다. 오히려 비누 때문에 눈이 따갑다고 불평했다. 당시 아이들은 일주일에 겨우 한번 샤워를 하는 실정이었다. P&G는 비누에 대한 아이들의 이러한 태도 자체를 바꾸고 싶었고, 일주일에 한 번이 아니라 하루에 한 번이나 두 번 샤워하게 만들고 싶었다.

　버네이즈의 해결책은 간단 명료하고 효과적이었다. "비누의 적인 아이들이 아이보리 비누 사용을 좋아하게 만들자(Children, the enemies of soap, would be conditioned to enjoy using Ivory)!"

　1924년 버네이즈는 전국 비누 조각대회 (Ivory Soap Sculpture Contest)를 조직했다. 큰 상금을 내걸어 공중의 관심뿐만 아니라 언론의 주목을 끌었다. 첫 대회에는 일반 조각가, 건축가 및 기타 예술인들이 참가하여 450킬로그램이 넘는 대형 아이보리 비누를 멋지게 조각했으며, 이듬 해부터는 학생들을 대상으로 하는 범국민적인 행사로 발전시켰다. 버네이즈는 1년에 한 번 개최되는 대회뿐만 아니라 평소 학교 미술 시간에도 비누를 조각하게 유도했다. 학생들은 상을 받기 위해 실패작을 버리고 다시 아이보리 비누를 사면서까지 대회에 몰두했다. 버린 비누들은 집에서 사용했다. 판매량은 엄청나게 증대했다.

1961년까지 37년 동안 계속된 이 전국 비누 조각 대회는 매년 수백만 명의 어린이들이 서로의 독창성과 예술성을 겨루는 계기를 마련했다. 대회 수상작들은 뉴욕 및 전국의 박물관에 전시되었고, 미국 내에서뿐만 아니라 전 세계적으로 언론 홍보 효과를 창출해 냈다. 버네이즈는 또 다른 이벤트도 기획했다. 뉴욕 센트럴 파크에서 아이보리 비누로 만든 요트 띄우기 대회를 창안해 언론의 주목을 받았다. 또한 버네이즈는 각 지방의 상징물, 동상 및 공공 건물들을 아이보리 비누로 깨끗하게 세척하는 활동을 벌였다. 각 가정에서 아이보리 비누 사용을 권장하는 전국가사서비스사(National Household Service)의 권고를 인용한 '생활의 지혜를 담은 책자'를 배포하여 아이보리의 판매를 간접적으로 촉진했다.

1930년대 P&G의 한 PR 임원은 '버네이즈의 아이디어는 독창적이었으며, 마치 마술과도 같았다'고 말했다. 이러한 버네이즈의 성공적인 결과는 학자들이 마케팅 PR (MPR)의 A to Z라고 하여 교과서에 등장한다. (A는 Award (상 제정), B는 Book (책 발간), C는 Contest (시합), D는 Demonstration (데모), E는 Exhibition (전시)에서 Z까지 연결된다.) 버네이즈의 성공 공식은 간단했다. 버네이즈는 이벤트를 만들었고, 이벤트는 뉴스를 만들었고, 뉴스는 제품 혹은 서비스의 판매증진 및 이미지 제고를 가져왔다.

그는 경쟁사의 시장점유율을 빼앗는 게 아니라 새로운 수요를 창출하여 경쟁자까지도 윈-윈 할 수 있는 '큰 생각'에 기초한 전략을 실행하였다. 버네이즈가 베이컨과 계란을 모든 미국인들의 아침식사(American Breakfast)로 만들어 베이컨의 수요를 폭증시킨 것처럼 아이보리를 모든 미국인들의 비누로 만들어 P&G를 세계적인 회사로 승격시켰다는 사실은 주목할 만하다. 그는 클라이언트를 위해 매체를 이용하였고, 여론을 유리하게 형성시켰으며, 공중과 언론매체의 이목을 끄는 수많은 이벤트들을 성공적으로 이끌었다.

필자는 이러한 버네이즈의 능력을 현대 PR에서 말하는 '경계확장자(boundary spanner)' 개념으로 해석하고자 한다. PR은 제품과 조직체의 활동을 외부와 연결하고 그 의미를 확장하는 직업이다. 아이보리라는 비누 제품을 어린이들의 청결, 미끌 미끌한 귀여운 장난, 사회의 위생, 창의성 교육, 예술작품의 재료 등으로 의미를 확대했다.

그러한 의미들을 찾아내기 위해 실태조사와 여론조사를 동원했다. 고객의 회사, 제품, 사업, 역사, 사람 등 모든 요소들을 사회적 의미, 가치와 부합시키는 능력이야말로 PR인의 가장 중요한 기본자질이라고 본다. 버네이즈는 이러한 경계확장자로서의 천부적 자질을 가진 사람이다. 그러나 그는 결코 단순한 창의력만을 발휘한 적이 없다. 먼저 전문가, 실태조사, 여론조사, 언론인 조언 등을 통한 과학적이고 객관적인 분석을 시도하고 거기서 사회적, 공중적 의미를 도출해낸다. 창의력과 상상력의 동원은 그 다음의 일이다.

인식의 변화를 통한 전략적인 마케팅 : 코카콜라와 아리수

성공작 겨울의 코카콜라, 아쉬운 실패작 아리수

겨울의 코카콜라

　전 세계에서 가장 많이 사용되고 알아듣는 영어 단어 'OK(오케이)' 다음은 무엇일까? 바로 '코카콜라'라고 한다. 뿐만 아니라 코카콜라는 브랜드 포지셔닝이 가장 잘되어 있는 회사 중 하나다. 코카콜라 하면 빨간색과 하얀색을 떠올릴 만큼 코카콜라는 PR과 마케팅의 교본이라 불릴 정도로 그간 다양한 전략을 펼쳐오며 현대인의 라이프 스타일을 상징하는 아이콘이 되었다. 물론 코카콜라도 위기를 극복하면서 소비자들에게 새로운 메시지와 인식의 변화를 가져오려고 꾸준히 노력해 왔다.

　독자들에게 또 하나 질문을 던지고 싶다. 코카콜라가 가장 안 팔리는 계절이 언제일까? 당연히 대부분 사람들은 '겨울'이라고 할 것이다. 당연히 탄산음료가 가장 안 팔리는 시기는 더위에 갈증이 많이 발생하는 여름과 다른 추운 겨울일 것이다. 하지만 코카콜라는 소비자의 이런 인식을 완전히 바꾸는 노력을 해왔다. 앞서 말한 것과 같이 사람들은 '겨울'하면 크리스마스와 산타클로스가 저절로 생각날 것이다. 우리가 흔히 알고 있는 산타클로스의 색깔은 무엇인가? 바로 코카콜라의 브랜드 색상인 빨간색과

코카콜라와 산타클로스

흰색은 산타클로스를 상징하는 색상과 동일하다.

　코카콜라는 겨울에도 코카콜라가 떠오를 수 있게 하도록 산타클로스를 연계한 광고를 기획하였다. 1931년 당시 코카콜라의 광고를 담당하던 미국의 화가 겸 광고 카피라이터 헤든 선드볼름(Haddon Sundblom)은 우리가 흔히 연상하는 산타클로스와 코카콜라를 합쳐서 겨울을 지나는 소비자들의 인식을 변화시켰다. 자세히 살펴보면 산타클로스의 빨간색 옷은 코카콜라 브랜드 로고를 연상시키고, 우연인지 모르겠지만 산타클로스의 곱슬곱슬하고 소복한 수염은 코카콜라의 청량감의 상징인 거품을 연상시킨다.

　코카콜라는 그 이후 지속적으로 산타를 활용한 겨울 광고를 진행해왔다. 크리스마스는 종교적인 의미도 있지만 가족과 함께한다는 연말의 느낌을 강하게 주기 때문에, 산타가 보유하고 있는 가족적인 이미지 그리고 시기와 잘 맞아 떨어진다. 이렇게 코카콜라는 소비자들에게 자신들이 가장 안 팔리는 계절을 극복하기 위해 브랜드의 입지를 굳게 다지고, 사계절을 망라하는 음료는 코카콜라라는 포지셔닝을 해왔다.

이 밖에 코카콜라는 계절의 아이콘을 이용해서 소비자들에게 자신의 브랜드를 더욱 각인시키는 활동을 이어왔다. 1993년에는 겨울과 잘 어울리는 북극곰 캐릭터를 선보였다. 추운 겨울철에 차가운 음료와 빙하에서 사는 북극곰이 잘 어울리지 않을 듯 싶지만 오히려 이런 점을 이용하여 소비자들에게 친근하게 다가가 차디찬 빙하에서 코카콜라를 마시는 북극곰의 이미지는 탄산음료의 청량감을 더욱 극대화하여 소비자들을 끌었다. 또한 광고를 보면 북극곰 한 마리가 아니라 북극곰 가족이라는 부분을 강화시켜 가족적 연말이라는 느낌을 강하게 전달하는 모습도 볼 수가 있다.

아리수가 된 서울 수돗물

위에서 언급된 성공사례와 달리 실패사례도 있다. 어릴 때 서울 수돗물은 깨끗하다는 생각을 하지 않았을 것이다. 하지만 지금은 어떤가? 서울의 수돗물 하면 어떤 것이 떠오르는가? 서울 사는 사람이라면 '아리수'는 쉽게 그리고 자주 접한 수돗물 이름일 것이다. 일반적으로 '아리수'라는 이름 자체는 이제 소비자들에게 친근한 이름이다. 하지만 실제 음용(사용) 비율은 저조한 것으로 알려졌다.

사실 아리수의 수질은 우리나라 정부 차원에서 허용수준으로 정한 것보다 더욱 엄격한 기준을 적용하고 있는 것으로 알려져 있다. 일반 소비자가 아리수에 대해 느끼는 우수성과 인식의 변화가 홍보성패의 관건이라 믿으며 활동을 전개해 나가고 있는 것이다. 하지만 아리수의 경우 인터넷 검색을 해보면 '아리수 딜레마'라는 말이 등장할 정도로 PR 효과에 의문이 제기되는 상황이다. 아리수의 기본적 인지도는 상당히 높은 수준이지만, 해당 브랜드에 대한 선호도와 실제 상품의 사용(음용) 비율에 있어서는 확연한 간격이 있기 때문이다.

　전 세계적으로 도시에 공급되는 수돗물을 브랜딩하는 사례는 흔치 않다. 서울시는 2004년부터 시에 공급되는 수돗물에 '아리수'라는 브랜드를 붙여 특별 관리하고 있다. 소비자가 별다른 과정 없이 수도에서 나오는 물을 그대로 마실 수 있는 '건강한 물'의 퀄리티를 지키고자 다양한 노력을 하고 있음에도 사실 사람들은 서울시가 주장하는 건강한 수돗물이 우리 집 배관을 통해 배달될 때의 바로 그 '아리수'임을 걱정한다. '서울시 수돗물 = 아리수'라는 인식의 변화가 이루어졌지만 실제 PR과 마케팅을 통해 긍정적인 인식 변화를 시키지 못한 것이다.

　인식이란 변화시키기 어렵기도 하지만 각인시키고 이를 긍정적으로 행동에 옮기게 하는 작업은 더욱 어려운 과제다. 코카콜라는 계절로 인한 매출 저하를 극복하기 위해 자사의 브랜드 이미지에 관한 인식의 변화를 준 것이다. 그러나 아리수의 경우 기본적 인지도의 변화 노력은 성공했지만 실제 음용(사용)률이 저조하거나 서울시가 강조하는 '깨끗하고 건강한 물'이라는 핵심목표 인식까지는 잡지 못했다. 인식의 변화를 통해 마케팅을 활성화하기 위해서는 통합적인 전략의 도입이 필수적이다.

인식의 변화를 통한 전략적인 마케팅 : 애플과 수면

절대강자 애플의 로고, 양질의 수면에 대한 권리

애플의 로고와 아이폰

브랜드를 가진 회사들은 왜 소비자의 인식에 그렇게 힘을 쏟을까? 애플의 경우 전 세계에서 가장 자사의 로고로 법적 분쟁을 많이 하는 회사로 알려졌있다. 일반인들에게는 애플은 자사 로고에 대해 강한 집착만 하는 회사로 각인될 수 있지만, 사실은 애플은 소비자의 인식이 브랜드 소비에 매우 중요하다는 것을 잘 알고 있기 때문에 사활을 다해서 로고를 지키려는 것이다.

실제 애플은 분야를 가리지 않고 상표권 소송을 남발해 왔다. 심지어 자사 로고의 상징인 사과가 아닌 배, 파인애플 등 다른 과일의 이미지까지도 소송을 진행해오고 있다. 예를 들어 스위스 내 과일 농가의 이익 증진을 위해 111년 전에 설립된 스위스과일연합(FUS) 로고에는 빨간 사과 이미지에 우측 상단에 하얀 십자가가 그려져 있지만 이 또한 애플 입장에서는 소비자들을 기만할 할 수 있다며 소송을 제기했다. 심지어 2020년에는 미국 스타트업 '프리페어'의 배 모양 로고가 '직각 잎이 있는 최소한의 과일 디자인으로 구성돼 애플 로고를 연상시킨다'고 주장했다. 애플이

애플 로고와 애플이 소송을 제기한 기업들의 로고

이렇게 상표권 이의 신청을 제기한 건수는 2019년부터 2021년까지 215건에 달한다. (비영리 단체 '테크투명성프로젝트' 참조)

  그렇다면 왜 애플은 이렇게 '소송의 아이콘'이라는 오명까지 쓰면서 로고를 지킬까? 앞서 말했듯이 일반 소비자는 애플이라 하면 '한 입 베어 먹은 사과'를 연상하는 것이 자연스럽다. 이렇게 그 로고의 이미지를 강하게 지켜왔기 때문에 애플의 정체성이 자연스레 포지셔닝 되었고, 실제로 과일 로고를 보면 자연스럽게 애플이 떠오르는 것은 일반적인 현상이다. 이렇게 인식이 각인되면 브랜드는 어떠한 전략을 추구하더라도 그 정체성과 포지셔닝된 이미지 때문에 보다 자유롭게 브랜드 전략을 펼칠 수 있다.

  애플의 성공적인 인식변화 스토리는 또 있다. 성공적인 인식의 변화를 추구하기 위해서는 타이밍도 중요하다. 우리가 흔히 아는 스마트폰의 시작은 애플이 아니라 마이크로소프트라고 한다. 그런데 애플이 2007년 첫 아이폰을 출시했을 때 시장반응이 너무 대단해 이를 '스마트폰'이라는 제품의 시초라고 생각하게 되었다. 실제로 마이크로소프트는 '스마트폰'의 초기 모델이 되는 포켓 PC PDA폰을 1999년에 출시했었다. 하지만 당시 사람들은 핸드폰의 성능은 '전화, 문자, 사진' 정도만 되면 된다고 생각했기 때문에 마이크로소프트가 '첫 세대 컴퓨터 폰'을 발표했을 때 이에 대해 애플의 스마트폰과 동등한 인식을 가지지 못했던 것이다.

애플의 아이폰이 '스마트폰'의 시초가 될 수 있었던 이유는 애플이 사람들의 인식을 바꾸어 놓았기 때문이다. 물론 가장 큰 이유는 인터넷의 발달이라는 전제가 있었기 때문이다. 모든 사람들이 인터넷에 연결되어 있었고, 초연결 시대로 향해가는 사회 트렌드도 있었기 때문이다. 그러나 중요한 것은 소비자들이 MP3 등 신기술을 경험해오면서 새로운 기술이 편리함을 제공한다는 인식을 하게 되었고, 이 타이밍을 이용한 애플의 아이폰 공개는 소비자들이 이제 단순 PC 사용이 아니라 '핸드폰'과 함께 PC의 집합체를 사용할 수 있다는 인식의 변화 시도에 성공했기 때문이다. 당시 애플의 CEO였던 스티브 잡스는 소비자들의 수요와 트렌드가 바뀌는 것을 지속적으로 모니터링하다가 아이폰을 출시함으로써 더 이상 휴대폰은 전화만 이용하는 매개체가 아닌 종합 개인용PC로 인식을 전환시킨 것이다.

잠에 대한 인식을 바꾸는 숙제

한국인들은 건강에 매우 예민한 민족이다. 실제로 코로나 사태를 잘 넘긴 이유 중 하나가 위생에 신경을 많이 쓰기 때문이다. 매일 샤워하고 몸을 잘 씻는 것으로 잘 알려져 있다. 그리고 건강기능식품도 전 세계에서 가장 많이 복용하는 국민 중 하나이다. 병원도 다른 나라보다 시설이 잘 되어 있어 쉽게 접근 가능하며 건강검진, 진료를 많이 받는 나라 중 하나이다. 그럼에도 불구하고 수면건강에 대한 관념은 선진국들에 비해 많이 다른 것 같다. 한국인에게 잠은 '게으름'과 '나태함'을 상징하는데 이는 급속도로 산업화되어 발전한 문화적 배경 때문이다. 실제 사전에 '과로사 (gwarosa: working themselves to death)'라는 단어가 있듯이 한국인에게는 '밤잠 안자고 일해야 성공한다'는 생각이 있다.

하지만 선진국들은 이미 수면 건강이 사람 인체에 얼마나 큰 영향을 미치는지 연구해오고 신경을 많이 쓰고 있다. 실제 수면 질환 중 수면무호흡증 인구가 많은데, 이는 다음날 잠을 자도 피곤한 가장 큰 이유 중 하나이다. 하지만 대부분 크게 수면의 질에 대해서 생각하지 않고, 그저 잠이 더 필요하다는 생각만 하게 된다.

필자의 회사는 수면무호흡증 기기 분야의 선두 업체인 미국의 레즈메드(ResMed)사를 위한 경쟁 PT를 준비했었다. 사실 수면에 대해서는 평소 크게 생각해보지 않았지만, 제안서를 준비하면서 많은 생각이 들었다. 제안서에는 뭔가 차별화된 전략이 필요했는데, 어느 교수를 통해 레즈메드가 이미 시장점유율 52%를 확보하고 있다는 것을 알았다. 그래서 필자의 회사는 일반 시장점유율 증대보다는 '더 큰 시장'을 개척하려고 고민했다. 그 결과 한국인 모두가 수면과 잠에 대한 인식을 긍정적으로 바꿔야만 수면 산업 전반이 커질 것이라는 생각에 미치게 되었다. 하나의 인식 전환을 통해 아직 미치지 못한 시장을 개척하고 시장 파이를 전체적으로 키워 모든 관련업체가 다 윈-윈(win-win)할 수 있게 하는 전략을 구상하기로 했다.

전략은 바로 'Right for quality sleep(양질의 잠을 즐길 수 있는 권리)' 라는 슬로건으로 사람들의 잠에 대한 인식을 바꾸는 것이었다. 에드워드 버네이즈가 한 것과 같이 하나의 상징적 이벤트를 통해 소비자들의 인식 전체를 바꿔 신규 시장을 개척하는 것이었다. 이처럼 MPR의 주요 기능으로 인식의 변화가 떠오르고 있다. 우리의 기업들도 현안 이슈 중 소비자들의 인식을 무리 없이 자연스럽게 바꿀 수만 있다면 크게 도약할 수 있다고 본다.

다보스에서 만난
세계 PR 전문가들

**다보스 포럼에 특별연사로 초대되어
한국적 위기관리 경험을 직접 발표하다**

커뮤니케이션즈코리아를 운영하면서 국내 영자 신문 코리아타임즈에 주한 외국 기업용 '위기관리'에 관해 열 번의 시리즈 기고를 한적이 있다. 그 내용을 인터넷으로 접한 다보스 월드 커뮤니케이션 포럼의 사무국장이 필자를 특별 연사로 초청하겠다는 이메일 통지를 보내왔다. 그동안 다보스에서 개최된 포럼에 관한 많은 뉴스가 있었기에 다소 흥분된 마음으로 초청에 기꺼이 응하겠다는 이메일을 보내고 차분히 강연 원고를 준비하였다. 강의 제목은 'Effective Crisis Management : The Korean Experience(효과적인 위기 커뮤니케이션 : 한국적 경험)'였다.

오랜만에 나가는 해외여행이라서 집사람(정나미)과 회사의 이사(현재는 부사장)였던 딸 김희진, 다섯 살 된 손녀딸 윤재인도 함께였다. 2015년 3월 17일 회의 개최 하루 전 호텔에 도착하여 회의가 개최될 다보스 회의장을 구경할 기회가 있었다. 우선 깜짝 놀란 것은 회의장 규모였다. 우리 시골의 군단위 레벨에서도 다보스 회의장보다 훨씬 훌륭한 규모의 회의실이 있을 것이라는 생각이 들었다. 스위스인들이 무척 검소하고 짠돌이라는 얘기는 많이 들었지만 이 세계적인 규모로 열리는 국제 회의용 회의장이 우리 군 단위 회의장 수준에 도 미치지 못한다는 사실에 다소 실망이 되었다. 실제 회의가 시작 되니 스케줄대로 약 300여 명의 세계적 PR 전문가들이 참석하여 다양한 주제에 대해 활발한 토의 가 진행되는 것을 목격하는 순간 회의실의 시설과 규모에 별 신경 을 안 쓰고 내용에 최선을 다하는 스위스인들의 실속위주 '짠돌이' 정신을 이해 할 수 있게 되었다.

다보스 월드 커뮤니케이션 포럼에서의 필자

앞의 다양한 주제의 회의 후에 필자의 순서가 되자 한국의 특수한 위기 요소들에 대해 많은 전문가들은 다양한 의견을 내놓았으며 심지어 외국 신문에 거론되었던 대한민국의 별명 'R.O.T.C.(Republic of Total Crisis) 즉 '총체적 위기 공화국'에 관한 기사를 얘기하면서 그 배경이 무엇인가에 대한 설명도 요청하였다. 남북대치 상황과 민주화와 동시에 산업화를 추진하는 과정에서 빚어진 불협화음들이 다양한 분야에서 표출되어 'R.O.T.C'라는 단어가 나오게 되었다고 생각한다는 설명을 하기도 하였다. 그 당시 위기 공화국으로 부각되어 있었지만 지금은 한국 문화(K-Culture)가 세계를 주름 잡고 있어 격세지감이 느껴진다.

IMF 당시 미국의 뉴브리지 캐피탈 펀드가 국내 최대 민간 은행인 제일 은행에 51%를 지분 투자하여 발생한 위기가 주제가 되어 질문이 나오기도 하였다. 그 때 필자의 회사가 뉴브리지 캐피탈의 기업 위기관리를 위한 PR을 담당해서 거침 없이 명쾌한 해답을 해줄 수 있었다. 한국의 기자들과 은행 직원들은 한국 최대 민간 은행이 외국기업의 손에 경영이 넘어간 것에 대해 크게 우려하였으며 그들의 입장을 직·간접적으로 표현하는 과정에 한국은 반외국기업 정서가 있다는 인상을 주게 되었으나 그 사태는 오래가지 않고 잘 해결되어 소프트랜딩을 하게 되었다고 설명하였다. 그 때 은행장으로 부임한 윌프레드 호리에(Wilfred Horie) 씨는 사내 커뮤니케이션의 전문가로서 직원들과 훌륭한 소통을 하였고 노조도 호리에 은행장의 진정성을 이해하여 은행장을 도와 외국 펀드의 투자와 관련된 위기는 오래 계속되지 않았다는 부연 설명도 하였다.

  다보스에서 느낀 것은 수많은 전문가들의 질문에 대해 대답하기 위해서는 전문적인 지식과 풍부한 실무경험이 튼튼히 뒷받침되어야 한다는 것이었다. 필자도 스스로에게 완벽한 준비가 되었냐고 자문하여 보았다. 이것이 계기가 되어 세계 다른 주요 PR 전문 회의에 연사로 참여하게 되었으며, 그 자리에서 세계의 많은 PR 전문가, PR 회사를 경영하는 대표 및 소비재를 생산하는 세계적인 기업들의 고위 임원 및 대표들과 사귈 수 있는 기회를 갖게 된 것이 필자가 PR 전문가로서 한 단계 더 업그레이드 되는데 큰 역할을 하였다고 생각한다. 오랫동안 결핵 보균자 환자들의 요양지로 알려졌던 다보스가 세계 경제와 커뮤니케이션의 내일을 생각하는 인류의 싱크탱크(think-tank)로 자리잡게 하는데 성공한 스위스인들이 부러웠다.

당당한 PR 우먼 조안 리(Joan Lee) 와의 끈끈한 인연

동창이자, 라이벌이자, PR업 개척 동지인 조안 리는 여걸 중 여걸

 필자와 조안 리와의 인연은 1960년대 서강대학교 영문과에서 시작되었다. 1960년대 서강대학교 영문과의 분위기는 아주 독특하였다. 40명 정원에 남녀 각각 20명 정도였으며 남학생들보다 여학생들이 더 적극적이고 공부에 집중했는데, 그들은 대부분 경기, 이화, 숙명여고와 지방 일류 고등학교 출신이었고 영어 실력도 쟁쟁하였다. 미국인 신부님들이 강의하는 영문학 개론과 유명 작가의 작품을 다루는 과목에서는 신부님들과의 교감이 아주 깊었다. 강의 내용 중 풍부한 사례를 통해 살아있는 강의를 하시는 신부님들에 대한 존경심이 아주 높았다.

 이런 독특한 여건 속에서 아내 없이 혼자 생활하는 신부님들에 대한 여학생들의 배려는 아주 깊었다. 강의 중 신부님들의 윗도리 겨드랑이가 헤져 있는 것을 본 여학생이 신부님의 윗도리를 벗게 하여 강의를 들으면서 바늘로 꿰매는 일도 있었다. 설 명절 때에는 여학생들이 주도하여 떡국과 갈비를 준비하며 신부님들을 정성껏 모시기도 했었다. 이런 서강대학교 영문과의 분위기를 이해한다면 신부님과 여학생간의 순수한 사랑까지도 상상해 볼 수 있을 것이다. 그 주인공이 바로 영문과 학생이었던 성심여고 출신의 조안 리(Joan Lee). 학생 때 이름은 이영자이다.

당시 단과대학이었던 서강대학의 학장이었고 학생들로부터 존경을 받았던 킬로렌 신부와의 사랑이었다. 두 사람의 사랑 얘기는 조안 리가 쓴 「스물셋의 사랑, 마흔아홉의 성공」에 잘 기록 되어있다. 두 사람의 사랑 이야기는 당시 로마 교황청까지 개입했는데, 킬로렌 신부의 파계가 공식으로 허용되어 두 사람이 결혼할 수 있게 되었다. 신부님과의 사이에 태어난 첫 딸이 현재 CJ의 미국 사업을 총괄하는 본부장으로 근무하고 있다. 최근 세상을 떠난 조안 리와 필자 간의 기나긴 인연 때문에 지금도 옆에서 살아있는 것 같은 착각이 들 때가 있다.

학교 졸업 후 필자는 코리아헤럴드 기자가 되었으며 조안 리는 결혼 후 조선호텔 PR 매니저로 호텔 PR 업무에 열중하다 자신이 PR 회사 스타 커뮤니케이션을 설립하였다. 본격적인 PR 업무는 아니지만 호텔 홍보와 인재를 찾아주는 헤드 헌팅 업무를 시작한 한국 최초 회사 중 하나였다. 조안 리의 외국 고객이 한국과의 비즈니스를 위해 한국에 왔을 때 필자에게 부탁하여 인터뷰를 진행하였으며 그 인터뷰 기사가 코리아헤럴드에 게재되어 조안 리의 PR 업무에 크게 도움이 된 적도 많았다.

PR 업계에서의 활약이 외부에 알려지게 되자 그녀는 세계 최대의 PR 회사 중의 하나인 버손 마스텔라(Burson Marstellar)의 한국 대표로 자리를 옮기게 되었다. 그 때 세상에 널리 알려진 F-16과 F-18 전투기가 치열하게 입찰에서 맞붙은 한국 전투기 사업 관련 PR 3년 전쟁이 시작되었다. 당시 또 다른 세계적인 PR 회사인 힐 앤 놀턴(Hill and Knowlton)과 파트너 관계를 맺고 있던 필자가 코리아헤럴드를 떠나 설립한 커뮤니케이션즈코리아에서 펼쳤던 피나는 경쟁이 바로 그것이었다.

조안 리가 지원하고 있던 맥도넬 더글라스(McDonnell Douglas) 사의 F-18 전투기와 필자가 지원한 제너럴 다이나믹스 사의 F-16 간의 치열한 경쟁이었다. 조안 리는 '잠수함 작전'이라 하며 언론사의 논설위원과 담당부장 기자 등을 조용히 만나 한 명씩 설득하는 전략을 취했으나 필자의 회사는 F-16을 소나타, F-18을 그랜저(당시 인기 있었던 두 개의 현대차)로 비유하여 소나타 120대와 그랜저 80대를 비교하며 한국 국방력 증강에 어느 것이 더 필요한지를 기자들에게 설득하고 있었다.

당시 조선일보 F-16, F-18 관련 기사

그 당시 엔진이 2개였던 F-18을 공군이 선호하였지만 전 세계 공군의 85%가 F-16 전투기를 자국 공군의 주력기로 사용하고 있다는 팩트에 근거를 둔 PR 전략으로 국방부 출입기자들을 공략하였다. 공군은 엔진 한 개가 있는 F-16보다 엔진이 두 개인 F-18이 더 안전하다는 논리로 밀어붙여 정부의 1차 선정 과정에서는 F-18이 선정되었다.

그 후, 1989년 12월 24일자 『조선일보』는 조안 리와 필자에 대해 신문 1개면 전면에 걸쳐 다루었다. 이 기사를 쓴 기자는 상상력을 발휘하여 우리는 초상집 분위기인 반면 조안 리 측은 축제 분위기라는 기사를 썼다. 하지만 우리는 결코 초상집 분위기가 아니었다. 최선을 다했지만 F-18이 선정되어 무척 아쉽다는 감회에 잠시 젖었을 뿐이다. 인생이나 사업에 영원한 승자나 패자는 없는 법이며, 최선을 다해 목표를 향해 갈 뿐이지 않는가. 제너럴 다이나믹스 사의 PR 회사로서 우리는 최선을 다했을 뿐이다. 물론 허전한 마음은 있었다.

"다시 시작하자." 63빌딩에서 한강을 내려다보며 제너럴 다이나믹스 사의 한국 K 지사장과 내가 나눈 말이다. 다시 상황은 바뀌어 정부는 최종적으로 F-16으로 결정하였다. 조안 리는 「스물셋의 사랑, 마흔아홉의 성공」이라는 책에서 F-16 선정에 문제가 있다고 언급했다. 사실 이런 대형 무기 관련 프로젝트에는 PR 회사의 역할에 한계가 있다. 사안에 따라서는 PR 회사가 좌지우지하기 어렵고, 또 PR만 잘한다고 모든 게 이루어지는 것도 아니다. 선정과정에서 고려할 사항들이 너무나 많고, 어디에 더 무게를 두느냐에 따라 선택이 달라진다.

치열한 경쟁 속에서 잊지 못할 추억 한 가지는 국방부 출입기자들을 미국 제너럴 다이나믹스 본사로 초청하여 F-16 생산 시설을 보여주었을 때다. 이른바 미디어에 노출되도록 하려는 일종의 견학(Familiarization Tour; 제너럴 다이나믹스 사가 생산하는 F-16 전투기의 우수성을 과시하려는 목적으로 기획된 프로그램이었다) 같은 것으로 기자들에게 직접 현장을 보여주어 제너럴 다이나믹스 사가 생산하는 F-16 전투기의 우수성을 과시하려는 목적으로 기획된 프로그램이었다. 이런 경우 당시에도 그랬고 지금도 그렇지만 초청 주체인 정부부처나 기업체에서는 비행기표와 숙식을 부담하고 그 외 약간의 경비지원에 대해서는 각 회사마다 원칙이 달랐다. 제너럴 다이나믹스 본사의 담당자는 경비 지원에 대해서 분명한 입장을 밝혔다.

"영수증이 없는 현금지출은 1센트도 안 됩니다. 만약 현금을 기자에게

준 것이 밝혀지면 난 몇 십년 일한 회사에 당장 사표를 내야 합니다. 그 대신 영수증 처리할 수 있는 경비를 최대한으로 해서 최고의 대접을 하겠습니다." 그리하여 정식 비용으로 처리하여 대서양에서 바다 낚시를 즐기면서 싱싱한 바다 물고기를 잡아 배 위에서 생선회를 즐기기도 하였다, 이 여행 이후 국방부 기자들의 F-16 전투기에 대한 보도가 깊이가 있었고 제너럴 다이나믹스 대변인의 코멘트도 많아졌다. PR 업무를 수행하는 데 최고로 좋은 환경이 조성되었다.

3년 간의 기나긴 전쟁 후 대한민국 정부는 F-16 전투기를 대한민국 공군의 주력기로 선정하였다. F-16이 최종적으로 선택된 후 조안 리로부터 축하 전화가 걸려왔다. '김 사장 축하합니다. 한 가지 부탁하고 싶은 것은 미국 측과의 교섭과정에서 F-16 측에 기술 이전을 많이 요구하라는 것입니다. 그것이 우리의 방위 산업을 세계적 수준으로 높이는 길인 것 같소.'라고 말했다. 조안 리의 멀리 보는 혜안과 애국심이 오늘의 대한민국의 방위 산업을 한화 에어로스페이스, KAI, LIG 넥스원을 필두로 세계 초일류가 되게 한 원동력이 되는 데 일조하였다고 생각한다.

영원한 벗이자 경쟁자였던 조안 리. 편히 잠드소서!

30대 중국사업가 릴리 루오(Lili Luo) 의 슬픈 사연

나를 아저씨라 부른 중국의 청년 사업가 릴리 루오.
젊은 나이에 세상을 떠나다

2015년 나른한 봄날 사무실 의자에서 약간의 낮잠을 자고서 깨려는 순간 직통 전화벨이 울렸다. 전화를 받는 순간 당돌하고 고압적인 음성으로 한 젊은 여성이 영어로 '외무부의 한 과장이 미스터 김을 만나라고 하니 당장 내일 오후에 회사로 찾아가겠다'고 하면서 자기 자신을 소개하고 오후 3시로 약속을 잡고는 전화를 끊었다. 지금까지 수많은 고객과의 비즈니스 전화 통화를 하였으나 그 때처럼 압도당했다는 느낌을 받은 적은 없었다.

약속 시간이 되어 정중히 손님을 맞기 위해 정문 밖에 나가 있었다. 저쪽에서 최신형 검은색 벤츠 한 대가 회사 정문으로 향하고 있었다. 비서와 운전기사를 대동하고 차에서 내렸다. 정문에서 '허깅(Hugging)' 포즈로 인사를 하는 30세의 중국 여성이 등장했다. 어제 전화 통화를 했던 여성이었다. 그녀는 자신을 중국에서 태어나 미국 캘리포니아의 페퍼다인 대학을 졸업했다고 소개하였다. 페퍼다인 대학은 세계의 재벌들 2세가 주로 다니는 유명 대학이었다. 바닷가에서 요트타는 강의까지도 하는, 수업료가 상상 이상인 대학이라는 사실을 알게 되었다. 한국에서 기술력은 있지만 사업자금이 부족한 스타트업 기업들을 지원하기 위해 신사동에 세운 스타트업 지원기업인 『트라이벨루가(TriBeluga)』 대표라고 하였다. 180cm가 넘는 큰 키에 미모도 상당한 수준이었다.

릴리 루오의 30주년 생일 파티에서 릴리 루오와 필자

약 2시간의 미팅을 하면서 릴리 루오(Lili Luo) 대표는 현재 4개의 PR 회사와 얘기를 진행하고 있으며, 곧 4개 중에 한 회사를 선정하여 다음 달부터 PR 업무를 시작할 것이라고 하였다. 미팅 후 화장실이 어디 있느냐고 해서 화장실을 안내하였다. 화장실을 나온 그는 필자에게 다가와 '미스터 김, 나는 당신과 같이 일하기로 방금 결정 하였소. 다음 주 점심시간에 만나서 본격적인 사업 논의를 시작합시다'라고 말했다. 모든 결정이 이런 식이었다. 어찌 보면 즉흥적이기도 하고 또 일방적인 결정을 내리는데 익숙한 인물이라고 생각했다.

다음 약속에 릴리 대표는 자신에 대해서도 자세히 소개하였다. 아버지는 한방 처방에 종사하는 사람이었고 어머니와 결혼하여 생활하던 중 어머니가 아버지에게 이혼장을 내밀고 '나는 내일부터 사업을 하기로 마음먹었소. 7살인 릴리는 우선 당신이 돌보고 내가 사업이 안정되어 딸은 데려오고 싶을 때 언제라도 나에게 돌려준다는 조건에 동의하기를 바랍니다'라고 해서 이혼이 이루어졌다는 것이다. 어머니는 건축업과 부동산업을 시작하여 중국 죄조로 엘리베이터가 있는 아파트를 건설하여 중국 주요 부동산 건축업자가 되었다고 한다.

릴리 대표는 그가 창업한 회사를 '트라이벨루가'로 지은 뒷얘기도 해주었다. 중국은 그녀에게 '탄생(birth)을 주었고' 미국은 그녀에게 '두뇌(brain)를 주었고'(미국의 중·고등학교와 페퍼다인 대학에서 공부한 것을 의미) 한국은 그녀에게 '친구(friend)를 주었다'(페퍼다인 대학을 다니면서 한국인 동료들이 그녀를 지원하여 학생회장으로 당선시킨 사실을 의미) 이렇게 중국, 미국, 한국은 세 마리의 Beluga(돌고래처럼 머리가 영리한 물고기)라고 강조하면서 그녀가 설립한 회사는 한국, 중국, 미국을 연결하는 세 마리(tri)의 영리한 벨루가라고 설명하였다. 미팅은 강남 칠성급 호텔인 파크 하얏트에서 점심 미팅으로 진행되었다. 앉자마자 릴리 대표는 나에게 '미스터 김, 오늘부터 나는 당신을 아저씨(uncle)이라고 부를 테니 당신의 모든 경륜과 지식과 경험으로 나를 도와주기 바란다'고 했다.

회사 개업식에는 현직 중국 최고의 TV 뉴스 앵커를 초빙하여 사회를 보게 했다. 그는 저녁 8시 방송을 끝낸 후 늦게 서울에 도착해 오전 10시 행사를 끝내고서는 즉각 북경으로 돌아가야 한다고 했다. 초대장 양식과 제작 방식도 최고 수준이었으며, 개업식 테이블에 놓이는 모든 물건에 트라이벨루가 스티커가 붙었다. 심지어 쿠키에도 트라이벨루가 스티커가 붙었다. 하얏트 호텔 행사 담당 임원도 놀랄 정도로 최고의 점심을 손님들에게 대접하였다. 한국 측 사회자는 중국의 칭화대학교 출신 MBC 현직 인기 아나운서를 섭외해서 중국 현직 최고의 남자 앵커와 더블 MC를 만들었다. 중국 MC는 저녁 8시 메인 뉴스를 마치고 서울로 오게 되었다. 초청 된 기자들은 중국 자본에 대한 경계심을 늦추지 않으면서도 행사의 규모와 철두철미한 준비에 놀랐다. 리셉션은 저녁 6시에 하얏트 호텔 수영장 구역을 전부 빌려서 어마어마한 규모로 진행하였다. 약 300명의 초청인사들을 위해 600병의 최고급 샴페인 '돔페리뇽'을 준비하였다. 보통 파티에서 돔페리뇽 샴페인 몇 잔 마시면 훌륭한 파티였다고 평하는데 일인당 2병은 상상하기 힘든 일이었다. 참석자들은 원 없이 돔페리뇽을 마시게 되었다.

두 개의 스타트업을 선정하여 신사동 사옥 한 층씩을 사용하게 지원해 주었다. 농업 분야와 자동차 분야의 두 개 스타트업이었다. 사업이 어느 정도 자리를 잡자 트라이벨루가는 한국의 기술력이 풍부한 약 20개 스타트업과 약 15명의 스타트업 담당 기자들을 중국 북경으로 초청하여 인민대회당에서 큰 행사를 하였다. 인민대회당을 빌려 개인 행사를 한다는 것은 그 주체가 갖고 있는 중국 고위층과의 관계를 과시하는 것이었다. 중국 측에는 중소기업을 담당하는 '중관촌' 최고 책임자도 참석하여 축사를 하였다. 기자들이 묵은 호텔도 그녀의 어머니가 경영하는 7성급 호텔이었다. 필자도 7성급 호텔의 스위트룸에서 2박을 했다. 이후 꾸준히 보도자료도 발표하고 기자회견, 단독 인터뷰 등 언론 노출을 위한 활동을 하였다.

그 후 중국 해난도에서 릴리 대표의 30회 생일을 기념하는 대규모 행사가 열렸다. 해난도의 하얏트를 통째로 5일간 빌려서 행사를 치렀다. 트라이벨루가가 지원하는 두 개의 스타트업들도 대연회실 앞에 부스(booth)를 설치하여 그들의 기술력을 과시하는 현장 행사를 진행하였다. 약 300명의 축하객이 참석하였는데 약 100명은 미국, 캐나다 그리고 한국 등에서 온 인사들로 항공권과 숙박권을 제공하면서 초청하였으니 그 규모가 짐작된다. 다양한 식전행사가 진행된 후 식사를 하면서 인기 아나운서가 진행하는 프로그램이 있었다. 거기에 3명을 무대 앞으로 초청하여 '내가 만나본 릴리'에 대해 약 5분 간 연설을 하게 하였다. 필자도 불려나가 3명 중 한 명으로 끼어 연설을 하면서 릴리 대표에 관한 덕담을 늘어놓았다. 그 자리에는 중국에서 활동하고 있던 노태우 대통령의 장남 노재헌 변호사와 이규호 현 코오롱 글로벌 자동차 부문장도 같이 참석하였다. 그 때 한국경제 안재광 기자를 해난도로 초청하여 현장에서 인터뷰도 하여 릴리 대표의 앞으로의 사업 계획에 대해 기사화하였다. 한국경제와의 인터뷰에서 릴리 대표는 '애플 아이폰보다 더 디테일한 갤럭시S 시리즈를 만들어낸 한국의 뛰어난 기술과 중국의 거대한 시장, 실리콘밸리의 혁신을 엮는 크로스보더 혁신 사업 플랫폼 기업이 되는게 목표'라고 강조했다.

어머니 품으로 돌아오게 해주세요

　릴리 대표는 그 후 한국에서 약 3년 간의 사업을 끝내고 갑자기 홍콩으로 본부를 옮겨 명품 사업을 진행한다고 알려주었다. 필자도 그 당시 몇 개의 중요한 일들이 있어 릴리 대표에게 크게 신경 쓰지 못했다. 사업을 접기 약 6개월 전 그는 '미스터 김, 우리 어머니가 한국에 왔으니 저녁 한턱 사시오.'라고 했다. 장소를 물색하고 있던 중 걸려온 그의 전화를 받았더니 '우리 어머니가 아구찜을 좋아하니 신사동 아구찜 집을 예약하시오, 특히 매운 아구찜 잘하는 집으로.'라는 답변이 돌아왔다.
　릴리 대표, 그의 어머니, 비서, 필자 4명이서 좁은 테이블에 앉아 세상 돌아가는 얘기를 약 2시간 하고 끝나갈 무렵, 그의 어머니가 '릴리는 자기 주장이 너무 강해 나하고 가끔 다툰다. 내가 갖고 있는 부동산, 건축 회사에 들어와서 경영을 하라고 해도 어머니 이름이 아닌 자기 이름으로 무언가 하나 이루려고 하고 있다. 김 사장님, 조카 좀 설득해서 어머니 품으로 돌아오게 해주세요.'라고 했다. 지금도 그 어머니의 간절한 속삭임이 잊혀지지 않고 있다.

그 전에 한 가지 더 언급하고 싶은 것은 필자가 릴리 대표가 박근혜 대통령의 경제수석인 현정택 수석과의 점심 약속을 부탁

아구찜 가게 앞에서 릴리 어머니와 필자

하여 성사시킨 것이다. 그런데 약속 시간에 15분이나 늦어 필자를 안절부절하게 만들었다. 나중에 다른 루트를 통해 알아보니 중국의 고위급 인사들은 상대방과의 미팅에 의도적으로 늦게 나타난다고 한다. 그것이 중국식 자기 과시인지는 모르지만 대통령실 경제수석에게 그런 결례를 했다는 것은 도저히 납득이 되지 않았다.

그런데 2023년 4월 어느 날 릴리 대표를 잘 아는 지인과 통화하던 중에 아연실색할 뉴스를 전해 듣게 되었다. 약 2년 전 그가 홍콩의 고급 펜트하우스에서 뛰어내려 현장에서 즉사하였다는 것이었다. 필자도 신문에서 해외 가십 정도로 취급되던 뉴스를 그냥 스쳐 보고 지나간 기억이 있지만 그 사람이 릴리 대표일 줄은 꿈에도 생각하지 못했다.

코로나 때문에 중국 경제사정이 좋지 않아 힘들어 한다는 얘기는 간접적으로 듣긴 했지만 어머니의 막강한 재력으로 잘 극복하리라 생각하였다. 모든 것이 최고급, 심지어 급한 경우에는 어머니가 제공해준 전세 비행기를 타고 서울로 온 적도 있는 릴리 대표. 그러나 한 순간 부딪친 어려

움을 극복할 면역력이 제로였던 것일까. 릴리 대표는 많은 의문을 남기고서 짧은 생을 마감하였다. 필자는 약 일주일간 잠을 잘 자지 못할 정도로 머리가 복잡하였다. 중간에 한 번이라도 필자가 그녀를 만나서 고민을 들을 기회가 있었더라면 내가 해결책을 제시해주어 한·중 민간 경제협력 증진에 크게 기여할 수 있었을 텐데…… 혼자 중얼거리기도 했다. 항상 물질적으로 가득 찬 생활을 했지만 가슴 한 곳에 텅빈 구석을 필자는 발견하곤 했다. 릴리 조카, 당신을 잊지 못합니다.

남북긴장을 느꼈던 평양 적십자 회담과 판문점 군사정전위 회담 취재

꿈 같은 3박 4일 간의 평양 취재. 항생제를 받고 감사를 표시한 북한 기자

1973년 7월 10일은 필자의 인생에서 가장 잊혀지지 않는 날이다. 이산가족의 아픔을 해결하기 위해 개최된 남북적십사회담이 성사되어 1차 서울회담, 2차 평양회담이 열리고 그 다음부터 교대로 6차까지 열린 후 평양에서 열리는 제 7차 남북적십자회담 취재를 위해 평양으로 떠나는 날이었다. 1973년 1월에 코리아헤럴드에 입사하여 겨우 4개월 동안 대한적십자사 내의 남북회담사무국을 출입하면서 현안이슈에 대해서는 잘 알고 있었지만 타사의 노련한 기자들과 같이 취재하면서 긴장의 고삐를 늦추지 못하고 있었다.

북한 관련 영상에서만 보았던 평양을 내 눈으로 똑똑히 볼 수 있다고 생각하니 정말 믿어지지가 않았다. 며칠 전 회담 사무국에서 평양 취재 가이드라인을 받아 들고 회사로 들어오니 드디어 평양으로 떠나게 되는 구나 실감이 들었다. 그 때 회담 사무국의 정주년 대변인과 친하게 지내면서 국제적인 스포트라이트를 받고 있는 적십자 회담을 보도하는 영자 신문이 담당해야 할 매체로서의 역할에 대해서도 자세히 브리핑을 받았다. 드디어 대한적십자에서 제공한 대형버스를 타고 판문점으로 향하였다.

그 당시 남북 긴장 상황으로 볼 때 어떤 예기치 못한 일도 충분히 일어날 수 있겠다는 생각을 차 속에서 골똘히 하다 보니 순식간에 판문점에 도착하였다. 판문점 우리 쪽 자유의 집에서 대기하다 군사분계선을 넘어 드디어 북쪽으로 들어가게 되었다. 사진과 이름 등을 간단히 확인하는 입북 절차를 마치고 평양행 버스에 올랐다. 평양까지 버스를 타고 가면서 차창 너머로 이북의 산천과 작은 도시들을 바라보았다. 산에 나무가 없고 병원 간판이 보이지 않았다. 사리원에는 새로운 운하가 건설되어 있는 것도 목격하였으며 동행한 남측 수행원이 운하는 전쟁 대비용이라고 설명해 주었다.

평양 숙소에 도착하였다. 대동강 지류인 보통강 강변에 지어진 보통강 려관이었다. 꽤 현대식 시설을 갖춘 호텔이었다. 호텔 도착 후 1시간의 자유시간이 주어졌다. 필자는 아침 일찍부터 서두르다 면도한다는 것을 깜빡 잊어 버렸다. 평양의 이발소는 어떻게 생겼는지 확인하고 싶기도 하고 면도 생각이 나서 지하 1층 이발소로 향했다. 남쪽의 한 젊은이가 나타나니 이발소 근무 직원들도 꽤 당황한 것 같은 표정을 지으면서 자리에 앉혔다. 얼굴에 비누거품이 칠해진 순간부터 필자는 눈을 감았다. 눈을 감고 얼마 있으니 면도칼이 다가오는 느낌이 들었다. 평양까지 와서 잘못되는 것은 아닌가 하는 두려운 생각이 들었으나 전 세계적으로 스포트라이트를 받고 있는 인도적 적십자 회담을 취재하러 온 기자에게 무슨 일이 있겠느냐고 반문하면서 면도가 끝나기를 기다렸다. 면도 후 향수를 발라주는 순간 '이제 살았구나'하는 생각이 들었다.

회담 취재는 대변인의 브리핑과 이범석 수석대표의 특별 브리핑에 의존하였다. 첫날 저녁 만찬이 있기 전 기자들에게만 대동강 관광이 허용되

판문점

었다. 시찰 중 어부들이 대동강에서 잉어를 잡고 있었고 팔뚝만한 잉어를 끌어올리는 장면도 목격하였다. 그 잉어가 만찬 테이블 위에 올라왔다. 테이블에는 금강산 독사가 들어있는 술이 한 테이블에 한 병씩 놓여있었다. 옆의 동료들은 금강산 독사주를 즐겨마시고 있었으나 필자는 강하게 풍겨나는 비린내가 싫어 독사주를 마시지 않았다. 한국 사람이라면 누구나 그리워하는 평양의 3대 관광명소인 모란봉, 을밀대, 능라도를 만찬 장소인 옥류관에서 가까이서 볼 수 있었다.

한 테이블에 10명씩 앉게 되었는데 남북 5명씩 배치되어 있었다. 필자의 양 옆에는 노동신문 기자가 배치되어 있었다. 평양행 버스에서 옆에 앉아서 친절히 설명해줬던 기자도 옆에 있어서 긴장된 마음이 조금은 가라앉기도 하였다. 각 테이블마다 어색한 분위기가 역력하였다. 무슨 말로 대화의 문을 열까 서로들 고심하고 있었다. 필자의 테이블에서는 옆의 노동신문 기사가 먼저 말문을 열었다. 버스 타고 평양까시 오느라 수고했나

개성 선죽교에서 촬영한 필자

는 인사와 함께 '판문점에서 평양까지 2차선 도로가 포장도 평탄하지 않고 털털거려서 아주 불편하셨죠?' 라고 먼저 질문을 하고 대답까지도 이어갔다. '남쪽은 미국놈들 자본 끌어들여서 고속도로도 만들었지만 우리는 우리 힘만으로 건설하고 있습니다. 사상누각은 싫어요' 말 잘하는 것도 공산주의 이념으로 얼마나 잘 무장되어 있는가를 가늠하는 척도인 것 같았다. 그는 남쪽 참가자들을 설득시키기 위해 철두철미하게 무장되었다는 생각을 지울 수가 없었다. 거의 두 시간 동안 그들의 지루한 '연설'을 듣는 것도 고역이었다.

밤 11시 경 만찬이 끝난 후 주민 아파트 옆을 지나는데 긴 줄을 지어 퇴근하는 주민들의 모습이 보였다. 아마 낮에는 작업, 밤에는 사상교육 집회를 끝내고 늦게 돌아가는 것일 거라는 생각이 들었다. 처음엔 '밥공장'이라는 말을 듣고서는 참 어색한 단어라고 생각했는데 이렇게 많은 사람들에게 식사를 제공하기 위해서는 밥 짓는 '공장'이 필요하겠다는 생각이 들기도 했다.

3박 4일 회담을 마치고 돌아오는 날 개성 자남성려관에서 점심을 하게 되었다. 개성에서는 유명한 선죽교 시찰이 허용되었다. 고려 역사에 나오는 정몽주를 계급 세력, 관료 세력이라고 표현하였고 이성계를 농민 세력, 혁신세력으로 표현하는 것을 보고 이북 나름대로 편리하게 역사를 해석한다고 생각하였다. 점심 식사 후 판문점을 향하는 버스의자에 비스듬히 기대어 6.25전쟁을 되뇌고 있었다.

당시 미국 PR의 아버지로 불렸던 에드워드 버네이즈는 전쟁 홍보위원이 되어 다양한 전쟁 홍보전략을 수립하였고 시대를 풍미했던 배우들을 전선에 파견하기도 한 일을 상기하면서 다시는 이 지구상에 전쟁이 일어나지 않아야 한다는 생각을 했다. 동아일보에 『고바우 영감』이라는 시사만화 4컷을 오래 게재한 고바우 김성환씨 생각도 났다. 그는 치열한 6.25전쟁 중에 선전 삐라와 만화를 그려 국군의 작전에 크게 기여하였다. 같은 민족이지만 수단방법을 가리지 않고 전쟁에 이겨야 하는 절박한 순간이었기에 만화가까지 포함하여 가용한 모든 자원을 총동원하였던 것이다.

미국 남북전쟁 때 추운 겨울날, 크리스마스 이브에 남북 군인들이 강을 사이에 두고 서로 대치하고 있을 때 외로움을 참지 못해 남쪽의 군인 몇 명이 강물에 뛰어든 것을 보게 된 북군 병사들도 같이 뛰어들어 적과 동지 구별 없이 같이 얼싸 안고 힘껏 합창을 불렀다는 기록을 읽고 왜 우리는 동족상잔의 전쟁을 하지 않으면 안되느냐고 자문해 보고 있었다. 버스 안에서 상념에 젖어 있다가 눈을 떠보니 한여름 임진강을 통과하고 있었다. 차창 밖으로 몇 명의 군인들이 잉어를 잡고 있었다. 잡는 것이 아니라 날씨가 가물어 밖으로 튀어나온 잉어를 가마니에 주워 담고 있었다. 평양에서 출발해서 내려오는 3박 4일 동안 몽롱한 꿈을 꾸었다는 생각도 하면서 스르르 잠이 들었다. 어느 덧 깨어보니 남산 적십자남북회담 사무국이었다.

그 뒤 또 다시 판문점에 갈 기회가 생겼다. 로이터통신 특파원으로 자리를 옮긴 후 판문점에서 열리는 군사정전위회담 취재를 위해 국방부에서 제공한 버스를 타고 판문점으로 출발하였다. 거기에는 주요 일간지 국방부 출입기자와 로이터통신과 경쟁하던 AP, UPI와 AFP 등 외신 특파원들도 승차하고 있었다. 판문점을 오래 출입한 타사 동료들에게 판문점 취재 분위기를 물어보면서 판문점 분위기에 익숙해지려고 노력하였다. 취재 하루 전 지국장은 취재 시 유의해야 할 사항과 UN군 측이나 상대방 측의 말을 인용할 때는 정확하게 해야 한다고 강조했다. 설렘 반 두려움 반으로 판문점 회담 분위기를 머리에 그려보았다.

북한에서는 노동신문 기자 이름으로 판문점 취재

회담장은 UN군 측과 북한 측의 대표 5명이 마주보고 앉아 있었고 UN군 측에서 소집한 경우 UN군이 북한의 휴전협정 위반 사실과 UN군의 주장을 5명의 UN군 측 참석자중 대표가 영어로 설명했다. 곧 이어 우리말 통역이 이어지고 다음에는 중국말로 통역되었다. 그 다음은 북한 측 차례다. 마찬가지로 우리말로 시작하고 그 다음 중국말 통역 그 다음 영어 통역 순으로 이어진다. 북한 대표는 연설 중 '남조선 괴뢰'나 '박정희 도당' 등 거의 욕설에 가까운 말을 자주 사용하였다. 이렇게 심한 욕설을 섞어 이북 대표가 발언했을 때 저런 욕을 어떻게 영어로 통역할까 궁금했다. 실제 영어 통역 부분을 들으면 정말 완벽하게 통역을 하고 있는 것을 보고 놀랐다. 캐나다에서 태권도를 가르치던 한국인이 좌경화 되어 판문점까지 와서 통역을 도와주고 있다는 얘기를 들었다.

판문점이라는 곳은 여러가지 측면에서 아주 독특한 경험을 할 수 있는

삼엄한 경비 속에 열리는 판문점 군사정전위회담

곳이었다. 북한에서는 노동신문 기자라는 이름으로 판문점 취재를 하지만 실제는 노동당에서 당에 대한 충성심이 강한 고위간부들만 판문점 출입이 가능하다는 것이다. 당시 30대 청년으로서 그들과 대화를 나눈다는 것은 무척 부담스러웠고 한번 인사 나눈 후 그 다음 번에 만나 대화할 때는 나에 대한 많은 정보를 갖고 있었으며 내가 과거에 쓴 주요 기사에 관한 얘기까지 꺼내곤 하였다.

한번은 한 노동신문 기자가 다가와서 다음 번에 판문점에 올 때 항생제 몇 알을 가져와 달라는 부탁도 하였다. 애들 피부병 때문이라고 했다. 북에는 의약품을 구하기가 어려워 몰래 그런 부탁을 하는 것이었다. 다음 회담 때 항생제를 갖고 가서 슬쩍 포켓에 밀어 넣어주었더니 나의 손을 꼭 잡으며 '고마워' 라고 귓속말을 하였다. 그 순간 이념과 사상은 달라도 자식의 피부병 치료를 위한 뜨거운 부모 사랑은 똑같으며 이들도 우리와 마찬가지로 뜨거운 피가 흐르는 같은 민족이라는 것을 새삼 느꼈다.

판문점을 처음으로 취재 온 필자는 좀 뻘쭘한 상태로 회담장 안을 지켜보고 있는데, 북한 측 기자 한 명이 접근하면서 자신을 노동신문 기자라고 소개하여 대화가 시작되었다. 노동신문 기자는 로이터통신 주한 특파원이라는 말을 듣고서 큰 관심을 보였다. 우선 외신은 이념에 사로잡히지 않고 객관적인 팩트만 보도한다는 것을 잘 파악하고 있었을 것이고, 외신 기자들이 보통 50대, 60대인데 비해 필자는 30대였으니 신선하다는 생각을 하였을지도 모르겠다. 순식간에 두 명이 더 내 쪽으로 와서 합류하니 3대 1이 되었다. 세 명의 노련한 북한 기자들에 둘러 싸여 말대꾸도 하고 대화를 이어 가려니 가슴이 두근거리기도 하고 식은 땀도 났다.

판문점에 출입하는 노동신문 기자들은 회담 취재보다 남측 정보를 캐내고 우리 기자들을 포위(?)하여 선동하고 기를 꺾으려 했던 것 같았다. 북한 기자 측은 나의 개인적인 배경과 인적 사항에도 관심을 보였고 박정희 대통령과 정부에 대해 감정을 조절하면서 비판하려고 노력하는 것을 느꼈다.

회담장에서 본발언이 시작되면 또 취재에 돌입해 통신사들 간의 경쟁이 시작되며, 총으로 무장된 이북 군인들이 오고 가는 살벌한 상황에서 새로운 뉴스를 위해 뛰고 있다는 사실이 너무나 어울리지 않고 어색하게 느껴졌다.

그 당시 UPI의 특파원은 나의 코리아헤럴드 선배이며 판문점을 꽤 오래 드나들었던 기자였다. 필자로서는 별 뉴스거리가 될만한 것이 없다고 생각하여 아무 뉴스도 전송하지 않고 회사에 들어왔다. 회사에 들어가자마자 지국장이 긴장되고 약간 화난 표정으로 UPI의 기사를 보이면서 UPI 기자는 이런 내용으로 기사를 내고 있는데 왜 우리는 어떤 기사도 쓰지 않았냐고 추궁하는 것이었다. 등에서 식은땀이 났지만 지국장에게 필자의 생각을 얘기하였다. 낙종을 한 기자의 심정도 당해보지 않고는 모르는 법이다.

　정부부처 기자실에 서로 경쟁하는 신문사의 기자가 새로 출입하게 되면 소위 '문안인사'라고 해서 한번 '물먹게(낙종하게)' 만드는 관례도 있긴 하지만 크게 한번 얻어 맞은 기분이었다. 남북긴장의 대치와 마찬가지로 기자들 간의 경쟁도 치열한 판문점 취재 현장이었다. 노동신문 기자들은 특별한 시비거리가 없이 차분하게 서로 대화를 하고 있는 중 자기들 상사나 군인들이 접근할 때는 보란듯이 큰 소리로 공격을 하면서 비난하는 목소리를 내기도 하였다.

　동경에 주재하던 외신 기자들은 한국에 들어와서 취재할 때 우리 기자들을 만나면 북한에 대해 많이 묻곤 하였다. 나는 그 때마다 항생제 얘기를 들려주었다. 이 하나의 사실만으로도 북한의 실상을 잘 보여주고 있다고 생각한 것이다. 시끌벅적한 군사정전위 취재가 끝나고 버스를 타고 한여름 임진강 위를 지날 때는 인간의 손이 닿지 않은 비무장 지대 주변의 원시적 청정 지대를 눈으로 즐길 수 있었다. 통일이 되어 평양, 원산, 개성, 백두산, 금강산, 묘향산, 모란봉, 을밀대, 능라도, 대동강과 비무장 지대가 합쳐지면 세계 초일류 관광대국이 될 것이라는 생각이 들었다. 그날이 빨리 오기를...

2장

창의적인 생각으로 문제 해결

치열한 외교현장에서의
창의적인 접근

'Return'이냐 'Present'냐, 'hand over'로
win-win을 이끌어내다

　나는 평소 박진 외교부장관과 가까이 지내며 만찬 자리도 같이 하면서 타고난 외교관 실력을 갖춘 비결이 무엇인지 가끔 생각해본다. 박 장관은 치열한 외교 대결 속에서도 상대 측과 친밀한 인간적 유대관계를 유지하는 것이 최대의 위기관리 비법이라고 믿고 있는 듯 하다. 박 장관은 정치 1번지로 불리는 종로에서 3선 국회의원을 지낸 후 이젠 강남에서 당선돼 의정 활동을 이어가는 중진 정치인이다. 그는 최고 외교관 자질에다 정치 현장에서 쌓은 다양한 국정 경험을 토대로 북/중/러에 맞선 한/미/일 대칭 국제정치 입체 구도 속에서 한국 국익 추구와 그 와중에 닥칠 위기관리를 위해 총력을 기울이는 모습이다. 전 세계를 무대로 한 이러한 박 장관의 활약상을 최근 TV에서 자주 보면서 그가 사석에서 전한 외교 현장 여러 장면이 생각이 난다. 박 장관은 고 김영삼 대통령 시절 비서관으로 뛰어난 영어 실력으로 통역까지 담당하였다. 김 대통령이 런던에서 양국 대표단이 배석한 가운데 당시 존 메이저 영국 총리와 정상회담을 할 때에도 통역을 담당했던 적이 있다. 한참 정상회담이 진행되던 중간에 메이저 총리가 조그만 종이에 뭔가 메모를 해 옆 영국 장관에게 건네주자 옆 장

관이 고개를 갸우뚱한 후 또 그 옆 장관에게 건네자 그 또한 고개를 갸우뚱했다고 한다. 회담이 끝난 후 그 의문의 존 메이저 총리 메모에 무슨 내용이 담겼길래 모두들 그런 놀란 표정이었냐고 묻자 '한국 김 대통령 통역인이 참 뛰어난 옥스포드 잉글리쉬(Oxford English)를 구사하고 있는데 그가 옥스퍼드를 졸업했느

박진 외교부 장관 (출처 : 외교부)

냐'고 물었다는 사실이다. 실제로 박 장관은 하버드대 석사 후 옥스포드 대학에서 국제정치학 박사 학위를 받은 수재다.

박 장관은 또 잠시 정치 휴식 시절을 보낼 때도 방송통신대학을 통해 배운 상당한 수준의 중국어 실력으로 왕이 중국 외교장관을 놀라게 했다. 박 장관은 왕이 장관과 첫 통화에서 유창한 중국어를 구사하자 왕이 장관이 감탄해 친밀해졌다는 뒷얘기이다. 한국과 중국은 근년 들어 계속 외교적 긴장관계가 지속되고 북한 위험 요소까지 끼어 있어 항상 위기관리가 요구되는 냉엄한 외교 현장이 될 수밖에 없다. 그 같은 현실에서 박 장관이 방송통신대학에서 배운 중국어 실력은 아주 귀중한 위기관리 도구가 되고 있다. 그래서 박 장관과 왕이 장관은 치열한 양국 외교 대결은 잠깐 뒤로 하고 등산이라는 같은 취미를 함께 하기로 약속까지 했다는 얘기이다. 즉 왕이 장관이 한국에 오면 북한산을, 박 장관이 중국에 가면 태산에 같이 오르기로 했다는 전언이다. 국가 간 극심한 외교 대결에서 극한 소모 외교를 유연화시키는 위기관리 모범사례 중 하나가 아닐까.

그리고 또 다른 일화. 김영삼 대통령이 말레이시아를 국빈 방문하였을

때 말레이시아 왕과 저녁을 같이하게 되었다. 그때 말레이시아 왕이 당시 주 말레이시아 한국 대사가 탁월한 외교 능력의 소유자라고 칭찬하면서 거기에 덧붙여 우리는 같이 골프도 치는데 대사로부터 많이 배우고 있다고 칭찬을 하였다. 김영삼 대통령은 골프를 잘 치지 않았으며 골프를 잘 친다는 것에 대한 상당한 거부감을 가지고 있었다고 한다. 말레이시아 왕의 얘기가 끝나자마자 박 장관 등에서는 식은땀이 나고 있었다. 왕의 말을 그대로 통역하면 대사에 대한 김영삼 대통령의 좋은 평가가 골프와 연결되어 달라지지 않을까 걱정하면서 통역을 어떻게 할까 고심에 고심을 하였다.

그래서 그가 내린 결론은 통역을 단어 하나 하나씩(word by word) 정확히 통역하는 것이 아니라 말레이시아 국왕이 한국 대사와 한국에 대해 가지고 있는 우호적인 생각과 양국 관계의 미래 비전을 집어넣어 통역하는 것이었다. 이렇게 통역 후 김영삼 대통령의 얼굴을 보니 매우 만족한 표정을 짓고 있었다고 한다. 위기관리 능력까지도 두루 갖춘 박 장관은 최근 여론조사에서 국민의힘 차기 대권후보 리스트에도 오르고 있다. 정치와 외교 경력에다 위기관리의 3박자가 몸에 밴 박 장관의 미래가 기대된다.

필자가 한국PR협회 회장으로 일할 때 한 달에 한 번씩 서강대학교 계단식 강당에서 150명 정도 모여 한국PR협회가 주관하는 「PR 교실」을 2년 동안 진행할 때였다. 한 번은 경남 통영 출신이고 국제 신사라 불렸던 고 김용식 외무장관을 초청하여 외교와 위기에 관한 특강을 들었다. 한일 국교정상화 이후 한일 문화재 반환협정 논의 시 일어난 사건이었다. 일본이 한국을 통치하던 시절 우리의 많은 문화재가 일본으로 넘어가게 되었다.

그 협정을 통해 국보급이 아닌 문화재는 일단 한국으로 돌려주기로 사전에 합의가 되었으나 외교 문서에 어떻게 표현하느냐가 가장 중요한 이슈였다.

단어 하나로 해결책 제시

해당 논의 내용을 외교 문서에 어떤 표현으로 담느냐가 무척 중요했기에 마지막까지 진통을 겪으며 해결책이 제시되지 못해 마지막 마무리가 되지 않고 있었다. 양국 주장에서 한국은 우리 문화재를 '반환했다(return)'라고 하였고 일본은 '기증하겠다(present)'는 표현을 고집하였다고 한다. 3일 동안 서로의 주장만 펴자 결말이 나지 않고 마지막 점심 식사를 하는데 일본 신참 외교관 한 사람이 '건네주다(hand over)'라는 단어를 외교 문서에 쓰는 것을 건의하며 양국이 다 윈-윈(win-win) 할 수 있다는 설명을 덧붙였다.

한국 측은 한국 외무부(당시 이름) 기자실에 가서 일본이 '반환했다'고 부연 설명하고 일본은 우리가 한국에 '기증하였다'고 외무성 기자실에 가서 설명하면 된다고 했더니, 양측이 다 박수를 치면서 골칫덩어리가 해결되었다고 얘기해 참석자들에게 큰 감동을 주었다. 'hand over'라는 두 단어로 모든 위기 요소가 없어지고 양국이 윈-윈 하는 해결책이 나온 것이다. 실제 외교 문서에도 'hand over'로 기록되어 있다고 한다. PR의 전문적이고 다양한 위기관리 기법이 외교 현장에서도 활발히 응용된 사례이다.

특강을 마치고 네온사인 불빛이 찬란한 서강대학교 언덕을 내려오면서 '김 회장, 나 대학생으로 다시 돌아온 것 같아요. 옛날 대학 시절 밤늦게 공부하다 네온사인 불빛과 밤안개를 즐기면서 언덕 길을 내려온 기억이 새로워집니다. 오늘 연사로 초청해줘서 정말 고맙소'라고 말했던 기억이 난다.

필자의 회사가 남태평양의 괌정부관광청을 지원하고 있을 때 하얏트 호텔에서 괌 주지사가 참석한 큰 행사가 열려 전문 통역사가 순차 통역으로 괌 주지사의 연설을 통역하게 되었다. 그런데 중간에 앞뒤가 맞지 않는 부분이 나와서 뭔가 이상하게 돌아간다고 생각하고 있는데 통역하는 분이 '연사(speaker)'라고 통역을 하고 있었다. 앞뒤의 문맥이 맞지 않아 즉시 통역사에게 찾아가서 지금 주지사가 말하는 '스피커'는 S가 대문자 'Speaker'이라며 괌의 국회의장을 의미한다고 교정해 줘서 위기를 넘긴 경우가 있었다.

PPL로 대박 난
남태평양의 괌 데스티네이션 MPR

공영방송 골든타임
일일연속극에 도전

　필자가 운영하는 커뮤니케이션즈코리아가 1987년부터 남태평양의 작은 섬(한국의 거제도 크기) 괌을 목적지 마케팅(Destination Marketing, DM)한지 몇 년이 지나며 괌을 방문하는 관광객이 꾸준히 늘었다. 필자는 괌을 방문하는 한국인 관광객 숫자가 한자리 숫자로 증가하는데 만족하지 않고 증가율이 치솟는 상승곡선을 기록하는 것을 보고 싶었다. 그리하여 기획한 것이 바로 한국에서 최초로 기획되었던 데스티네이션 마케팅 PPL(Product Placement) 이었다.

　당시 KBS의 일일 연속극 '당신이 그리워질 때'의 제작진을 괌으로 초청하여 주인공들이 신혼 여행을 즐기는 장면과 함께 남태평양의 보석 같은 이국적 풍경들이 한국의 다양한 시청자들에게 전달될 수 있게 기획을 하였다. 항공권과 호텔 체류 비용을 노스웨스트 항공과 PIC 호텔이 무료로 제공하여 약 40여 명의 KBS '당신이 그리워질 때' 연속극 팀이 괌을 방문하여 10일 간 연속극 촬영을 하였다. 신혼여행에서 벌어지는 재미있는 에피소드와 남태평양의 이국적인 아름다움과 합쳐져 연속극은 큰 인기를 끌었다. 이 연속극의 괌 현지 제작을 위해 괌정부관광청이 쓴 총 비용은

출연 배우들의 괌 기념사진 (출처 : 이윤선 PD)

USD 50,000이었다. 이 PPL로 괌이 KBS 연속극에 노출된 시간은 매회당 10분씩 일주일이었다. 이 70분을 광고비로 계산하니 1,400,000달러였다. 이 프로젝트는 5만 달러를 투자(input)하여 1,400,000달러의 실제적 효과(output)를 얻은 최고의 MPR 프로그램이었다.

프라임 시간대의 우리나라 TV 광고가 너무 비싸다는 말을 자주 듣는다. 오후 8시 30분에서 9시까지의 황금 시간대에 KBS 1 TV라는 공영방송에서 방영되는 인기 드라마는 MPR을 감히 시도할 수 없는 성역과도 같은 프로그램이라고 할 수 있다. 그래서 사람들은 그 프로그램에 접근도 해보지 않고 무조건 '그 프로그램에는 우리가 파고들 틈이 없어.' 라고 단정하고 아예 접근을 포기해 버린다. 과연 그럴까? 대답은 '전혀 그렇지 않다.' 이다.

용기 있는 자만이 미인을 얻을 수 있다고 했던가. 대다수 남자들은 아름다운 여인을 만나게 되면 그녀가 매우 아름답기 때문에 남자 친구가 분명히 있으리라 지레짐작한다. '저 아름다운 여자가 내 애인이면 얼마나 좋을까' 생각하면서도 애인으로 만들기 위한 노력은 시도조차 하지 않는다. 그러나 그 아름다운 여자에게 애인은커녕 남자 친구조차 없었다는 사실을 뒤늦게 알고 후회한다면 이미 때는 늦었다.

 당시 김무생 씨가 주인공인 KBS의 일일 연속극 '당신이 그리워질 때'가 필자의 서강대 후배 이윤선 PD가 담당하고 있다는 소식을 듣고 이 PD와 점심을 같이 하면서 들은 얘기는 연속극 중 신혼부부가 해외로 신혼여행을 간다는 스토리라인이었다. 필자는 이것이 바로 내가 꿈꾸던 큰 그림 PR이었다고 생각하고 이 PD에게 큰소리를 쳤다. '모든 비용은 우리가 지원할 테니 괌을 신혼여행지로 선정하고 연속극 매일 30분 중 최소 10분씩 10일 간은 괌 에피소드로 괌이 직접 노출되게 해달라'고 하였다.

 그 때 이 PD는 연속극 촬영을 위해서는 약 40명의 배우와 지원팀이 괌을 방문해야 하며 숙식과 호텔 및 차량과 조명 등 촬영 장비도 지원이 되어야 한다고 말했다. 연속극 촬영에 대한 평소 기본 지식이 없던 필자로서는 청천벽력 같은 얘기였다. 라구아나 마케팅 부장에게 도움을 구하고자 연락을 했더니 즉시 필자가 괌을 방문하여 괌 관광위원회 위원들을 상대로 직접 설득 작업에 나서 달라고 하면서 괌 의회도 직접 방문하여 왜 괌이 큰 돈을 투자하여야 하는지에 관해 프레젠테이션하고 그들의 승인을 얻도록 해달라고 하였다.

 결과적으로 이 어마어마한 목적지 PPL이 한국 최초로 진행될 수 있게 되었다. 괌 PPL 성공 사례 이후 프랑스, 홍콩, 싱가포르와 오스트리아 등 많은 경쟁 관광 데스티네이션이 PPL을 시작하였다. '파리의 연인' 같은 연속극도 성공적인 데스티네이션 마케딩 PPL이있다. 결국 커뮤니케이션

'당신이 그리워질 때' 괌 촬영현장 (출처 : 이윤선 PD)

즈코리아는 8등신 미녀와의 데이트를 즐기면서 '괌 프로젝트'를 훌륭하게 수행해 냈다. 주연배우, 작가, 조명 등을 포함해서 40여 명의 제작팀이 열흘 간 괌을 방문하여 남태평양의 비경을 배경으로 촬영한 장면이 매일 10분씩 일주일 동안 방영되었다. 연속극을 본 사람들은 괌의 아름다운 모습에 매료되어 전화 문의가 쇄도했고, 괌을 찾는 관광객 수가 폭발적으로 증가했다.

괌정부관광청은 PR 회사인 커뮤니케이션즈코리아를 통해 한국의 시청자들에게 괌의 아름다움과 탁월한 관광 자원을 알리고자 했고, '당신이 그리워질 때'의 담당 프로듀서는 새롭고 신선한 해외 여행지를 배경으로 드라마를 제작하고 싶어 했다. 서로의 필요를 충족시켜 줄 수 있는 상황에서 필자는 중간 역할을 함으로써 프로젝트들을 성공적으로 수행할 수 있었다.

흔히 PR을 경비는 최소화하고 효과는 최대화(cost-effective)할 수 있다는 점에서 효과적이라고 한다. 그리고 PR은 늘 새로운 아이디어를 위한 탐색과 불가능에 대한 도전을 요구한다. 어떤 경우에는 불가능해 보이는 것이 오히려 쉽게 이루어질 때가 있다. 중요한 것은 도전의식과 의지이다. 그리고 이런 프로젝트를 진행할 때에는 언론 매체에도 실제적인 도움이 되면서 마케팅을 활성화를 할 수 있는 윈-윈 모델이 가능할 때 더 큰 시너지를 발휘할 수 있게 된다는 것을 명심해야 한다. 본 사례도 KBS와 괌정부관광청 양자가 모두 승리한 사례이다. 고객과 매체가 모두 만족할 때 당신은 MPR의 최고 전문가 자리에 설 수 있을 것이다.

최근 이PD를 만나서 얘기하던 중 그 때 괌정부관광청의 도움으로 연속극 시청률이 아주 높아 회사에서 높은 평가를 받았다는 뒷얘기를 들었다. 두드리는 자에게 문이 열린다는 진리를 새삼 깨닫고, 필자는 그 때부터 MPR전도사가 되었다.

부시냐 고어냐!
미국 대통령 선거전에 빛난 창의적인 전략

위헌이라는 주장을 투표하다(Cast Vote)와 개표하다(Count Vote)로 접근

2000년 말 미국 정치 역사상 가장 큰 위기라고 불리는 위기는 '선거는 끝났으나 대통령이 최종 결정되지 못한 위기'였다. 당시 필자는 꼬박 밤을 새우면서 CNN의 생방송을 시청하고 있었다. 그 당시 긴급한 위기상황 속에서 부시와 고어 두 대통령 후보들은 사활이 걸린 대변인전을 벌이고 있었다. 스물다섯 명의 플로리다 주 선거인단을 차지하는 것이 대통령 당선을 확정 짓는 변수였다. 재검표, 수작업 검표, 나비 모양의 투표용지 문제 등이 얽혀 미국 대통령 선거 개표 과정은 혼미에 빠져들었다. 공화당의 부시 후보와 민주당의 고어 후보는 선거 개표 과정에서 치열한 논쟁과 법정 공방을 벌였다. 미국 유권자뿐만 아니라 주 정부·주 법원·연방 법원까지 가세하고 일류 변호사들이 대거 참여하는 대리전의 양상도 띠었다.

시청 중 필자의 주요 관심은 재검표 감시, 법률 자문, 선거 전략 수립 및 실행 등 모든 선거 투표 관련 업무를 총괄한 두 후보 진영의 대변인이자 대선 후보를 대리하는 총책임자였던 부시 후보 측의 베이커(James A. Baker) 전 국무장관과 고어 후보 측의 크리스토퍼(Warren

Christopher) 전 국무장관이 위기관리 측면에서 어떤 전략을 가지고 대국민 설득 작업을 진행하고 있느냐는 것이었다. 두 사람 다 국무장관을 지낸 노련한 정치가였기 때문에 위기관리에 대해서도 상당한 수준에 도달

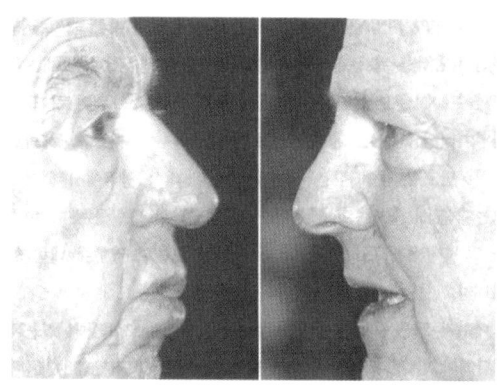

크리스토퍼(좌)와 베이커(우) 대변인

해 있을 것이라고 생각하였기 때문이었다.

 베이커 대변인의 노련한 말솜씨와 제스처, 해박한 지식, 단호함 등에 깊은 감동을 받았다. 대선 정국에서 베이커 대변인이 부시 후보 측이 당선되는 데에 많은 역할을 하였으며 위기관리 측면에서 상당한 전문가 수준에 있었다고 느꼈다. 베이커 대변인은 언론 훈련이 잘 되어 있어서 기자들의 질문에 대답해야 할 것(do's)과 하지 말아야 할 것(don'ts)을 철저히 구분했고, 언론에 이야기할 것을 분명히 한 메시지로 제시했다. 언론에 일방적으로 끌려 다니지 않고 오히려 리드해 가면서 위기 상황을 자기 진영에 유리하게 이끌었다.

 또한 베이커 대변인은 개표 및 수(手)작업 재검표에 대한 지루한 법률 공방에서 인상적인 표현과 말로 분위기를 반전시키는 역할을 했다. 변호사들은 일반적으로 전문적인 법 조항을 조목조목 치밀하게 따지지만 국민들은 이와 같은 법리적인 해석에 지루함을 느낀다. 하지만 베이커 대변인은 전문 용어를 사용하지 않고 일반 국민들이 쉽게 이해할 수 있게 일상 용어를 사용해 의미를 힘축적으로 제시했다. 예들 들면, '개표하다'라

는 'count vote'라는 표현과 '투표하다'라는 'cast vote'라는 표현을 대비시켰다. 복합적이고 불확실한 상황에서 재검표를 하는 것은 일상적인 '개표' 작업이 아니고 또 한 번 더 '투표'하는 것(another casting vote)이라고 비유했다. 이렇게 한 번의 선거에 두 번 투표를 하는 것은 헌법에 위배된다(unconstitutional)는 쉬운 논리를 전개하니 그 설득력은 기대 이상이었다.

위헌을 투표와 개표라는 쉬운 단어로 설명

이러한 베이커라는 훌륭한 대변인 한 사람의 등장은 불완전 기표의 유효와 무효표에 대해 애매모호한 육안으로 판단하는 재검표를 종식시키는 데 일조했다. 이와 같이 위기 상황 속에서 국민을 상대로 이해하기 어려운 말을 쓰는 것이 아니라 쉬운 표현을 사용하는 것이야말로 베이커의 천재적인 대변인의 역할을 보는 것 같았다. 또한 베이커는 컴퓨터는 공화당과 민주당의 어느 측 후보의 편도 아니라고 하면서 공정한 컴퓨터 결과를 대신하는 수작업 재검표는 불합리하며, 헌법에 모순된다는 주장을 계속해서 국민들이 그와 같은 불합리성과 모순을 인식하도록 했다. 즉 베이커는 핵심 메시지를 개발해 그것을 반복 사용함으로써 부시 후보 측의 주장을 설득력 있게 제시했다.

또 한 가지 주목할 점은 베이커는 위기 상황에서 유머러스한 표현으로 여유를 보여주며 국면을 전환시켰다는 것이다. 플로리다 주 캐서린 해리스(Katherine Harris) 국무장관이 논란을 빚어왔던 미국 대선 재개표 결과를 발표한 후에 부시 후보 측은 '법정 투쟁을 재고하라'며 고어 후보에게 대선 결과 승복을 촉구했다. 또한 베이커도 '법이 승리했고 이제 변호사는 집에 가도 되며 추수감사절을 가족과 함께 보내게 되었다'는 유머러스한 표현으로 여유를 보여주었다. 어려운 상황에서도 유머러스한 말 한 마디로 지루한 선거전에 지친 미국 국민들에게 여유와 즐거움을 준 셈이다.

세계 최강대국의 대통령을 결정하는 중요한 상황에서 대변인으로서 베이커는 뛰어난 능력을 보여주었다. 베이커는 일반 국민들에게 친숙한 일상 용어를 사용했고 핵심 메시지를 개발해 반복 사용함으로써 일반 국민들이 수작업 재검표의 불합리성과 모순을 깨닫게 해 상황을 부시 후보 측에 유리하도록 이끌었다. 또한 급박한 상황에서도 유머와 여유를 보여줌으로써 위기 상황에서 공중들과의 관계를 원활하게 했다.

이와 대조적으로 크리스토퍼 대변인은 연방법, 주법 그리고 판례 등을 중심을 전문 용어를 사용해서 고어 측의 입장을 전달하고 있었다. 필자가 느끼기에도 너무 딱딱한 법조문이 등장하니 크리스토퍼 대변인의 말에 집중하지 못하게 되었으며 미국 시청자들은 아마 필자보다 더 심하게 고어 측의 주장에 귀 기울이지 않았을 것이란 생각이 들었다.

<Wiiings> 3개의 i로 위기국면을 벗어난 레드불(Red Bull)

유머와 위트는 상대의 가드를 내리게 만든다

 이 세상엔 다양한 에너지 드링크가 존재한다. 하지만 독보적으로 젊은 세대들은 에너지 드링크하면 '레드불(Red Bull)'을 제일 먼저 떠올릴 것이다. 그만큼 레드불이라는 브랜드 자체에 대한 인지도가 높고, 이는 적극적인 마케팅과 브랜딩 전략 때문이라고 분석되고 있다. 레드불은 오스트리아 부자이자 사업가인 디트리히 마테시츠(Dietrich Mateschitz)와 태국의 사업가이자 부자 중 한명인 찰레오 유비디야(Chaleo Yoovidhya)가 합작하여 1984년 오스트리아에 처음 선보이게 된다. 레드불의 시초는 태국에서 트럭 운전사들의 잠을 깨우기 위해 개발된 크라팅 댕(Krating Daeng)이란 음료로 1987년 유럽에 선보이게 되고, 1997년에 미국 시장에 진출한다.

 레드불은 다양한 마케팅 전략을 펼치기로 유명하다. 특히 레드불의 유명한 광고 슬로건인 '레드불은 당신에게 날개를 달아줘요(Red Bull gives you wiings!)'로 유럽인들의 마음을 사로잡아 크게 사랑을 받았다. 슬로건은 에너지 드링크가 힘을 북돋아주고 피곤함을 없애준다는 의미를 내포한 아주 창의적인 문구였다. 하지만 이 기발한 아이디어 때문에 레드

불은 엄청난 위기 상황에 직면하게 된다.

　2013년 뉴욕에 사는 벤자민 케라서(Benjamin Careather)는 레드불 북미 지사(Red Bull North America, Inc.)를 대상으로 소송을 제기한다. "판사님, 저는 10년동안 레드불을 마셔왔는데 레드불이 광고한 것처럼 제게 날개를 달아주지 않았습니다. 물론 제가 문자 그대로 받아들이는 것은 아니지만, 실제 레드불이 광고에서 강조하듯이 저는 더 활동적이고 활발해지는 느낌을 받지 못했습니다. 레드불은 커피 한잔 보다 많은 카페인을 함량한 것처럼 광고하지만 실제로는 더 적기 때문에 저는 레드불이 과대광고를 한 것으로 생각하여 이에 대한 보상을 받고자 합니다."

　이 소송을 계기로 더 많은 소비자들이 함께 단체소송을 제기했고, 결국 미국 재판부는 벤자민처럼 지난 10년 간 레드불을 마시고 동일하게 느꼈던 사람들에게 2개의 선택 사항 중 한 가지로 보상하라고 명령하였다. 레드불은 1인당 10달러까지의 현금 또는 레드불 제품 2개를 합산한 15달러 어치의 제품 보상 중에 소비자가 선택하게 해서 약 1,300만 달러를 보상해야 했다.

  이런 위기 상황에 레드불은 어쩔 수 없이 소비자들에게 보상을 했고, 심지어 보상을 위한 웹사이트까지 만들었다. 그래도 레드불은 자신들의 슬로건이 틀리지 않았고 진실만 말한다고 주장했다. 하지만 2019년에 들어 소비자들이 비슷한 사례로 소송을 걸어 약 85만 캐나다 달러를 보상해야 하는 상황도 발생했다. 이런 상황에서 레드불은 자신들이 믿는 슬로건을 어떻게 바꿀까 고심하다가 교묘하게 '레드불은 날~~개를 줘요(Red Bull Gives you Wiiings)'로 변경했다. 사전적 의미의 날개(wing)를 피해서 'i'를 3개 붙여서 더 이상 소비자들이 이런 이유로 소송을 제기하지 못하게 막은 동시에 날개(wing)에 'i'를 두 개 더 넣어 더 큰 날개를 연상하게 만들었으니 매우 창의적인 해결책을 제시한 것으로 평가된다.

  유머와 위트는 성난 상대의 가드(권투에서 팔을 올린 기본 방어자세)를 무너뜨린다. 매우 조심스런 시도이기는 하나 가끔은 위기를 모면하거나 완화하는 멋진 전략이 되기도 한다.

디마케팅(Demarketing)은
이익을 가져다주는 손해 마케팅

디마케팅, 그보 전진을 위한
1보 후퇴의 용병술

 마케팅이라 하면 일반적으로 고객의 수요를 증가시켜서 제품 및 서비스 등의 판매가 증진되도록 하는 것이라고 생각할 것이다. 하지만 마케팅 기법 중에서 의도적으로 고객의 수요를 줄이는 전략도 있다. '감소시키다(decrease)'의 '디(de)'와 '마케팅(marketing)'을 혼합한 용어로 '디마케팅(Demarketing)'이라는 개념은 1971년 '마케팅의 아버지'로 불리는 기업인 필립 코틀러(Philip Kotler)교수가 고안해낸 개념이다. 일반적으로 디마케팅은 모든 고객이 사업에 도움이 되지 않는다는 것을 전제로 실행되고, 장기적으로 볼 때 수요를 억제함으로써 제품 및 서비스의 브랜드 가치가 상승하는 동시에 고객과의 관계를 정립하는 효과를 누릴 수 있다. 코틀러 교수는 디마케팅을 3가지 유형으로 나누고 있다.

 - 일반적인 디마케팅(General Demarketing) : 기업 또는 기관에서 수요의 수준을 축소할 때 일반적 디마케팅이라 한다. 예를 들면 정부에서 술이나 담배 등의 매출과 생산을 감소 시키는 것이 일반적 디마케팅의 활용이다.

- 선택적 디마케팅(Selective Demarketing) : 특정 소비자들의 구매를 억제하는 디마케팅 방식으로 원래 타깃 하지 않았던 고객이나 원치 않는 수요를 감소시킬 때 활용하는 방식이다. 대부분 명품 브랜드 등 충성고객을 지키기 위한 목적으로 활용되기도 한다. 예를 들어 특정 소비자를 위해서 허용된 제품군 구매가 가능하도록 설계하는 경우나 부동산에서 특정 직종의 사람들만 유치하는 등의 사례가 선택적 디마케팅을 활용한 사례이다.

- 표면적 디마케팅(Ostensible Demarketing) : 제품 및 서비스의 희소성을 부각시켜 소비자들의 마음에 소비 욕구를 불러 일으키는 방식이다. 표면적인 디마케팅은 소비자에게 '구하기 어렵겠다'는 이미지를 불어넣어 더 강한 구매욕구를 불러일으키기 위해 활용된다. 예를 들어 코로나19로 인해 지금 생필품을 구매하지 않으면 다시는 못살 수 있다는 심리를 활용한 경우도 표면적 디마케팅이다.

그렇다면 디마케팅은 언제 활용될까? 대부분 공급보다 수요가 높을 때 활용된다. 예를 들어 인도의 최대 자동차회사 타타(Tata)는 자사의 브랜드인 나노(Nano) 자동차의 공급이 소비자들의 수요를 따라가지 못할 때 디마케팅을 통해 광고 등을 일제 중단하고 자사의 다른 브랜드를 적극적으로 마케팅했다. 디마케팅은 기업 전략과 상황에 따라 큰 득을 볼 수 있기도 하지만 실패하여 손실을 보는 경우도 있다.

디마케팅을 통해 기업의 부정적인 이미지를 긍정적으로 바꾼 대표적인 사례 중 하나로는 프랑스 맥도날드가 있다. 2002년 프랑스에서는 패스트

푸드가 청소년 비만의 원인으로 지목되어 불매운동까지 벌어지며 부정적인 인식이 높은 상황이었다. 이를 해결하기 위해 프랑스 맥도날드는 '어린이들은 일주일에 한 번만 오세요!'라는 광고 카피를 선보이며 '맥도날드는 소비자의 건강을 생각하는 회사'라는 긍정적인 이미지를 심어주려 했다. 그런데 광고 카피와는 반대로 소비자들의 맥도날드 방문 횟수가 더욱 늘어났고, 광고가 반영된 그 해 유럽 지사 중 가장 높은 실적을 이루는 성공적인 결과를 낳았다.

왜 이런 결과가 나왔을까? 소비자 입장에서는 맥도날드가 기업에 손해가 될 수도 있는 위험을 감수하면서 소비자의 건강을 챙긴다는 모습에 진정성을 느끼게 됐고 '이왕 패스트푸드 먹을 거 맥도날드에 가자'는 마음이 생겼기 때문에 디마케팅이 성공적인 효과를 보게 된 이유로 분석할 수 있다.

명품 브랜드인 에르메스, 루이비통 및 샤넬 또한 디마케팅 전략을 잘 활용하고 있다. 에르메스의 경우에는 구매 이력이 있는 소비자들에게만 제품을 소개하고 판매한다. 샤넬의 경우에는 '클래식 플랩백', '코코핸들 핸드백' 등 일부 상품을 1년에 딱 1개씩만 살 수 있도록 구매 수량 제한을 하고 있다. 루이비통은 관광객이 프랑스 파리 본점에서 제품을 구입할 경우 여권번호를 등록하여 1년 내에 다시 구매할 수 없도록 한다. 아울러 버버리도 공급을 제한해 브랜드 가치를 지키기 위해 재고를 소각하는 것으로 유명하다. 2018년 BBC 방송에 따르면 5년 간 버버리가 시장에서 팔리지 않은 의류와 액세서리, 향수 등 제품을 소각한 규모는 모두 9000만 파운드(약 1465억 원)에 달했다.

자신들의 제품을 쓰지 말 것을 과감하게 홍보

담배는 디마케팅 기법이 가장 잘 활용된다. 특히 필립모리스의 궐련형 전자담배 브랜드인 '아이코스(IQOS)' 사례는 디마케팅을 정말 잘 활용하여 브랜드간 캐니벌라이제이션(cannibalization, 신제품이 기존 제품 판매를 잠식하는 현상을 말한다.)을 막고 구분화된 독립 브랜드로 포지셔닝 시켰다. 필립모리스는 소비자들에게 궐련형 담배가 얼마나 몸에 해로운지 지속적으로 알리는 노력을 쏟았으며, 2016년에는 점차적으로 담배 생산을 중단하겠다고 선언까지 했다. 필립모리스의 경우 기존 브랜드는 디마케팅을 하면서 아이코스에 사활을 걸면서 마케팅을 집중해 왔다. 실제 아이코스 이름에 담긴 뜻은 'I Quit Original Smoking(나는 전통적인 방식의 흡연을 하지 않을 것이다)'이다. 이처럼 아이코스를 '전통방식의 흡연을 하지 않는 새로운 패러다임'으로 만든 사례인 동시에 기존 궐련 제품들을 디마케팅하여 새로운 흡연 트렌드를 만든 것이다.

국내에서도 디마케팅 활용 사례가 있다. 1990년대 말에는 국내 이동통신사간 경쟁이 치열했고 이동통신사들은 자사의 통신이 어디서든 잘 터진다는 내용의 광고를 경쟁적으로 쏟아내고 있었다. SK텔레콤은 자사의 이익보다 소비자들의 귀한 시간이 더 소중하다는 메시지를 담아낸 광고 카피 '또 다른 세상을 만날 땐 잠시 꺼두셔도 좋습니다'를 활용해 메시지를 전달했다. 당시 광고를 통해 SK텔레콤은 소비자들에게 큰 신뢰를 얻고, 이를 바탕으로 업계 1위 굳히기에 들어갔다. 디마케팅을 통해 기업의 긍정적인 이미지는 물론 장기적으로 수익의 극대화까지 이룬 것이다.

하지만 앞서 언급한 사례와 반대로 디마케팅을 활용하여 실패한 사례도 있다. 네슬레는 표면적으로 디마케팅을 하면서 오히려 마케팅 효과를 극대화 하려다 실패한 사례로 꼽힌다. 네슬레는 모유 대체품인 분유를 판매하면서 '아이에게 모유보다 좋은 건 없습니다'라거나 '모유에서 배웁니다'라는 문구를 내걸었다. 이를 통해 분유를 만드는 자사의 상품도 어머니의 마음을 담아 만들었다는 걸 드러낸 것이다.

그러나 출생 인구가 지속적으로 감소하고 업체들 간에 치열하게 경쟁하는 힘겨운 상황에서도 가급적이면 자신들의 제품을 쓰지 말 것을 과감하게 홍보한 네슬레는 급기야 2003년 4월에는 조제분유 사업부분 포기를 선언했다. 가장 직접적인 이유로는 기존 업체들과 비교해 현저히 떨어지는 경쟁력 때문이었다. 또한 네슬레는 회사 설립 당시부터 창립 이념의 일환으로 모유 먹이기 캠페인을 벌여 왔는데, 국내에 비교적 늦게 진출한 네슬레로서는 바로 이 원칙 때문에 공격적인 마케팅을 펼칠 수가 없었으며, 모유 먹이기 운동 자체를 차별화되는 홍보 포인트로 이용하기에도 벌써 파스뢰르를 비롯한 경쟁 업체들에게 한발 늦은 상황이었다. 이미 다른 업체들이 공익 마케팅의 일환으로 모유 먹이기 캠페인을 벌이고 있었기 때문이다. 그만큼 네슬레만의 차별화 포인트를 잃은 셈이었다.

 이 같은 디마케팅은 고객의 구매 욕구를 자극하는 한편 품질 관리의 안정성을 확보할 수도 있다. 우선 희소성을 부각해 소비 욕구를 증대시켜 입소문으로 이어지면 그 효과가 극대화된다. 특히 초연결 사회에서 소셜 미디어를 통해 누구에게나 주어지지 않는 특별한 기회에 대한 소문은 급속도로 확산될 가능성이 높고 그만큼 제품이나 서비스의 가치는 상승한다.

오랜 시간을 투자한다고 더 많은 가치를 창출하는 것은 아니다

PR인의 짧은 서비스 시간 뒤에는 긴 숨은 노력이 있다

'시간은 돈이다'라는 말은 거의 진리와도 가깝게 여겨진다. 고액 연봉의 전문성을 요구하는 변호사나 의사와 같은 전문직은 자신들의 시간에 대해서 시간급(hourly rate)를 적용하여 고객에게 비용을 청구한다. 그만큼 그 전문 직종을 갖기 위한 공부, 인턴 등 투자한 시간이 많이 들어갔으며 시간 대비 그만큼 돈을 돌려 받겠다고 선언하는 것이 시간급이다. 일반 회사원이 몇 억 원의 돈과 시간을 들여 MBA를 취득하는 것도 비슷한 이치다. 이와 같이 시간은 투자한 만큼 가치(value)를 가져온다는 공식이 성립되는 이유이다.

미국과 유럽에서는 PR 회사의 경우 시간급 제도를 적용시키는 경우도 많다. 특히 PR이나 무형의 서비스는 비용을 측정하기 어렵기 때문에 일반적으로 통용되는 '소요한 시간 만큼' 클라이언트를 위해 그만큼의 가치를 창출한다는 논리다. 시간급 제도 적용에서 가장 중요한 것은 고객과 PR 회사 간의 신뢰이다.

클라이언트는 자신들이 추구하는 가치를 창출하기 위해 비용을 지급하는 것이다. 그리고 궁극적으로는 원하는 결과물과 서비스를 받으려 한다.

단순하게 정해진 프로젝트에 사용한 시간으로만 청구서를 내지 못하는 경우도 많다. PR 회사의 유능한 직원들이 오랫동안 축적한 경험과 지식을 짧은 시간에 서비스했을 때 그 짧은 시간에 대한 시간급 만을 청구하는 것은 너무 불합리하다. 우리는 흔히 보이는 시간에만 주목하지만 결국에 그 사람이 그러한 가치를 창출하기 위해 지금까지 보이지 않는 수많은 시간 동안 경험과 지식을 충분히 쌓아서 어떠한 가치를 만들어낼 수 있게 된 것이라는 사실을 간과해서는 안 된다. PR 회사의 이런 경우를 가상한다면 클라이언트에게 천문학적인 시간급을 제시해야 한다.

단 5분만에 1,500만 달러의 가치를 창출

이러한 시간과 가치창출에 대한 아주 좋은 사례가 있다. 단 5분만에 1500만 달러의 가치를 창출할 수 있다면 믿어지겠는가? 실제로 미국의 가장 큰 금융기관 중 한 곳인 시티뱅크(Citi Bank)의 로고는 커피숍에서 단 5분 만에 만들어졌다. 1998년 시티콥(Citicorp)과 트래블러스 그룹(Travellers Group)이 합병하여 전 세계에서 가장 큰 금융기관인 시티뱅크가 탄생했다. 합병 이후 시티뱅크는 새로운 브랜드 아이덴티티(brand identity)가 필요했다. 시티뱅크의 새로운 로고 개발을 위해 측정된 예산은 1,500만불이었다.

시티뱅크는 미국 뉴욕시의 한 디자인 회사인 '펜타그램(Pentagram)'과 함께 카페에서 사전 미팅을 진행했다. 시티뱅크는 자신들이 원하는 방향성과 내용을 설명하면서 미팅을 하고 있었는데, 당시 펜타그램의 창립자인 파울라 셰어(Paula Scher)가 시티뱅크의 니즈와 방향성을 자세히 들으면서 카페에 있는 냅킨에다가 낙서를 하듯이 무엇인가 그렸다. 약 5분의 시간이 흐르자 파울라 셰어는 시티뱅크 담당자들 앞에서 냅킨에 그린 로고를 보여주며 '여기 보시는 것이 새로운 시티뱅크 로고 입니다.(This is your logo)' 라고 자신 있게 말했다. 파울라의 '낙서(doodle)'를 자세히 보면 시티(citi)에 있는 t(티)부분에

시티뱅크 로고의 시초가 된 스케치

우산 모양의 아치를 그려 넣어서 트래블러스 그룹이 자주 사용하는 우산을 표기 했다. 시티뱅크의 담당자들은 파울라가 그린 로고를 보고 '바로 이것이다'라고 감탄했고 이것은 실제 우리가 아는 시티뱅크 로고의 최초 표본이 되었고 1500만 달러의 가치를 단 5분만에 그려낸 성공사례로 볼 수 있다.

  이런 성공을 이룬 파울러 셰어에 대한 찬사가 쏟아지며 천재성을 강조하는 기사들이 나왔다. 한 신문사가 파울러와 인터뷰를 하면서 '대체 어떻게 단 5분 만에 그런 대단한 로고를 구상하셨나요?'라고 묻자 파울러는 '저는 그 5분의 시간을 만들기 위해서 수 십 년 동안 노력을 쏟았다'고 답했다. 꼭 많은 시간을 투입해야만 걸작품이 나온다는 그릇된 인식이 우리들의 머릿속에 자리잡고 있지만, 본 사례는 이러한 인식이 잘못되었다는 것을 잘 보여준다.

  피카소 사례도 있다. 하루는 피카소가 시장을 걸어가고 있었는데 한 여인이 다가와 자신이 피카소의 팬이라며 간단하게 자신의 모습을 스케치해달라고 부탁했다. 피카소는 승낙했고 약 30초만에 여인의 스케치된 모

습을 전달하며 '부인, 스케치 비용은 100만달러입니다'라고 말했다고 한다. 여인이 깜짝 놀라며 '피카소 당신은 겨우 30초만에 그린 거잖아요!'라고 투덜댔더니 피카소가 한 말은 '아니요, 부인. 이 그림을 위해 제 인생 전체가 소요됐습니다.' 였다.

매복 마케팅(Ambush Marketing)의 대성공, 붉은 악마 캠페인

'대~한민국!' 초대받지 않은 불청객, 대박을 내다

　매복(ambush) 마케팅은 중요한 행사에 후원금을 지불하지 않고 자신들을 간접적으로 연관시켜 이윤을 창출하는 행동이다. 좀 더 구체적으로 말하면 회사나 개인, 단체가 법적인 승인이나 관련자의 허락 없이 행사의 평판, 명성과 인기를 사용하여 이득을 추구하는 행위이다. 특히 월드컵이나 올림픽 같은 국제적 스포츠 행사에 자주 등장하는 일종의 불법 마케팅이다.

　월드컵의 공식 후원사가 아니면서 저비용으로 몇 배의 이익을 본 SK텔레콤의 'Be the Reds(붉은 악마)' 캠페인은 매복 마케팅의 전설로 남았다. 2002년 대한민국을 '대~한민국' 구호로 뜨겁게 만든 그 유명한 캠페인이다. 열정적이고 중독을 일으키는 구호로 유명하다. 2002년 한일 월드컵에서는 FIFA 공식 후원업체 15개와 조직위원회 공식후원업체 5군데 이외에는 '월드컵,' ' 2002 Korea & Japan' 등의 단어는 물론 공식 휘장 등을 일체 사용할 수 없었다.

　SK텔레콤은 공식 스폰서가 되고 싶었으나 엄청난 비용 때문에 마지막에 포기했다. 경쟁사인 KTF는 공식 후원업체로 등록했다. 그러나 SK텔레콤은 월드컵 상황에서 한국을 대표하는 이동통신사로서의 이미지를 굳힐 기회를 놓치고 싶지 않았다. 결국 월드컵 공식 용어 사용을 피하면서 교묘히 스포츠 행사와 자기 기업의 이미지를 연관시키는 매복 마케팅 전략을 사용하기로 했다. SK텔레콤은 2001년 6월부터 한국 축구대표 응원단인 붉은 악마의 공식 후원사로서 'Be the Reds' 캠페인에 뛰어든다. '축구응원 = 붉은 악마 = SK텔레콤의 공식'을 각인 시키는 장기적 플랜을 마련했다.

4강까지 한국은 승승장구하면서 대한민국 국민들은 물론 전 세계 5억 축구팬들을 사로 잡았다. 전 세계 언론들이 코리아를 주목하면서 이 붉은 악마 응원전도 같이 뉴스로 다루어 주었다. 한국전이 있는 거의 매일 새벽부터 밤까지 붉은 악마 응원단들은 대한민국을 환호했다. 'Be the Reds'가 새겨진 셔츠를 무료로 나누어 주었으며 응원전 매뉴얼까지 제작해서 스카프와 함께 나누어 주었다. 행사에는 SK그룹의 회장과 사장, 임원들이 응원전과 경기장에 대거 참석했다. 12번째 선수가 되어 떠나는 레드 트레인(Red Train)을 무료로 운영했다. SK 계열사인 워커힐 호텔의 지배인으로 히딩크 감독을 임명하기도 했다.

경쟁사들의 항의로 FIFA는 의심의 눈초리를 풀지 않았다. 그러나 FIFA도 어쩔 도리가 없었다. 공식 스폰서로서의 행동은 일체 피해 나갔기 때문이다. 법무팀을 가동해서 위험요인을 차단하고 자문단을 운영했다. '국민이 주인공인 월드컵' 이라는 구호는 공익성을 가져 FIFA의 감시를 벗어났다. SK텔레콤이 상업성을 자제해 달라는 붉은 악마 응원단의 요구를 잘 받아들이고 실천한 것이 도움이 되었다. 결과 FIFA로부터 '예의 주시 하겠다'는 공문을 받은 정도였다. 경쟁사에 비해 10% 정도의 비용을 쓰고 몇 배의 이익을 거둔 대표적 성공 사례가 되었다.

매복 마케팅의 방법은 매우 다양하다. 행사 당일 경기장 앞에서 자기 회사 이름을 붙인 봉사활동을 하기도 한다. 경기 입장자들에게 자기 회

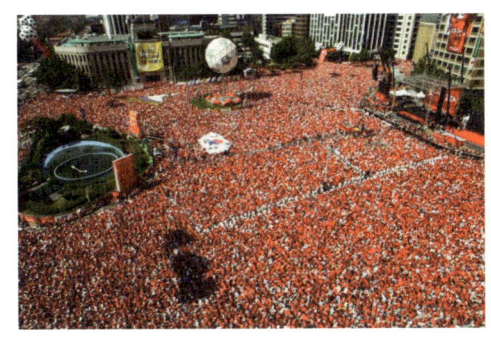

시청 앞에서 붉은악마 응원

사 이름을 넣은 선물을 주는 경우도 있다. 행사기간을 피해 행사 전후로 광고나 행사를 해서 규제를 피해 나간다. 선수들이나 팀과 계약을 맺고 응원하는 방법도 동원된다. 몇 개의 예를 들어보면 미국 솔트레이크 시티에서 열린 동계 올림픽 때 나비스코(Nabisco)는 자기 회사 제품 쿠키에 고대 올림픽 원반 던지기 그림을 그려 넣어 물의를 일으켰다. 노르웨이 동계 올림픽 때 카드 회사인 아메리칸 익스프레스(American Express)는 '노르웨이 방문 때는 비자(VISA)가 필요하지 않습니다'란 광고 카피로 경쟁사인 비자는 물론 모두를 놀라게 했다. 나이키와 계약을 맺은 마이클 조던과 찰스 바클리는 1992년 미국 드림팀의 금메달 시상식에서 미국 국기로 운동복에 있는 리복 상표를 가려 버렸다. 'Be the Reds'는 주최국의 응원팀을 스폰한 독특한 경우다.

매복 마케팅은 초대 받지 않은 손님이다. 워낙 감시가 심하고 달갑지 않은 소송에 휘말리기도 하고 잘못 걸릴 경우 엄청난 벌금을 물기 때문에 함부로 하기 힘들다. 그러나 점점 더 번창하고 있는 실정이다. 왜냐하면 매복 마케팅은 기업의 이름이 노출되고 관심을 받을 수 있는 저비용 고효율 전략이기 때문이다. 중소기업들이 대기업을 상대할 수 있는 전략이기

도 하다. 행사나 행사 후원자들을 간접적으로 공략하기 때문에 경쟁사로부터 항의가 없으면 주최 측에서 일일이 찾아내기가 힘들다.

그러나 필자가 보기엔 역대 국제 스포츠 대회에서 붉은 악마 매복 마케팅을 능가하는 것이 있는가 싶다. 규모, 전략, 효과, 준비성 등에서 압도적이다. 너무 간접적이라 SK텔레콤과 월드컵의 이미지 연결이 안 된다는 지적이 있었으나 실제 조사에서 대부분의 응원전 참가자와 TV 시청자들이 암시적 연계관계를 파악했던 것으로 나타났다. MPR이 직접 광고나 판촉에 의존하지 않고 흥미와 자연스러움, 간접적 암시 등으로 소비자와 공중들을 공략하는 것이라면 매복 마케팅이야 말로 최고의 자리를 차지할 수 있다. 물론 위험도 따른다. 만약 2002 월드컵에서 한국이 초반 탈락했다면 그 결과는 어땠을까? 결국 결과론 아니냐는 의견이 있지만 국민들의 참여와 열기 만으로도 충분히 이익을 챙겼으리라는 의견이 지배적이다.

월드컵 대회 이후에도 붉은 악마를 이용한 광고와 마케팅은 이어졌다. 지금도 붉은 악마 응원단은 다른 스포츠 경기에서까지 열심히 활동하고 있다. 대한민국 응원의 상징이 되어 버렸다. 이 선점 효과는 대단하다. 20년이 지났지만 붉은 악마 하면 SK가 생각난다는 30대 이후의 사람들이 많다. 그런 면에서 붉은 악마 캠페인은 당분간 기록이 깨지기 힘든 매복 마케팅의 전설이 되었다.

환경 보호론자들의 비난의 대상이었던
스타키스트가 환경보전에 앞장서다

참치 샌드위치를 거부한 학생들에게
'Thanks Kids' 광고

돌고래가 바다 위에 나타나면 그 아래는 반드시 참치가 헤엄치고 있다. 과학적으로 그 원인이 밝혀진 것은 없지만 참치잡이 어선 선장들이 오랫동안 믿고 있던 경험론적인 확신이었다. 돌고래가 나타난 위로 그물을 던지면 그 아래 참치는 손쉽게 잡을 수 있었다. 이것이 하나의 위기로 발전되었다. 참치 어획 과정에서 수많은 돌고래들이 죽거나 다쳤다. 환경 보호 단체들은 돌고래가 지능적인 동물이며 인간과 유사하고 상어로부터 인간을 보호하는 이로운 동물이라는 점을 강조하면서 무분별한 어획을 중지하도록 정부에 요청했다. 또한 각 참치 통조림 회사에 압력을 가하기 시작했으며, 1972년에는 '해양 포유 동물 법안(Marine Mammal Act)'을 제정하는 데 성공했다.

그러나 이 법안은 돌고래 포획을 일부 허용하고 있어 환경 보호론자들은 만족하지 못했고, 계속해서 돌고래 보호에 대한 여론을 불러일으키기 위해 노력했다. 때마침 1988년 지구 섬 연구소(Earth Island Institute)라는 환경 단체의 해양 생물학자인 사무엘 루버디(Samuel Lubudde)가 참지 선박의 요리사로 가상해 참치 어획 과정에서 수백 마리의 돌고래가 죽어가는 생생한 모습을 촬영하였다. 총 5시간 동안 돌고래 포획과 도살 장면이 포함되었다. 루버디의 비디오는 많은 대학 및 협회 등에서 상영되었고, 돌고래 보호에 대한 공중의 지지와 여론을 불러일으켰다.

특히 환경 보호론자이자 A&M 레코드사의 공동 설립자인 제리 모스의 부인은 '돌고래의 참상을 알리는 밤(Dolphin Awareness Evening)'에서 유명한 배우·프로듀서·감독 등에게 이 필름을 공개했으며, 그 결과 '리썰웨폰 II'라는 영화에서까지 어린 아이들이 참치 샌드위치를 거부하는 장면이 나와 돌고래 보호 운동의 절정을 이루게 되었다.

이후 A&M 레코드의 사장이자 역시 환경 보호론자인 제리 모스는 스타키스트의 모회사인 하인즈(Heinz)의 회장 오라일리(O'Reilly)와 기업 PR 담당자 스미스를 직접 만나서 '돌고래 보호'에 대한 시민들의 입장을 전했다. 모임 후에 제리 모스는 오라일리 회장에게 메일을 보내서 신속한 활동을 촉구했다. 이후 이 사건은 점차 확대되어 국회에서까지 논의되었고, 연예인을 포함한 많은 사람들이 참치 보이콧 운동에 참여했다. 또한 학교 급식에서 참치가 빠지기 시작했고, 불매운동이 곳곳에서 일어났으며 국민의 60% 이상이 이 사건을 알게 되었다. 이에 따라 스타키스트의 매출액이 급속도로 떨어졌고, 회사 이미지도 손상되었다.

결국 하인즈와 스타키스트의 PR 전문가 팀이 구성되어 본격적인 위기관리가 시작되었다. 스타키스트는 모회사인 하인즈와 긴밀한 내부 협조와 조정을 거친 후 '돌고래 안전 정책 제안서'를 마련했으며, 커뮤니케이션 및 품질 담당자인 불루멘달(Bloemindaal)을 대변인으로 선정해서 회사의 입장 및 의견을 일관되고 통일성 있게 발표하였다. 그리고 목표 공중을 총 8개로 세분화해서 각각에 맞는 핵심 메시지를 개발해 전달했다.

위기관리팀은 소비자의 신뢰와 믿음을 회복하기 위해 새로운 돌고래 안전 정책을 마련하였다.

공중을 8개로 세분화 하여 각 공중별 맞는 맞춤 전략을 채택한 것이 큰 효과를 발휘하였다. 8개의 공중은

1. 환경 보호론자 : 보이콧을 조장하고 여러 정보를 공개하는 환경 단체들
2. 소비자 : 참치를 직접 구입하고 있지는 않지만, 다시 참치 제품을 사도록 해야 하는 소비자
3. 어린이 : 부모에게 참치 제품을 사지 말라고 조르는 아이들
4. 주주 : 주가 하락으로 주식을 매도할 주주들
5. 소매업자 : 참치를 상점에 비축하지 않으려는 소매상들
6. 종업원 : 참치 산업과 그들의 직장에 대해 염려하고 있는 종업원들
7. 어부 : 직접적으로 일자리를 잃게 될 것을 두려워하는 어부들
8. 통조림 제조업자 : 참치 소비 위축으로 피해를 입을 통조림 제조업자들

특히 스타키스트는 돌고래를 잡지 않고 참치만을 잡도록 한 새로운 기술을 개발한 점이나 최고 경영자들의 적극적인 노력과 더불어 환경 보호론자들에게 기업이 환경의 중요성을 깨우치게 한 것에 대해 환경 보호론자들에게 고마움을 표시했다. 환경 단체와 맞붙는 식의 전략이 아니라 환경 단체와 같은 배를 타겠다는 발상의 전환을 하였다. 특히 스타키스트가 마지막 회복 단계에서 주요 매체에 낸 광고는 크게 집중을 받았다. 스타키스트의 참치 도시락까지 거부한 어린 아이들을 원망하지 않고 'Thanks Kids(어린이 여러분, 감사합니다)' 라며 감사를 표시한 한 수 위

의 메시지 전략이 주효하였다. 스타키스트의 모든 중요한 결정이 바로 이 사회에 보고되어 일원화된 관리 및 통제가 이루어진 것은 또 다른 성공 요인의 하나였다. 1990년 4월 발표된 새로운 정책의 핵심 포인트는 다음과 같다.

- 스타키스트는 포유 동물·거북이·바다새 등을 잡는 단체로부터 참치를 포함한 다른 어떤 고기도 사지 않겠다.
- 스타키스트는 돌고래의 생명에 위험을 주는 도구를 사용해 잡은 참치는 사지 않겠다.

이상과 같은 정책을 통해서 스타키스트는 자사를 환경 친화 기업으로 자리매김하고, 다른 경쟁 기업들과 차별화시켜 소비자들의 신뢰와 호의를 얻고자 했다. 그리고 '지구 환경의 날'인 4월 12일 오후 2시 기자회견을 통해 새로운 정책을 공식적으로 선포했다.

 스타키스트는 새롭게 참치를 죽이지 않고 잡은 참치만으로 제조한 '돌핀 세이프 (Dolphin-safe)' 참치를 출시했다. 이것이 위기를 기회로 바꾼 최고의 전략이었다. 이 참치 캔에는 '돌고래에게 무해함(No harm to dolphins)'이라는 문구를 넣어 환경 친화적인 제품임을 알렸고, 약간의 가격 인상과 제품 함량에는 변동이 없음을 함께 표시했다. 그 다음 제품 출시와 함께 이벤트를 실시했다.

 즉, 돌핀 세이프 참치를 출시할 때, 스타키스트는 참치 100만 상자를 무료로 LA 선교단과 부랑자에게 집을 지어주는 단체에 기증했다. 스타키스트는 제3자를 활용했다. 자사의 참치가 돌고래에게 해를 입히지 않고 잡은 참치라는 것을 정부 기관의 전문가들에게 공인받았고, 이를 통해 전문성과 신뢰성을 확보했다.

 이와 동시에 어린 아이 대표들을 직접 참치 잡이 어선으로 초청하여 돌고래를 다치지 않고 참치를 잡는 새로운 참치잡이 기술을 직접 목격하게 하였다. 그들이 TV에 나와 생생하게 증언한 것이 신뢰성과 진정성을 제고하였다. 사전 대응적(proactive)인 자세를 취했다. 물론 초기에는 환경 보호론자들의 행동과 항의에만 대처하는 소극적인 관리를 하였으나, 이후에는 적극적으로 PR 활동을 하면서 다양한 위기 극복 전략을 실시했다. 스타키스트는 많은 PR 전술을 효과적으로 활용했다.

 첫째, 차별화 전략을 채택한 점이다. 스타키스트와 모회사인 하인즈를 돌고래를 죽이면서까지 기업 이윤을 창출하는 회사들과 완전히 차별화시켰다. 특히 하인즈는 케첩, 마요네즈 등 다양한 식품을 판매하고 있었기 때문에 소비자들에게 이띤 이미지를 보여주는가는 아주 중요한 이슈였다.

둘째, 소비자들과 환경 보호론자들을 만족시키는 기업 이미지를 제고시키는 것 등을 PR 목표로 설정해 회사가 공중들의 관심 사항을 처리하기 위해 무엇을 하고 있는지 알도록 해준 점이다. 즉, 이슈에 대해 말로만 하는 게 아니라 실제 행동으로 보여주었다.

셋째, 기자회견을 통해 PR 효과를 거둔 점이다. 기자회견을 개최해 '돌고래 안전 정책'을 발표함으로써 솔선수범하는 기업 이미지를 심을 수 있었다.

넷째, 기자회견을 전략적으로 계획한 날인 '지구의 날'에 맞춰서 시행한 점이다. 시기적으로 환경을 생각하는 일반 공중이나 환경 단체들에게 좋은 인상을 줄 수 있었고 더 나아가 환경 친화적인 기업 이미지 제고 효과가 있었다. 결과적으로 공중들로부터 신뢰를 얻고 기업 이미지가 제고되는 효과가 발생했다고 볼 수 있다.

다섯째, 기자회견 후 신문 기자와의 인터뷰에서, 환경 단체·소비자 불매운동·어린이들의 걱정·기업 내부의 논쟁 등이 새로운 정책을 유도했음을 인정한 점이다.

여섯째, 'Thanks, Kids(어린이 여러분, 감사합니다)'라는 광고와 환경의식이 있는 어린이에게 '스타키스트 스타키즈(Starkist Starkids)' 훈장을 수여한 점이다. 이는 어린이들에게 감사하는 마음을 표현하고, 어린이들을 높이 평가하는 것일 뿐 아니라, 어린이들로 하여금 부모를 설득해 참치 구매를 유도해낼 수 있는 전략이었던 것으로 평가된다.

일곱째, '돌고래 안전 참치캔' 100상자를 LA 자선 단체에 기증하는 이벤트를 벌인 점이다. 자선 단체에 기증함으로써 '돌고래 안전 참치'에 대한 홍보 효과 및 사회 공헌도 높은 기업으로도 인식될 수 있게 한 좋은 전략이었다고 생각된다.

마지막으로, 최고 경영자(CEO)가 적극적인 추진력을 지니고 있었다는 점이다. 아무리 잘 계획된 위기관리 전략도 최고 경영자의 실천 의지가 부족하면 제대로 성공할 수 없다. 스타키스트 오라일리 회장의 적극적인 추진력이 위기를 성공적으로 극복할 수 있게 했다. 이러한 모든 요소들이 통합적으로 관리되어 비판 상대였던 환경 단체와 참치가 들어간 도시락을 거부했던 아이들까지 우군으로 만들었다. 게다가 참치를 죽이지 않고 만들었다는 '돌핀 세이프'를 하나의 유행어처럼 만든 전략 때문에 오늘날까지도 환경 문제와 관련된 위기가 거론될 때 최고의 교과서로 스타키스트의 성공적인 위기관리가 언급되곤 한다. 그러나 최근 참치 산업과 관계된 사업 부진으로 스타키스트는 2008년 대한민국의 동원그룹에 인수되었다.

아이스버킷 챌린지가 남긴
소셜 미디어 마케팅 교훈

차가운 충격, 따듯한 감동의 체험 마케팅, 아이스버킷 챌린지

2018년 3월 14일 영국 케임브리지에서 '세기의 천재'라고 불리는 석학이 세상을 떠났다. 바로 우리가 잘 알고 있는 『시간의 역사』와 『위대한 설계』의 저자이자 우주론과 양자 중력 이론에 큰 기여를 한 스티븐 호킹 박사이다. 아마 호킹 박사 하면 떠오르는 것은 휠체어를 탄 모습과 로봇 목소리가 대표적일 것이다. 하지만 그가 왜 그런 모습이었는지 사실 잘 모르는 사람들이 많았다.

호킹 박사가 그렇게 생활했던 이유는 운동세포만 선택적으로 파괴시키는 질환인 루게릭병(ALS) 때문이었다. 아직까지 루게릭병의 치료 방법과 발병 원인은 알려지지 않았으며 100% 치명적이라는 진단을 내린다. 하지만 실제 미국인들 사이에서 잘 알려지지도 않았고, ALS의 치료 목적으로 설립된 ALS 협회의 경우도 기부에만 의존해야 하는 등 어려움을 겪고 있었다. ALS의 치료를 위해서는 뭔가 획기적인 PR적 접근이 필요한 시점이었다.

그러다 2014년 ALS에 대한 인지도를 올리기 위해 보스턴 대학교 야구선수 피트 프레이츠(Pete Frates)는 ALS운동가 패트릭 퀸(Patrick

Quinn)과 함께 '아이스 버킷 챌린지(Ice Bucket Challenge)'를 기획했다. 두 사람 모두 실제 ALS를 진단받았고, 그들은 어떻게 ALS를 더 많은 사람들에게 알릴 수 있을까 고민한 끝에 이런 캠페인을 기획하고 실행에 옮겼다. 아이스 버킷 챌린지는 100달러를 ALS협회에 기부하거나, 큰 양동이에 가득 찬 얼음물을

아이스버킷 챌린지

머리위로 끼얹거나 또는 둘 다 행동에 옮긴 후 세 명에게 똑같은 도전을 권유하는 캠페인이었다.

　이는 페이스북을 중심으로 소셜 미디어 바이럴을 타면서 빠르게 확산됐다. 2015년을 기준으로 아이스 버킷 챌린지는 전 세계적으로 2.2억 달러의 모금에 성공했고, 240만 개의 페이스북 태그 비디오가 게재되면서 전 세계인들의 ALS에 대한 인식을 개선시키는 계기가 될 수 있었다. 이를 통해 모금된 기부금으로 ALS에 대한 연구도 활발해졌고, 9개의 글로벌 연구 결과 2개의 약물이 개발되었다.

　요즘은 스마트폰의 보급과 더 다양한 소셜 미디어 채널 등으로 인해 위의 기록이 크게 와닿지 않을 수 있다. 하지만 그 당시 페이스북 중심으로 운영되던 시절에는 이 캠페인이 가장 큰 바이럴 성공 사례로 볼 수 있다. 특히 아이스 버킷 챌린지는 계속해서 변화하는 PR 생태계의 모습을 매우 잘 나타내고 있다. 실제로 아이스 버킷 챌린지의 성공 요인에는 최근 들어 디지털 MPR이라는 주요 요소들이 존재한다.

먼저 첫 번째 성공 요인은 소셜네트워크라는 전 세계로 뻗는 공간 제약이 없는 네트워크 서비스 시스템이다. 프레이츠와 퀸의 경우 당시 활발하게 소셜 미디어를 활용했고, 다양한 페이스북 친구를 만들었다. 초연결 사회(Hyper-Connected Society)에서는 특히 소셜 미디어를 통해 얼마나 많은 수의 연결고리, 즉 '친구 또는 1촌'이 있는지 여부에 따라 영향력이 판가름 난다. 따라서 그 당시에도 이런 네트워크를 통해 아이스 버킷 챌린지가 '글로벌 현상'이 될 수 있었던 것이다. 실제 2014년 아이스 버킷 챌린지는 4주 안에 1,700만 명이 챌린지 영상을 게재했고, 4.4억 명 이상의 사람들이 본 것으로 파악됐다.

성공 요인은 인플루언서의 참여다

두 번째 성공 요인은 '#'뒤에 특정 단어를 넣어 그 주제에 대해 요약하는 행위인 해시태그로 분석된다. 해시태그를 통해서 알고리즘도 생성되고 그 해당 주제에 대한 글만 구분할 수도 있다. 아이스 버킷 챌린지의 게시물에는 '#icebucketchallenge'라는 해시태그를 달았고, 이를 통해 통일된 주제로 하나의 큰 현상이 될 수 있었다고 보고 있다. 최근에도 디지털 MPR의 한 부분인 바이럴 마케팅에서도 해시태그 설정과 그 키워드에 대한 내용을 분석하는 것이 매우 중요한 것과 같이 아이스 버킷 챌린지 역시 해시태그를 통해 글로벌한 효과를 거둘 수 있었다고 볼 수 있다.

세 번째 성공 요인은 인플루언서의 참여다. 실제 아이스 버킷 챌린지의 인지도가 급격히 상승했던 이유는 페이스북 창립자 마크 저커버그, 마이크로소프트 창립자 빌 게이츠, 미국 유명 TV호스트 오프라 윈프리, 미국 가수 레이디 가가, 저스틴 비버, 테일러 스위프트, 저스틴 팀벌레이크, 케이티 패리, 50센트 등 다양한 '연예인 급' 인플루언서들이 참여했기 때문이라 분석된다. 최근 들어서도 기업들은 자신들의 제품 또는 서비스를 판매하기 위해 큰 예산을 들여서 소셜 미디어 인플루언서를 활용한 디지털 MPR 전략을 펼친다. 심지어 정부 및 공공기관도 정책의 프로모션을 위해 인플루언서와 협업을 시도한다.

이와 같이 아이스 버킷 챌린지는 다양한 거물급 인플루언서들이 참여했기 때문에 해당 인플루언서의 포스팅을 보는 사람들은 자신들이 동경하는 사람들의 행동을 보고 참여를 선택하면서, 그 다음 사람이 또 참여를 이어가면서 하나의 눈덩이 효과(snowball effect)를 낸 것으로 평가된다. 여기서 눈덩이 효과란 작은 눈덩이가 굴러가면서 점점 커지는 것을 비유한 것이다.

마지막 성공 요인으로 꼽히는 것은 '밈(meme)화'로 볼 수 있다. '밈'이란 특정 메시지를 전하는 그림, 사진 또는 짧은 영상을 통해 하나의 개념, 스타일, 활용, 행동 등 문화를 재미있게 전달하는 일종의 상징성을 가진다. 이처럼 아이스 버킷 챌린지 역시 다양한 유명인사의 참여, 전 세계인의 참여를 통해 하나의 상징성 있는 '밈'이 되었고 이는 계속해서 이어져가면서 사람들의 기억 속에 남게 되는 강력한 '각인 효과'를 가져왔다. 하나의 '밈'이 되는 순간 온라인 상에서는 그 밈을 보고 영향력이 가장 강하게 남는 모습을 저절로 떠올리게 된다. 밈 문화는 실제 일반 온라인 커뮤니티뿐만 아니라 정치인들도 자신들의 인지도를 끌어올리기 위해 사용하기도 한다.

아이스 버킷 챌린지는 국내에서 아직도 진행형인 캠페인이다. 2018년 가수 지누션과 전 농구선수 박승일이 공동으로 설립한 승일희망재단을 통해 국내 최초 루게릭 요양병원 설립을 위해 다시 아이스 버킷 챌린지를 되살렸다. 이를 통해 유명 연예인 유재석, 가수 아이유, 배우 박보검, 조인성 등이 참여하며 2023년 현재까지 진행 중이다. 거기다 얼음물 샤워를 하지 않고 기부만 한 연예인들도 많이 있다. 이로 인해 국내에도 루게릭병에 대한 인지도도 매우 확산되어가고 있다.

아이스 버킷 챌린지는 좋은 목적으로 시작됐지만, 만약에 지금처럼 소셜 미디어 등이 발달하지 않았다면 아마 이렇게 큰 효과를 누리지 못했을 것이다. 이 사례에서 보면 소통 채널과 참여가 얼마나 중요한지 알 수 있다. 만약 누구도 참여하지 않았거나 소통채널이 없었다면 이렇게 계속 진행되고 있지는 않을 것이다. 점점 발달하고 있는 MPR 역시 고객과 소비자가 직접적으로 참여하고, 일방적인 내용의 전달이 아닌 쌍방향 커뮤니케이션을 추구하는 추세를 반영한 것이다.

무스탕 자동차의
팬클럽 MPR

우리는 전 세계 어디에 있어도
모두 무스탕 가족

'무스탕(Mustang)'은 미국 서부의 야생마의 이름이자 6.25 당시 유엔군의 주력 전투기 이름이었다. 그러나 가장 유명한 것은 포드 자동차가 내놓은 자동차 모델의 이름이다. 우리나라에서는 1969년 당시 국내 최고 스타였던 영화배우 신성일이 타고 다녀 유명해졌다. 아직도 무스탕 모델은 포드사에서 제작되고 있다. 포드사가 당시 아이아코카가 임원으로서 지휘한 이 무스탕 자동차의 1964년 론칭 스토리는 MPR의 대작으로 회자되고 있다. 광고가 본격적으로 시작되기 전 이벤트와 미디어 PR 전략으로 성공한 전형적인 아이아코카의 작품이기도 하다. 1964년 뉴욕에서 열린 세계박람회 전시장에서 첫 선을 보인 이 무스탕 자동차를 보기 위해 사람들은 긴 줄을 섰다. 여기에 들어간 사람들은 무스탕을 직접 몰고 전시장을 돌 수 있게 만들었기 때문이다.

박람회에 구경온 600만 명의 관람객들은 무스탕의 독특한 디자인과 달리는 모습에 눈이 휘둥그래졌다고 한다. 포드사는 무스탕을 전국적으로 8,000대 정도만을 출시해 전국 포드 판매점의 전시장에는 딱 한 대만이 전시되게 만들었다. 첫 마케팅 전략의 중심은 시승 체험과 미디어 보

포드사의 무스탕

도, 입소문이었다. 아이아코카는 나중에 자신이 전국적인 유명인사가 되어 쓴 자서전에서 '우리는 대학신문사의 편집자들을 미시건 주의 디어본(Dearborn)에 초청하고 몇 주에 걸쳐 그들이 직접 무스탕을 몰게 만들었다. 또한 무스탕이 공식 론칭되기 전 기자들을 초청했다. 기자들이 뉴욕에서 디어본까지 70대의 차로 700마일을 달려보게 했다.'라며 대회를 언급했다. 세븐티 카 무스탕(Seventy Car Mustang)'이 대회의 이름이었다. 700마일이면 우리나라로 치면 서울 부산 왕복 거리 정도이다.

이는 무스탕이 공식적으로 론칭되기 4일전의 이벤트로서 엄청난 미디어 퍼블리시티를 얻었다. 가장 큰 이슈는 자동차의 성능이 검증되었다는 것이다. 기자들로서는 당시 자신들이 직접 몰아보고 쓴 만큼 매우 확신에 찬 기사들이었다. 무스탕을 사려는 잠재 고객들의 대 러시가 이루어졌다. 포드사의 한 대리점은 너무 많은 고객들이 몰려 문을 닫을 지경이었고 주차장이 완전히 다 찼다. 판매가 시작된 이후 400만 명의 고객들이 다녀갔다. 타임지와 뉴스위크지에 무스탕이 실렸으며 이 기사만으로도 최소한 10만 대가 더 팔렸다고 아이아코카는 회상했다.

비록 스포츠카였지만 4인용으로 가족이 탈 수 있게 만들었는데 가격 또한 2,368달러로 소비자 리포트 등 잡지로부터 극찬을 받았다. 무스탕은 15개의 비행장과 200개의 홀리데이 호텔에 전시되었으며 미시간 대학의

풋볼 경기장의 주차장에는 '무스탕 목장(Mustang Corral)'의 간판을 붙여 대규모 전시회를 열기도 했다.

첫 해 판매기록을 깬 이벤트도 유명하다. 당시까지 팔콘(Falcon) 사가 첫 해 41만 714대의 판매 기록을 가지고 있었는데 무스탕이 출시된 4월 17일까지 기록을 깨자는 의미에서 '417 by 4/17' 슬로건을 만들었다. 1965년 4월 16일 캘리포니아의 한 소비자가 41만 8,812번째 빨간색 무스탕 스포츠카를 구매해 공식 기록을 깼다. 이 또한 언론의 퍼블리시티를 얻기에 충분했다.

출시 25년이 되던 해 비록 아이아코카 회장은 포드를 떠났으나 무스탕은 약 2만 달러의 높은 가격으로 팔리고 있었다. (2023년 현재 무스탕 마하-E 모델은 약 5만 달러) 무스탕이 출시된 지 25주년이 되던 해, 1964년 당시 세계박람회에서의 첫 론칭을 기념해 같은 장소에서 큰 생일 이벤트 행사를 했다. 250명의 무스탕 자동차 보유자가 파티에 참석해 자신들의 차를 주차했으며 2,000명의 자동차 딜러 및 무스탕 클럽 회원들이 모여들었다. 유럽에서도 무스탕의 소유자들이 빈티지 무스탕 차량을 선박으로 운반해 와서 100명이 다같이 40대의 무스탕으로 두 달 간 7,000마일을 달리는 행사를 벌였다. 25개시 17개 주를 통과하는 장거리 드라이브 행사였다.

'전설의 포드여 영원히(Fabulous Fords Forever)' 전시회가 캘리포니아 주 LA에서 열렸는데 포드사의 도널드 피터슨 당시 회장도 자신이 가지고 있던 첫 해 출시된 무스탕 모델을 타고 이 행사에 참여했다. 이 무스탕 행렬들은 미시건주의 디어본까지 드라이브했으며 조립공장을 견학했다. 그리고 또 다시 뉴욕 본부로 향했다. 이 행사는 CNBC, CNN을 위시

한 95개의 방송사에서 뉴스로 방영되었다. 특히 ABC 방송국의 '월드 투나잇(World Tonight)', CBS 의 '디스 모닝(This Morning)'과 같은 유명 프로에 특집 방송 되었으며 그 해의 가장 유명한 기사거리가 되었다.

MPR의 중요전략 중 하나인 팬클럽 운영이 빛을 발휘한 사례이다. 아직도 미국과 유럽 등 세계 각지에 무스탕 팬클럽 회원들이 활동하고 있다. 이들은 수십 년 전에 산 무스탕을 개조해 아직도 빈티지 모델을 타고 다니며, 빈티지 모델은 엄청나게 높은 가격에 거래되고 있다. 이들은 무스탕을 중심으로 뭉쳐있다. 자기들만의 여러 가지 행사를 지금도 하고 있다. 하나의 브랜드를 중심으로 하는 팬클럽은 많지만 아직도 무스탕을 능가하는 클럽은 없을 것으로 본다. 광고보다 절대적인 퍼블리시티 우선 전략, 화려한 미디어 릴레이 보도 전략, 팬클럽 전략, 시승체험 전략은 세계 걸작 MPR의 한 페이지를 장식하고 있다.

신제품을 출시할 때, 특히 화제가 될만한 신제품을 출시할 때 알 리스(Al Ries)의 명언을 상기하라. "먼저 (M)PR로 시장의 토지를 가꾸어라(cultivate). 그 다음 광고로 신제품의 이름을 널리 알려라. 순서를 바꾸지 마라."

코리아헤럴드에서
구세주를 만나다

사회부 기사로 선천성 재생불량성 빈혈 여아와
심장병 환자를 미국 메이요 클리닉으로

사회부에서 서울 시내 주요 병원을 취재하던 어느날 의사신문 전문지 기자의 연락을 받았다. 현 국립의료원인 메디컬 센터에서 5세 여아의 선천성 재생불량성 빈혈이 발견되었는데 한국 최초의 케이스라고 하였다. 특종을 쫓던 나에게 '한국 최초'라는 말이 가슴에 꽂혔다. 즉각 메디컬 센터로 달려가 담당 의사를 만났다. 의사는 한국 의료 기술로는 효과적인 치료를 할 수 없다고 하였다. 회사에 돌아오자마자 사회부장에게 보고를 했더니 편집국장과 상의한 후, 1면에 큰 지면을 할애해 줄 테니 자세히 써보라고 하였다. 그리고 며칠 후에 이 어린 환자의 어려운 가정 사정도 보도하였다. 병원을 다시 방문하였더니 심장 개복수술이 필요한 4명의 심장병 환자가 있었는데 그 당시 국내의 수술 수준으로는 손을 쓸 수 없는 상황이라고 했다. 이것도 추가로 보도하였다.

며칠 후 보건사회부(현재의 보건복지부) 산하 외국원조단체인 한미재단(Korean-American Foundation)의 조광근 홍보부장으로부터 연락이 왔다. '김 기자가 쓴 딱한 사정을 우리 이사장 호지스 박사(Dr. Caroll B. Hodges, 전 미8군 부사령관)와 사모님이 읽고서 김 기자를 좀 만나자고 하니 시간 좀 내주세요.'라고 하였다. 현 남산 하얏트 호텔 맞은편에 있었던 단층짜리 주택에서 아주 평범하게 살고 있던 호지스 박사의 집을 방문하여 커피를 마시며 여러가지 얘기를 나누었다. 호지스 박사는 군인 출신이라고는 믿기지 않을 정도로 아주 온화한 성품의 마음씨 좋은 할아버지 같은 분이었다. 그 부인은 한국에 있으면서 많은 자선 활동에 참여하였다고 한다. 화제는 자연히 선천성 재생불량성빈혈을 앓고 있는 환자와 개복수술이 필요한 심장병 환자로 옮아갔다.

기자도 생명을 구하는 좋은 일을 하고 싶습니다

　그들의 현재 상황을 듣고 나더니 호지스 박사가 말문을 열었다. "김 기자, 우리 한미재단의 설립 목적이 한국과 미국의 민간 관계를 증진하여 양국 국민들이 더 가까이 되게 만드는 것이며 현재 한국 농촌에서 4H클럽 활동도 지원하고 있습니다. 이번에 이 환자들을 희귀병만 전문으로 다루는 미국 미네소타주의 메이요(Mayo)클리닉으로 보내면 좋겠다는 생각을 하고 있소. 물론 관련 기관과의 추가 논의가 있어야 되지만..."

　그 때 나는 감동한 나머지 자리에서 벌떡 일어나서 호지스박사 부부에게 고개를 90도 숙여 감사를 표시하면서 '총재님, 좀 도와주십시오. 저는 아직 초년병 기자입니다만 기자도 생명을 구하는 좋은 일을 할 수 있다면 좋겠다고 생각해왔는데 총재님이 저의 구세주가 되어주십시오.'라고 말했다.

　한참의 침묵이 흐른 후 호지스 박사는 나의 손을 잡으며 최선을 다해 보겠다고 약속하였다. 그 후 조 홍보부장으로부터 개복수술이 필요한 4명의 심장병 환자와 난치병인 선천성 재생불량성 빈혈을 앓고 있는 어린이가 드디어 미국 병원으로 갈 수 있게 되었다는 연락이 왔다. 이 사실 또한 즉각 코리아헤럴드에 기사화 하였으며 후속 보도로 호지스 박사 인터뷰도 게재하였다.

미국 메이요 클리닉이 있는 곳은 한 도시가 병원을 위해 존재하고 있다고 할 정도로 모든 도시 기능이 인류의 희귀병을 다루는 클리닉을 위해 집중되고 있다는 얘기도 전해 들었다.

메이요 클리닉

그 당시 나는 병역 문제가 완전히 정리되지 않아 미국 미네소타의 메이요 클리닉까지 동행 취재를 하지 못한 것이 못내 아쉬웠다. 심장병 환자들은 성공적인 수술을 마치고 곧 한국으로 돌아왔으나 빈혈병 어린이 환자는 계속 치료받고 있다는 얘기를 들었다.

그 후 크리스마스 약 한 달 전에 약 40여 명의 여자 맹인들이 집단으로 생활하고 있는 수용소가 재정적으로 어려움에 처해 있다는 기사 하나를 보게 되었다. 임정의 사진기자와 같이 의정부 맹인 수용소를 방문하였다. 수용소 안에 들어서자 마자 찝찔한 냄새가 진동하였다. 수용자들이 목욕을 하지 못해 나는 냄새라는 설명을 나중에 들었다. 그 딱한 사정들을 기사화 하였더니 제일 먼저 국내에서 람(Ram) 인터내셔널을 경영하는 인도인 람(Ram)사장으로부터 전화가 걸려왔다. 그들에게 깨끗한 의복과 식료품 그리고 현금 지원 등이 가능하다고 하였다. 그리고 이틀 후에 전화로 약 반 트럭에 해당하는 스웨터, 내의, 식료품을 보내겠다고 말했다. 인도인뿐만 아니라 한국에서 사업하고 있는 많은 외국 기업과 몇몇 한국

기업들이 구호의 손을 내미는데 합류하였다. 참으로 아름답고 보람 있는 일이었다.

　이 모든 것이 코리아헤럴드에 속속 기사화 되었으며 수집된 구호품들은 큰 트럭 세 대에 실려 크리스마스 이브인 12월 24일 오후 5시경 의정부의 여자 맹인 수용소로 향했다. 거기에는 김용국 편집국장도 동행했다. 실내에서 짧은 행사를 하면서 오늘의 크리스마스 이브가 지금까지 경험했던 어떤 이브보다 더 의미 있고 보람된 순간이라는 것을 느꼈다. 그 수용소의 찝찔한 냄새가 향긋한 냄새로 변하는 순간이기도 했다.

　그 당시는 외국에서 우리를 도와주는 원조 단체들이 많이 들어와 있었고 그 대표들은 외국인이거나 본부가 홀트아동복지회 처럼 외국에 있기 때문에 영자지인 코리아헤럴드와 긴밀한 관계를 유지하고 있었다. 나는 이들과 좋은 관계를 형성하여 인간미 넘치는 따뜻한 기사를 계속 개발할 수 있었다.

　그 당시에는 외국 기관들이 한국의 불우한 사람들을 돕기 위해 한국에 왔으나 이제 우리도 외국에 나가서 불우한 이웃을 돕고 있다는 사실이 우리 가슴을 뿌듯하게 만들고 있다. 회사 동료들과 타사 동료 기자들은 나의 기사로 인해 5명의 환자가 미국에서 치료 받았고 맹인 수용소에서 의미 있는 크리스마스 이브를 보낸 사실을 알고 '김 기자는 이제 천당 문이 활짝 열려 있으니 다음에는 나에게도 기회를 좀 주시오'라고 농담을 건넸다. 영자지에 근무하기 때문에 얻은 보람이었다.

괌의 특급 관광 전도사 미스 괌 출신의
필라 라구아나(Pilar Laguana)

태평양 괌 PR을 18년 간 우리에게 맡겨준
가족이자 친구인 필라

1987년 올림픽이 열리기 1년 전, 강남 삼원가든 식당에서 남태평양의 작은 섬 괌에서 온 갓 30대의 늘씬한 미녀 필라 라구아나(Pilar Laguana)와 점심식사를 위해 마주 앉았다. 그는 괌정부관광청 마케팅 부장이었다. 그녀는 '우리 괌은 미국령이며 남태평양에 위치해 있는 아름다운 휴양섬이다. 거제도만한 섬인데 자연을 훼손시키는 굴뚝 산업이 아예 없으니 최고의 관광지다. 한국인들을 괌으로 유치하고 싶어서 당신과 이렇게 만나게 되었다'고 말했다. 이를 계기로 필자는 괌과 인연을 맺게 되었다. 그때까지만 해도 괌을 방문하는 약 80%의 해외 관광객이 일본인들이었다. 투자와 상권이 일본인 중심이었으나 새로운 관광지의 출현으로 일본인들이 서서히 다른 관광지로 옮기는 중이었다. 이런 연유로 괌정부관광청은 일본인을 대체할 타겟으로 한국 관광객을 점찍고 필라 부장이 직접 한국을 방문하였던 것이다.

필라 부장은 자신의 방한 목적을 설명하면서 필자의 회사가 괌 관광을 한국에서 데스티네이션 마케팅(DM)할 PR 회사를 선정하는 입찰에 참여해줄 것을 공식으로 요청하였다. 입찰 프로세스에 대해서도 자세히 설명

필라 라구아나 (출처 : Travel Press)

해주었다. 제안서만 제출하고 직접 프레젠테이션 없이 전문가들이 제안서를 평가하여 괌 의회 안에 설치된 관광분과위원회에서 최종 결정을 한다고 했다. 괌은 관광이 제1산업이기 때문에 괌 의회에서 가장 역점을 두고 있는 분야가 관광이라고 강조하면서 선정되는 PR 회사는 상원위원들과 긴밀히 협력하게 될 것이라고 하였다.

  필자는 필라 부장을 처음 만난 순간부터 같이 일해보고 싶다는 감정이 솟아 오르는 것을 느꼈다. 남태평양이라는 낭만적인 지역이 풍기는 매력에 끌리고 마이크로네시아의 피가 흐르는 그녀의 매력에 끌렸는지도 모를 일이었다. 최선을 다해 제안서를 만들고 남태평양의 관광자원에 대해 잘 알고 있는 전문가의 자문도 받았다. 우리 회사의 핵심인력을 동원하여 제안서를 만들어 제출하고 필자의 회사가 선정되도록 해달라고 하나님께 기도도 드렸다.

  약 2주 후 어느 날 오후 늦게 필라 부장이 직접 전화를 걸어왔다. 전화를 받는 순간 이상한 예감이 들었다. '당첨되었구나' 하는 생각이었다. 역시 '미스터 김, 이제 당신은 우리 가족이 되었어요.'라는 답변이 들어왔다. 이렇게 18년을 괌 관광청을 위해 일하게 되었고 필라 부장은 형제자매라는 생각까지 들 정도로 친밀감을 느끼면서 일하게 되었다.

  오늘날 괌이 신혼여행과 가족여행의 낙원으로 자리매김하게 된 이면에는 필자와 필라 부장간의 가족 같은 친밀감이 크게 작용하였다. 두

명을 적극 지원한 또 한 사람은 괌 관광청장이었던 조이 세페다(Joey Cepeda)였다. 괌에서 가장 많은 성씨가 '세페다'이다. 그간 많은 주지사가 세페다 가문에서 나오기도 했다. 세페다 청장은 미8군 장교로 서울에서 근무한 이력이 있어 한국을 너무나도 잘 알고 있었고, 막걸리를 정말 좋아하였다. 필자와는 북한산 등산도 같이 하면서 등산 후 빈대떡과 막걸리로 피로를 풀곤 했다. 필라 부장은 세페다 청장을 거의 친 오빠라고 생각할 정도로 인간적으로 가까워 필자가 18년 간이나 한 고객을 위해 일할 수 있게 된 것도 필라-세페다-필자 사이의 이 원활한 트리오 관계 때문이었다. 괌은 미국령이었지만 동양적인 인간적 유대관계가 비즈니스에도 크게 영향을 미쳤다.

  필라 부장은 일본에 있는 한 광고회사에서 일한 경험을 바탕으로 관광 진흥을 체계적이고 전략적인 프로그램으로 진행하려는 노력을 쏟아부었다. 이것이 필자가 추구해온 PR 업무 추진 방향과 맞아 떨어져 필자의 회사가 제안하는 창의적이고 도전적인 프로그램은 거의 본사의 승인을 받게 되어 직원들도 자주 '정말 일할 맛이 난다'고 했다. 적극적인 DM 프로그램에 힘입어 괌을 방문하는 한국 방문객이 꾸준히 늘고 있었지만 필자는 좀 더 획기적인 전략을 구상하고 있었고, 이것은 괌정부관광청이 많은 돈을 투자해야만 하는 프로젝트였다. 대형 프로젝트는 괌 상원 관광분과 위원회의 승인이 필수적이었다. 직접 상원위원들을 설득하는 숙제가 기다리고 있었다.

  괌 의회에 가서 상원의원들을 대상으로 직접 프레젠테이션을 한다는 것은 너무 큰 부담이었다. '죽기 아니면 살기'라는 생각으로 프레젠테이션 준비를 하고 괌으로 가는 비행기에 오르게 되었다. 처음 방문히는 남태평양의 자연을 즐길 시간도 없이 공항에서 바로 괌 의회로 향하였다. 약 60명이 의회에 모여 있었고 괌의 주요 TV와 퍼시픽 뉴스 데일리(Pacific Daily News) 일간지 기자도 취재석에 앉아 있었다. 약 30분 간의 PT와 약 30분간의 질문에 대답한 시간을 가진 후 필자는 직감적으로 반응이 좋아지고 있다는 것을 느끼면서 더 자신감을 갖고 그들을 설득하였다. 괌 관광 위원회 위원장이 필자를 과분하게 소개해 주어 성공적인 PT에 도움이 되었다. 오전에 PT가 끝나고 관광청장과 필라 부장 및 실무자와 점심을 한 후 관광청으로 돌아와 차 한잔 하고 있는데 '의회가 미스터 김의 PT에 감동을 받아 모든 PPL 프로그램을 승인하였으며 이후 필요한 추가 예산도 지원하기로 하였다'는 즐거운 소식을 듣게 되었다.

18년 동안 괌을 위해 DM PR을 하면서 약 100번 이상 괌을 방문하였으며 필라 부장과는 개인적인 얘기도 같이 나누고 고민도 같이 털어놓기도 하였다. 필라 부장은 개인적인 얘기도 서슴지 않고 해 주었다. 필라 부장의 아버지는 괌 원주민인 차모르족, 어머니는 독일 사람이었다. 2차 세계대전 때 아버지가 독일에서 미군으로 군대 생활을 하던 중 어머니를 만나 결혼하게 되어 필라 부장을 낳게 되었다. 통상적으로 혼혈에서 미인이 많이 나온다고 했는데 필라 부장은 출중한 미인이었다. 남태평양 차모르족의 원시적인 활력과 독일인의 지적 매력을 합성하였다는 생각이 나게 했다. 필라 부장은 키가 180cm 정도 되는데, 미스 괌(Miss Guam)에 선발되기도 하여 괌에서는 유명 인사였다. 관광으로 먹고 산다고 하는 괌에서 그 관광 진흥을 총책임 지고 있는 필라 부장은 괌에서는 그야말로 스타였다.

하와이에서 관광 관련 세계 대회가 있어 필자도 참석하게 되었다. 필라 부장도 회의 참석을 위해 괌에서 하와이를 찾았다. 호텔에 체크인 한 후 차 한잔 마시고 있는데 필라 부장이 필자의 방으로 전화하면서 '미스터 김, 내 방으로 내려와서 우리 딸과 인사해요.'라고 얘기했다. 필자의 입장에서는 황당한 상황이었다. 필라 부장에게 딸이 있다는 사실을 전혀 모르고 있었기 때문이다.

월급의 전부를 딸에게 투자

 필라 부장은 자신한테 남편은 필요하지 않다고 생각하고 살았다. 하지만 자식을 갖고 싶어서 미국에 있는 정자 은행에 부탁하여 딸이 태어나게 되었다고 했다. 주위에 있는 많은 동료들은 필라 부장의 용기 있는 행동을 축하해주는 분위기였다. 딸에 대한 정성은 정말 대단했다. 월급의 전부를 딸에게 투자하고 있다고 할 정도로 괌에서 제공할 수 있는 최고의 혜택을 딸에게 투자하였다. 어느 때는 미국 대학교를 다니다가 영국 옥스포드 교환학생으로 간 적이 있었다. 괌에서 한국행 비행기를 타고 와서 김포공항에서 필자와 코리아 투어리즘 뉴스잡지의 최광종 발행인과 같이 아침을 먹고 영국 런던으로 떠나서 딸과 같이 3일 지내다가 다시 업무를 위해 복귀 한다고 했다. 필라 부장의 딸은 지금 미국 구글에 다니면서 미국인과 결혼하여 텍사스에서 행복하게 산다고 전해 들었다.

 필라 부장은 한국 여행업계의 지도자급 인사들과 가까이 지냈고 그들과 개인적인 교분을 늘려 괌을 방문하는 한국 관광객이 점점 늘고, 괌에서 관광청장들이 몇 명 바뀌고 나니 필라 부장을 향해 관광 청장이 되라는 압력이 있었다. 상원의원 출마도 권했으나 그대로 매니저(부장)로 있겠다고 했다. 그 이유는 청장(General Manager)이 되면, 주지사가 바뀌어 청장도 따라 바뀌어 임기가 짧기 때문이라고 했다. 필라 부장은 '나는 세계적인 관광업계 친구들을 사귀면서 오래 일을 하고 싶다'고 했다. 그래서 PATA 등 세계 주요 관광조직에서 활발하게 활동하였다. 한국에 와서 기자들과 인터뷰도 하고 TV에 직접 출연하여 괌을 널리 알렸다. TV 출연시 괌의 무용단이 정열적인 남태평양의 춤을 보여주어 TV PD들이 괌 무용단을 선호하게 되었다.

괌에 이민을 가는 한국 사람들의 숫자가 늘어나고 여행 업계에 종사 하는 사람들의 사업도 커지면서 주요 한국인들이 괌 관광청의 한국관광위원회(Korea Marketing Committee)의 위원이 되어 목소리가 커지기 시작했다. 그들이 괌 한국관광위원회의 새로운 위원이 되고 난 후 전반적인 분위기가 많이 달라졌다. 공과 사를 확실히 분리하던 이전과는 달리 사적인 감정도 불거지고 개인적인 목소리도 키워보겠다는 제스처가 여러 곳에서 나타나게 되었다. 예를 들면 필자의 승용차를 김포공항에 직접 보내 달라든지 저녁식사와 그 이후 프로그램에 대해 특별 부탁을 하는 경우도 있어 필자의 회사 직원들이 '옛날 같지 않다'고 불평을 늘어 놓기도 하였다. 필자는 이제 웃으면서 결별할 시점이라는 생각을 직감적으로 하게 되었다.

결론적으로 필자는 18년 만에 마침표를 찍게 되었는데 마무리 작업을 하는 괌정부관광청의 진지하고 전문적인 노력을 보고 다시 한번 감동하였다. 그 때 필라 부장이 직접 내한해서 여행업계와 자리를 마련하여 괌 주지사의 표창장과 명예대사 임명장을 필자에게 직접 전달하고 수고한 직원들도 격려해 주었다. 물러나는 사람을 섭섭하지 않게 해서 영원한 괌의 친구로 만드는 그들에게 고마움을 느꼈다. 그 이후 필라 부장은 청장이 되어 괌 관광청의 새로운 역사를 쓰면서 괌의 국제적인 관광 위상도 높이고 전문성도 제고하였다. 지금은 은퇴해서 티니안(Tinian)이라는 섬에서 살고 있다.

　그녀는 스킨스쿠버의 달인이며, 주말이면 빼놓지 않고 스킨스쿠버를 즐긴다. '목요일부터 바다 냄새가 나는 바람이 나를 초청하는 냄새를 맡는다'라고 할 정도로 스킨스쿠버에 빠져 있다. 그의 머릿속에는 일, 스킨스쿠버, 딸 이 3가지와 괌 관광 진흥으로 머리가 가득한 것 같다는 생각을 자주 하였다.

　그의 어머니는 아직도 딸의 도움을 받지 않고 '베드 앤드 브렉퍼스트(Bed and Breakfast)'를 운영하면서 관광객을 맞이하고 있다. 한국 김치를 너무나 좋아해서 필자가 가끔씩 김치를 공수하곤 했다. 아직도 필자는 괌을 제2의 고향이라 생각하고 있으며 그 고향에는 필라라는 가족이 살고 있다고 생각하고 있다.

코란을 못마땅히 여긴 지아 얼 학
(Zia ul Haq) 파키스탄 대통령과의 만남

인터뷰 기자의 가족 이름까지도
줄줄 외우던 지아 대통령

　미국 PR의 아버지라 불리고 세계적인 정신분석학자 프로이트의 조카인 에드워드 버네이즈(Edward Bernays)가 독일의 독재자 히틀러의 전쟁 선전 작업을 총괄해달라는 요청을 거절한 바 있다. 버네이즈는 26세 때인 1918년 제 1차 세계대전 당시 미국 전쟁 홍보조직이었던 크릴위원회의 멤버가 되어 미국 정부를 지원하였다. 필자는 가끔씩 그 당시 마케팅과 PR의 천재였던 버네이즈가 히틀러의 PR 자문이 되어 그의 천재적인 선전기법을 이용한 성공적인 마케팅 사례처럼 히틀러의 정치적 야심을 실현시키는데 힘을 합쳤다면 그 결과는 어떠하였을까를 상상해 본다. 이러한 상상은 필자가 파키스탄 정부 초청을 받아 지아 얼 학 대통령을 단독 인터뷰하면서 그의 간절한 소원 하나가 경제를 부흥시켜 국민들의 삶의 수준을 높이는 것이었는데 그 소원을 해결해줄 사람을 버네이즈라고 생각했기 때문이다.

　특히 파키스탄의 지아 전 대통령을 단독 인터뷰하기 위해 파키스탄 항공을 타고 K2(케이투) 등 세계 최고의 히말라야 지붕들이 바로 눈 아래 전개되는 장면을 감상하면서 내일이면 만나서 1시간의 단독 인터뷰를 할

지아 얼 학 대통령과의 만남

쿠데타의 주인공 지아 대통령을 머리에 그려보고 있었다. 쿠데타에 성공한 지아 대통령은 히틀러 같은 독재자일지, 아니면 파키스탄을 산업화시키기 위한 일념으로 쿠데타를 일으켰을지 생각이 복잡했다.

인터뷰가 시작되자 첫 마디부터 강력한 메시지를 던졌다. '김 기자, 나의 현재 최대의 관심사는 경제를 부흥시키는 것이다. 그런데 이슬람 율법이 큰 장애 요인이다. 일반 국민들이 은행에 저축을 해야 이것이 투자로 연결되어 경제 부흥을 위한 초석이 된다. 그러나 이자를 받지 말라는 코란의 율법 때문에 저축이 이루어지지 않아 큰 어려움이 있다'고 그의 고민을 털어 놓았다. 그 말을 들은 필자는 국민들이 큰 거부감 없이 인식을 바꿀 수 있는 체계적인 프로그램을 개발해 보면 좋겠다는 조언도 하면서 지아 대통령과 상당히 깊은 대화를 나눌 수 있었다. 지아 대통령의 진지한 얘기를 들으면서 만약에 에드워드 버네이즈가 지아 대통령의 정책 고문이라면 그는 지아 대통령의 소원을 이룰 수 있게 국민의 인식을 바꿀 수 있는 전략을 제시했을 것이고 그 전략은 성공적으로 실행되어 파키스탄이 세계 경제강국 반열에 오를 수 있게 되었을 것이라는 생각을 해보기도 하였다.

지아 대통령은 기자를 편안하게 만드는 뛰어난 재주가 있었다. 단독 인터뷰를 위해 수도 이슬라마바드 대통령궁에 도착 후 곧 접견 장소로 들어갔다. '대통령 각하, 처음 뵙겠습니다.' 인사를 마치자 지아 대통령은 어찌된 일인지 곧바로 필자의 인적사항을 줄줄이 이야기했다. '왜 부인과 함께 오지 않았느냐?', 아이들이 둘이라고 하는데 나이 차이는 얼마냐?'와 같이 말이다. 게다가 아이들 이름까지 부르면서 기자인 필자를 감동시켰다. 물론 보좌관을 통해 얻은 정보겠지만 배석자 하나 없이 단 둘이 만나는 자리였는데 백년지기가 따로 없었다. 어안이 벙벙했지만 어쨌든 필자에 대한 대통령의 지대한 관심에 좋은 인상을 받았다.

지아 대통령은 인터뷰 중 군인으로서 한국의 박정희 대통령처럼 경제발전과 민주화를 동시에 이루기 위해 혁명을 일으켰다고 강조했다. 그리고 파키스탄의 미래에 대한 청사진을 제시하면서 그간 한국을 배우기 위해 정부내의 여러 부처가 많은 노력을 하고 있다고 설명했다. 한 달 후 한국을 방문하게 될 것이라는 소식도 전해주었다.

지아 대통령은 인터뷰 중 넓은 1인용 소파에서 일어나더니 내가 앉아 있는 3인용 소파로 건너와 나란히 앉았다. 그리고는 한국과 파키스탄 간의 경제 협력과 같은 중요한 얘기를 할 때마다 필자의 손을 꼭 잡는 것이 아닌가. 약 한 시간 30분 동안 아주 친근한 인터뷰에 응한 지아 대통령의 다정한 배려에 몸둘 바를 몰랐다. 누구도 지아 대통령의 그 모습 속에서 부토 전 대통령을 처형한 혁명가로서의 면모를 느끼지 못했을 것이

다. 그 때 파키스탄 공보실의
사진 담당 직원이 필자가 대
통령과 만나는 모습을 촬영한
필름 한 통을 통째로 주었다.
기념 사진으로 현상된 사진을
제공하는 것보다 이렇게 보도
용 사진으로 용도에 맞게 확

파키스탄 항공에서 내려다본 K2정상

대, 축소해서 사진을 뽑을 수 있도록 필름을 통째로 주는 것도 좋은 아이디어 같았다.

  당시 지아 대통령은 파키스탄의 강력한 지도자였다. 그는 어떻게 경제를 부흥시킬 것인가 고심하고 있었다. 지아 대통령은 인간적인 따뜻한 마음으로 상대방을 '내 사람'으로 만드는 것이 PR의 기본임을 보여주었다. 지아 대통령에게는 사람을 움직이는 단순한 기술이 아니라 인간에 대한 기본적인 이해에서 비롯되는 따뜻한 마음이 있었다.

  지아 대통령과 버네이즈에 관한 상상은 귀국길 비행기 안에서도 계속되었다. 에드워드 버네이즈가 지아 대통령 옆에 있어 국민들의 인식을 바꾸고 국민들에게 지아 대통령의 진정성을 알릴 수 있으면 지아 대통령이 두 마리 토끼를 잡겠다는 꿈을 실현하는데 크게 기여하였을 것이라는 생각을 하면서 상념에 젖어 있었다.

  인터뷰 약 1개월 뒤 지아 대통령이 한국을 방문해서 신라호텔에 머물 때였다. 일을 끝내고 밤 11시 반 경 집에 도착했더니 아내가 파키스탄 대사관에서 전화가 왔었다는 소식을 전하였다. 약 15~20분 안에 신라호텔에 오면 지아 대통령을 만날 수 있다는 내용이었다. 아내는 나를 백방으로 찾았으나 그 때는 지금처럼 휴대폰이 없었고, 또 호출기도 많던 시절이 아니었다. 집에 도착하자마자 호텔로 전화를 하니 주한 파키스탄 카말 대사가 다음날 아침 일찍부터 스케줄이 있어 대통령께서 잠이 들었다는 소식을 전해주었다.

 단독 인터뷰 중 한국 방문 때 만나자고 하였지만 필자는 그 말을 그냥 지나가는 얘기로 여겼지 실제 만날 수 있으리라고는 생각하지 않았기에 집까지 전화를 걸어준 데 감동하지 않을 수가 없었다. 그 일이 있은 후 나는 카말 대사와 자주 만나 한국과 파키스탄의 관계 증진 방안에 대해 많은 조언을 아끼지 않았고, 파키스탄의 장관, 국회의원, 사업가 등이 방한할 때마다 관저에 초청되어 그들과의 관계를 증진시키기도 했다. 지아 대통령에게는 사람을 움직이는 기술이 아니라 인간에 대한 기본적인 이해에서 비롯되는 따뜻한 마음이 있었다. 바로 그것이 PR인이 가져야 할 최고의 자질이며 덕목이라고 생각한다.

미국PR협회(PRSA)의 APR 인증 자격증에 도전하다

재수 끝에 따낸 미국 APR 인증 자격증은 그 이상의 가치를 주었다

나이 들면 욕심을 내지 말라고 했다. 그러나 PR 업계에 몸 담으면서 꼭 하나 욕심 나는 게 있었는데 미국PR협회(Public Relations Society of America)의 APR(Accredited in Public Relations) 인증서였다. APR은 PR 실무 면에서는 박사 학위와 유사한 수준이라고 미국PR협회가 인정하는 것이다.

오랫동안 미국PR협회의 회원으로 PR 관련 자료를 받아오면서 한국 PR 산업이 발달하기 위해서는 미국PR협회의 전문성을 배워야 한다고 생각했고, 그것을 배울 수 있는 가장 빠른 길은 APR 인증을 획득하는 것이라는 생각이 들었다. 그러나 미국 현지에서 시험이 하루 종일 치러지는 데다 문제 수준도 아주 높고 영어로 다 답해야 합격한다고 하니 겁부터 났다. 그러나 '서강대에서 영어영문학을 전공했고 또 세계 최대의 PR 회사인 힐 앤 놀턴의 전문가들과 10년 이상 같이 일했는데 나 같은 사람이 합격하지 않으면 도대체 누가 합격한단 말인가'라는 자신감을 갖고 용감하게 첫 시험에 대비하였다.

1997년 3월 뉴욕에서 치러지는 시험을 준비하기 위해 약 2개월 전부터 준비에 들어갔다. 그러나 시험 준비에 꼭 필요한 책인 『Accreditation Sourcebook』과 『PRSA Accreditation Study Guide』 두 권을 구입해 놓고는 열심히 공부에 몰두하기 보다는 막연히 합격하리라는 자만심에 차 있었다. 게다가 필자의 회사 일은 경쟁 프레젠테이션이 많아 제대로 준비할 시간도 없어 부실한 상태로 미국에 갔다. 필기 시험 하루 전날에 3명의 미국인 심사위원이 약 두 시간 동안 구두 시험을 실시했다. PR의 다양한 케이스를 얘기하면서 관련 질문을 했고 단답형 질문과 PR 현장에서 느낀 다양한 경험담을 털어놓게 유도하였다. 특히 윤리와 관련된 다양한 질문을 받고서 미국 PR협회가 윤리 문제를 아주 중요하게 여기고 있다는 사실을 알게 되었다. 두 시간 동안의 구두시험을 자신 있게 치르고, 오랜만에 미국에 있는 처형과 처남 가족들을 만나기 위해 같이 온 아내에게도 자신만만한 모습을 보여주었다. 그리고 다음날은 오전 9시부터 오후 5시까지 여러 가지 필기 시험을 치렀다. 앞에서 언급한 두 권의 책을 샅샅이 훑어보지 않고서는 대답할 수 없는 문제들이 상당히 많았고, 특히 윤리와 관련된 문제는 전체 필기 시험 문제의 약 30퍼센트를 차지했던 것으로 기억한다.

  3월에 시험을 치르고 7월 중순에 시험 결과가 도착하기로 돼 있었다. APR 인증을 얻게 되면 집으로 결과를 통보하는 우편물의 이름 뒤에 APR이라는 표시가 있을 것이고, 불합격하면 APR이 없을 것이라는 사실을 사전에 알려 주었기 때문에 7월 중순부터 우편물 오기를 학수고대했다.

  어느 더운 여름날 친구들과 어울려 술 한잔을 하고 늦게 귀가하였는데 아내가 미국PR협회에서 온 봉투 하나를 내밀었다. 봉투에는 Mr. Kim

Kyong-Hae 뒤에 APR이라는 단어가 없었다. 사무 착오겠지 하면서 봉투를 열어보았다. 하지만 결과는 합격선에 이르지 못했다. 한참 흥분된 마음을 가누지 못하다가, 자만심에 가득 차 제대로 공부하지 않은 결과라고 생각하고 1년 후를 기약할 수밖에 없었다. 단, 구두 시험은 합격했으니 다음에는 필기 시험만 합격하면 된다는 내용이 있었다. 1년 후 재도전을 기약하면서 철저히 대비해야겠다고 결심하고 준비에 들어갔다.

재수하여 APR 인증서 취득

1997년 8월부터 1998년 3월까지 약 6개월 간 두 책을 거의 완벽하게 마스터하고 필기 시험 중 오후 시간에 치르는 논문식 사례 분석(case study)도 철저하게 준비한 후 시험을 치렀다. 1998년부터는 시험을 한국에서도 치를 수 있게 되었기 때문에 아주 편리하고 시간도 절약할 수 있었다.

1998년 시험에서도 역시 윤리와 관련된 문제가 많았고, 오후에 치르는 PR사례 관련 응용 문제는 더 복합적이고 광범위했다. 1998년 7월 드디어 한국에서 세 번째로 APR 인증을 얻었다. APR 인증을 획득한 그 날, 쉰 살이 넘은 나이에 새벽 2~3에 일어나 시험공부를 해야 했던 부담이 일순에 사라져 몸이 날아갈 듯이 가벼워졌다. APR 인증을 가지고 한국 PR 업계 발전에 더 큰 기여를 하리라 다짐했다.

처음 미국에서 APR에 도전했을 때 옆에서 같이 시험을 본 서른여덟 살의 미국인 친구는 컴퓨터 회사의 PR 부서에서 근무하는 부장이었는데 APR 인증을 획득하면 회사에서 30퍼센트 급료를 인상해주며 부장에서 이사로 승진 시켜주겠다는 약속 때문에 시험을 치른다고 말했다. 현재 국

왼쪽부터 APR 삼총사 신호창 교수, 필자, 김장렬 교수

내에는 약 10명의 APR 자격소유자가 있고 서강대학교 신호창 교수와 미국대학 콜로라도 주립대학 김장렬 교수는 Ph.D. 뒤에 꼭 APR이라고 명함에 넣고 다녔다. 그만큼 APR 자격증을 자랑스럽게 여기고 있다는 증거다.

현재 국내에서 PR업을 지망하거나, PR업에 종사하는 후배들에게 APR에 도전해 보라고 권하고 싶다. 우리의 PR 산업도 이제 하나의 전문 산업으로 정착되어가고 있다. 따라서 전문성과 윤리성이 제고되어야 할 필요가 있고, APR 인증을 받는 젊은 인재들이 더 많이 배출될수록 PR 산업이 한 단계 더 발전하여 최고 인기 있는 분야가 될 것이다.

다행스럽게도 그 후 한국PR협회도 APR과 유사한 K-APR 제도를 도입하여 700여 명이 시험에 합격했다고 한다. 이들이 한국 PR 산업의 미래를 짊어지고 앞장서서 PR의 전문성과 윤리성을 제고할 때 한국 PR 산업의 미래는 밝을 것이다.

미국PR협회가 운영하는 APR 인증서는 지속적으로 회원의 자격관리를 한다. 자격관리 위원회(Universal Accreditation Board)는 APR 인증서를 받은 회원들을 지속적으로 관리하기 위해 기준을 만들어서 APR 인증서 소지자들이 직접 PR과 연관된 활동을 통해 정해진 기준치의 포인트를 획득하여 자격 갱신 신청을 하게 한다. 미국PR협회의 인증관리 위원회는 3년마다 15 CEU(Continuing Education Unit) 포인트를 획득하고 증거자료 등을 제출한 후 소정의 비용을 지불해야만 자격증을 갱신 시켜준다. CEU 포인트는 인증관리 위원회가 인증한 범위와 활동에 따라서 포인트를 인정하도록 세분화되어 있다. 세미나 등 온라인 코스를 듣는 경우에는 0.5~1.5포인트, 대학교 또는 전문대학 강연(1.5~6포인트, 전문강연 3~9포인트), APR 준비과정 코스 강연 등 2포인트, 리뉴얼 기간동안 PR 관련 저서 발간 15포인트, 개인 저서 발간 7.5포인트 그리고 피어(peer) 리뷰, 전문가 기고 등 1~5포인트, 협회 등 활동 1~5포인트 등 여러 기준들이 있다. 한국PR협회도 이러한 미국PR협회의 APR 인증서 갱신 시스템 도입을 검토할 필요가 있다고 생각한다. 이 제도 도입을 통해서 K-APR 자격증 소지자들의 전문성이 높아지면 그들이 다니는 직장에서도 더 높이 평가 받을 수 있을 것이고 PR의 위상도 높아질 것이다.

3장

전략적 사고로 위기관리

가장 평범한 곳에서
위기관리의 보석을 찾다

위기관리는 상식에서 출발, 사전예방이 최선책!

　위기관리의 성공적인 외국 사례 찾기에 한창 몰두하고 있을 때 우연한 기회에 베벌리 실버버그(Beverly R. Silverberg 1933 - 2022) 교수가 만든 위기관리 시나리오를 접하게 되었다. 거기에는 교황, 미국 대통령, 킹 목사와 뉴욕타임즈 기자가 등장하고 있어 큰 흥미를 갖고 들여다 보았다. 처음에는 너무나 평범한 이야기라서 큰 감명을 받지 못하고 스쳐 지나갈 정도였다. 그 후 위기관리와 관련한 국내 상황이 더욱 더 심각해져 가고 있어 외국의 좋은 사례들을 많이 접하면서 실버버그 교수가 다시 머리에 떠올랐다.

　실버버그 교수는 위기관리에 정통하지 못한 많은 사람들에게 쉽게 위기관리를 이해시키기 위해 하나의 시나리오를 만들었다. 위기관리 시나리오를 요약하면 다음과 같다.

　국제평화를 위한 특급 미션을 위해 5명이 항공기에 탑승한다. 그들은 교황, 미국 대통령, 뉴욕타임즈 기자, 킹 목사 그리고 기장이다. 이륙 1시간 후 항공기 결함으로 '낙하산을 메고 뛰어 내려야' 한다는 기장의 안내방송이 나온다. 하지만, 구비된 낙하산은 4개뿐! 교황은 세계 종교의 정

신적 리더이기에 낙하산 메고 탈출, 미국 대통령은 전 세계 안보를 위해 낙하산 메고 탈출한다. 기자는 교황과 미국 대통령이 낙하산을 메고 뛰어내리는 모습을 촬영하여 세기적인 특종(scoop)을 취재하기 위해 낙하산을 메고 뛰어내린다. 낙하산은 하나밖에 남지 않았다고 생각한 킹 목사는 '나는 이제 죽어도 천당이 보장되어 있다'며 기장에게 나머지 한 개를 타고 뛰어 내리라고 부탁한다. 기장은 '기자는 특종에 대한 생각만 가득 찬 상태로 서두르다 낙하산이 아닌 제 가방을 가지고 낙하산으로 알고 뛰어 내렸기 때문에 아직 낙하산은 두 개가 있습니다'.

  세계 최고의 위기관리 전문가 실버버그는 이에 아주 평범한 위기관리 교훈을 남겼다. 바로 5명이 비행기를 탑승할 때는 '낙하산을 5개 준비'하라는 것이다. 이 간단한 일을 우리 기업, 국가, 단체가 놓치고 있기 때문에 계속해서 위기가 반복되고 있는 것이다. 기본이 잘 갖추어진 사회가 5개의 낙하산을 준비하여 위기를 줄일 수 있다.

필자는 위기관리 관련 기업 강의 후 여러 곳에서 다양한 피드백을 받곤 한다. 실무자보다는 고위층 임원들로부터 적극적인 피드백을 받게 된다. 실제 기업 내부에서 5개의 낙하산을 준비하기 위한 노력을 해서 사전(proactive)에 위기에 대응하는 전략을 수립하여 위기 시 피해를 완화(mitigation)하는데 크게 도움이 되었다는 피드백을 받았다. 위기관리의 보석은 멀리 있지 않고 바로 내 옆에 있는 것이다.

정치인의
위기관리 십계명

*정치인의 '이미지 관리(Imagement)'를
위한 금쪽 같은 십계명*

    평소 친하게 지내던 차세대 미래 전략연구원 부원장 유일기 후배로부터 현 종로구 국회의원 최재형 전 감사원장이 주관하고 있는 공부 모임에서 '정치인과 위기관리'에 관해 특강을 해달라는 부탁을 받았다. 오래 전에는 기자 동료였던 맹형규 국회의원(국회의원 이후 행정안전부 장관) 초청으로 정치인과 위기관리에 관해 국회 강당에서 비슷한 주제로 특강을 한번 하였는데, 국회의원 약 30여 명과 50여 명의 보좌관들이 참석하였고, 그 강의 중 한 부분을 YTN의 돌발영상이 과도하게 편집하여 내보내서 좀 난처한 때가 있었다. 우선 사회지도층 인사들이 미래를 준비하면서 공부를 하고 있다는 취지가 마음에 들었고 평소 최재형 의원을 여러 가지 면에서 좋아하고 있어서 즉시 강의 요청을 수락하였다. 그리고 참석자들이 다양한 분야에서 활동하고 있는 분들이라는 얘기를 듣고 열심히 강의 준비에 들어갔다. 새문안교회 뒤 광화문 빌딩에 있는 소강당에서 최재형 의원을 처음 만나 인사를 나누었다. 정말 진지한 자세로 강의를 경청하고 깊이 있는 질문도 하여 서로 깊이 토론도 하였다.

    정치인과 위기관리는 현직 정치인이라면 누구나 관심 있는 주제이다.

한국 정치의 중심지인 여의도 국회의사당

'Imagement(이미지 관리)'라는 말이 있다. 이것은 학자들이 '이미지(image)'와 '매니지먼트(management)' 두 단어를 합성하여 만든 조어이다. 이미지는 관리될 수 있다는 너무나 평범한 이야기지만, 어떻게 전략적으로 관리하느냐는 것이 정치인들에게는 사활이 걸려 있는 문제이기도 하다. 본의 아니게 어떤 이슈에 말려들어 전혀 생각해보지도 못한 파국으로 치닫는 경우가 너무나 많고 최근 다매체 다채널이 등장하면서 이미지 관리가 더욱 더 어려워지고 있다. 필자가 강의한 정치인의 위기관리 강의에는 십계명도 포함되었다.

정치인 위기관리 십계명 ⓒ 김경해

1) 끊임없는 여론 진단(reputation audit)을 실시하고 자신에게 후한 점수를 주려고 노력하지 말라. 당 차원에서는 여론 진단이 실시되고 있으나

개인 차원에서는 많이 이루어지지 않고 있다. 나 자신에 대한 평판을 언론인, 유권자, 시민 단체, 학자 등 다양한 그룹을 통해 객관적으로 진단한다. 본격적인 여론조사가 아닌 '소프트 사운딩(soft-sounding)'을 통한 여론 파악도 권할 만하다.

- 필리핀 막사이사이(Roman Magsaysay: 1953-57년 필리핀 대통령) 상의 운영위원회에서는 객관적인 조사를 실시하여 막사이사이 대통령에 대한 국제적 인지도가 낮다는 사실을 파악하였다. 그 후 막사이사이 상을 '아시아의 노벨상(The Nobel Prize of Asia)'이라고 언론에 언급하니 그때부터 국내외 언론매체들의 취재요청이 늘어나서 인지도가 제고되어 목표를 달성하였다.

2) '이미지(image)'와 '아이덴티티(identity)'의 '갭(gap)'을 줄여라!
- Image(상대방→나)와 Identity(내가→상대방)사이에 어떤 갭(gap)이 발생하고 있는가를 끊임없이 점검하여 gap을 줄이면서 이미지 관리를 실시한다. 록펠러의 이미지는 아이비 리(Ivy Lee)라는 이미지 관리 대가가 담당하여 잔인하게 폭동을 진압한 '노동자들의 적'이라는 이미지에서 그를 '자선하는 기업인' 할아버지로 변신시켰다.

3) 언론을 탓하기 전에 언론의 특성에 정통한 커뮤니케이터가 되라.
- 특히 TV 토론 시에는 Non-Expert Expert(비전문가이면서 전문가인 양 큰소리 치는 토론 참석자들)의 패널들을 특히 조심해야 한다. 그들과 대응할 수 있는 전략을 자문 받아 효과적으로 대응하여야 한다. 특히 환경 관련 Non-Expert Expert는 토론의 분위기를 압도하는 천부적인 재주를

갖고 있다. 그들이 선동적인 메시지만 전달하고 있는 상황에서 장황하게 서론, 본론, 결론 식으로 대응하는 것은 백전백패의 결과를 초래한다.

4) 인용(quotation) 관리 잘못하면 위기에 봉착!
- 서구의 유명언론들은 '.....was (were).....' said Mr. Lee와 같이 정확한 인용을 해준다. 인용부호 내에 괄호가 들어가는 것에 유의해야 한다. 인터뷰에 응한 상대방이 'was'라고 얘기하였지만 문법적으로 'were'가 맞는 단어라고 괄호 안에 표시하며 문법적으로 틀린 말까지도 그대로 정확히 인용 부호 안에 넣어 준다. 하지만 한국의 언론은 인용이 그만큼 정확하지 않기에 철저한 관리가 필요하다. 해결책으로는, 인터뷰 후 문제의 소지가 있는 발언에 대해 정확한 인용문을 참고 자료로 배포한다. 오해의 소지가 있을 내용에 대해서는 사전에 미리 준비해서 참석자들에게 배포한다. TV 인터뷰 시에는 미리 적어둔 발언을 정확히 읽어 오해의 소지를 미리 차단한다.

5) 자신을 마케팅 하는 키워드(keyword)를 개발하라.
- 노태우 전 대통령의 '보통 사람'은 그 시대상황을 볼 때 좋은 키워드였다고 평가된다.

6) 정치에 MPR기법을 도입하면 당신도 정치CEO가 될 수 있다.
- 기자는 항상 뉴스 가치(news value)를 따진다. 기자들에게 나이키 신발에 관해 기사를 써달라고 요청하였을 때 그것은 광고거리지, 기사거리는 아니라고 한다. 사실이다. 그러나 마이클 조던이 나이키 신발을 신고 시합

에 나가면 그것은 기자들이 기사를 쓸 수 있는 좋은 거리가 된다. 이것을 PR에서는 '관심 차용기법borrow interest)'라고 말한다. 기자들이 자연스럽게 기사를 쓸 수밖에 없는 화제성 있는 내용은 자연스럽게 언급하면서 자신의 소신을 밝히면 가장 적은 비용으로 자신을 마케팅 할 수 있다는 것을 보여주는 사례다. '나' 자신의 가치를 더 높일 수 있는 그 무엇을 꾸준히 찾아보아야 한다.

7) 지지층(공중)에 따라 각각 다른 핵심 메시지(key message)를 개발하라.

- 유권자를 인구통계학(demographic)에 따라서 분류해야 한다. 예를 들어 20대, 여성, 대학졸업 등 구분하는 차원을 넘어서 사이코그래픽스(psychographics), 예를 들어 20대, 여성, 대학 졸업자들 중 보수인가 진보인가 혹은 비결혼 엔조이 스타일인가, 가족 중심 안정형 스타일인가 까지도 감안해서 구분하는 차원까지 넓혀 세분화 해야 한다. 20대, 여성, 대학 졸업자들이라고 해서 비슷한 투표성향을 보이는 것이 아니고 그들의 취미 생활이나(등산을 좋아하는지, 영화감상을 즐기는지) 삶의 방식까지도 감안할 때 정확한 유권자 분석이 가능하다는 것이다. 이렇게 세분화한 유권자들에게 가장 설득력이 있는 메시지를 던질 때 그들의 지지를 받을 수 있는 것이다. 이런 큰 원칙을 갖고 구체적으로 접근하면 아주 좋은 결과가 있을 것이다.

8) TV 토론시 핵심적인 단어나 어귀(sound bite)를 준비하여 인터뷰를 관리하라

- 어느 국회의원은 30분 간 정성들여 TV 녹화 인터뷰에 응했는데, 화면에 30초로 압축되어 보도되는 것을 보고 크게 실망하였다. 10~20초로 줄어버리는 'sound bite'가 TV의 특성을 잘 말해주고 있다. 이 특성을 잘 안다면 미리 sound bite를 준비하여 인터뷰한 기자도 긴 인터뷰 중에서 'sound bite'를 찾아 내느라 수고할 필요가 없게 된다. 취재 기자나 편집 기자로부터 고맙다고 인사 받을 수도 있다. 30분의 시간을 허비할 필요도 없어진다. 고생은 실컷 하고 얻는 것은 하나도 없게 되는 일은 발생하지 않아야 한다.

9) TV 토론시 상대방의 질문에 단호하게 부인만 하지 말고 부드러운 여유를 보여라

- 정주영 회장 사례 : 기자의 질문에 우선 단적으로 부인하지 않고 부드러운 여유를 보이고 부분적으로 동의하면서 '맞습니다만'이라는 말을 던져놓고 뒤를 수습하는 형식이다. 정주영 현대그룹 회장이 전국경제인연합회 회장 당시 인터뷰 중 기자 한 명이 '회장님은 항상 검소한 생활을 하고 계시는데 자녀 분들은 회장님과 정반대로 너무 사치하고 호화로운 삶을 살고 있다'고 얘기하면서 가십거리를 하나 얻으려고 하였다. 그 질문에 정회장은 '그렇게 보실 수 있겠습니다만, 저는 한국에서 제일 가난한 아버지를 모셨고, 그 놈들은 한국 최고의 재벌 아버지를 모시고 있다'고 얘기했더니 그 기자는 쑥스러운 표정을 지으면서 더 이상 질문을 하지 못하였다. 질문에 대해 단호하게 '아닙니다'고 도전적으로 대응하는 것과 정회장의 여유로운 대응과 비교해 보면 기자들이 쉽게 후자를 선호할 것이라 생각하게 된다. 필자도 기자 시절 정주영 회장을 여러 모임에서 만날 기회가 있었는

데 그 때마다 탁월한 즉석 대응 능력을 과시하고 있어 현장에서 잔뼈가 굵은 한국 최고의 위기관리 전문가라는 생각을 하게 되었다.
- 노무현 전 대통령 사례 : TV토론에서 장인의 좌익 활동에 대한 경쟁자의 질문에 '그러면 아내와 이혼하라는 말입니까?' 이 한 마디의 말로 상대방을 제압하고 여성 유권자의 마음을 움직여 결국 대통령 당선에 큰 힘이 되었다.

10) 발생 가능한 위기 요소에 대해 완화작업을 하라
- 지진이 자주 발생하는 지역에서는 미리 저층 건물을 건축하고 홍수가 많은 지역에는 댐을 미리 건축하여 위기 발생시 피해를 줄이는 것을 완화 작업이라 한다. 이와 같이 본인과 관련되어 발생할 수도 있는 위기 요소를 미리 진단하여 완화 작업을 하면 실제 유사 위기 발생시 큰 도움이 된다.

위의 '십계명'을 하나의 큰 원칙으로 숙지한 후 미세한 디테일을 잘 관리한다면 'Imagement'의 새로운 장을 열수 있을 것이다.

TV 토론시 Non-Expert Expert
(전문가인 척 하는 사람)을 관리하라!

말만 화려한
선무당을 경계하라!

    가끔 환경 문제와 관련된 TV 생방송 토론을 보고 있을 때 우리나라 최고의 전문가는 팩트에 근거해서 어떤 때는 학술적인 통계 수치까지 갖춰 차분히 얘기하지만 그 분야에 진정한 전문가도 아닌 환경 단체 소속 참석자가 몇 마디 자극적인 언어를 동원하여 감성적으로 전문가의 주장을 반박하며 회담 분위기를 압도하는 경우를 종종 보게 된다. 그 결과 토론이 이상한 방향으로 돌아서서 그 분야 최고 전문가가 당황하여 재반박하지만 전체적인 분위기는 벌써 비전문가인 환경 단체 참석자가 주도하게 된다. 더욱이 눈물까지 흘리는 이벤트가 가미되면 그 효과는 극대화된다. 이때 전문가가 아니면서 전문가인체 말하는 비전문가를 칭하는 용어가 하나 생겼다. 'Non-Expert Expert'이다. TV 생방송에서 Non-Expert Expert를 잘 관리하지 못해 폭망한 많은 회사들이 생겨났다. 휴대폰 생산업체 회사인 미국의 모토롤라(Motorola)도 가장 큰 피해를 본 리스트 1순위에 등재되었다.

    1990년대 초에 휴대폰 산업은 고도로 성장했다. 당시만 해도 휴대폰이 일상 생활의 필수품이었기 때문에 신규 가입자가 매일 1만여 명이나 되었다. 1993년 1월 21일 미국 플로리다주에 사는 데이비드 레이날드는 CNN의 인기 쇼 프로그램인 '래리 킹 라이브(Larry King Live)'에 출연해 6개월 전에 골수 암으로 죽은 아내를 생각하며 눈물을 흘리고 있었다. 그는 세계 최고의 TV 앵커였던 래리 킹이 진행하는 생방송을 시청하는 수백만 명의 시청자들에게 그 아내의 죽음은 휴대폰에서 나오는 유해 전자파 때문이라 믿는다고 말했다. 그 내용을 간추려 보면 다음과 같다.

레이날드: 몇 가지 분명한 사실이 있습니다. 두 번째 MRI 촬영에서 집사람의 왼쪽 귀 뒤편에 잘 알 수 없는 혹이 보였습니다.
래리 킹: 부인은 언제 세상을 떠났습니까?
레이날드: 작년 5월 24일입니다.
래리 킹: 부인의 죽음이 휴대폰 때문이라고 생각한 것은 언제부터 입니까?
레이날드: 내가 처음 MRI 촬영 결과를 보고 혹의 부위를 알아낸 때부터입니다. 집사람의 혹 위치가 휴대폰의 안테나 위치와 똑같고 혹은 그 부위에서 안쪽으로 커가고 있었습니다.

텔레비전 쇼 프로그램에서는 죽은 부인이 그 문제에 대해 증언하는 생생한 비디오 테이프도 방영하였다. 많은 시청자들에게 아무런 과학적인 또는 의학적인 자료가 제시되지 않았지만 그 죽어가는 부인의 증언은 그 남편의 주장을 입증시키는 데 큰 역할을 하게 되었다. 시청자들은 부인의 죽음을 당한 그 남자의 슬픈 감정에 말려들어가 버린 것이다. 따라서 레이날드와의 인터뷰 후 소개된 한 전문 과학자의 전문적인 견해는 큰 빛을 보지 못했다. 래리 킹과 예일대학교의 과학자인 엘린노 아넬 박사의 내남 내용을 소개한다.

아델 박사: 지난 9년 동안 휴대폰의 인체에 대한 영향과 관련된 문건이나 여러 가지 의문 사항 등을 면밀히 연구해온 바에 의하면 휴대폰에서 발산되는 전파의 정도로는 인체에 영향을 미치지 않는다는 것입니다.
래리 킹: 그 부인이 피해자일 수 있을까요?
아델 박사: 그렇게 생각하지 않습니다.
래리 킹: 어떤 관련된 문제점을 전혀 찾아내지 못하셨습니까?
아델 박사: 전혀 없습니다. 휴대폰에서 발산되는 전기 출력은 아주 미세합니다. 그래서 인체의 세포에 그럴 만한 피해를 줄 수가 없습니다.
래리 킹: 그럼 그러한 사항이 충분히 검증되었습니까?
아델 박사: 물론 여러 차례 실험을 거쳤지요. 휴대폰을 작동할 때 이용하는 주파수를 수년 간 실험실에서 테스트해 보았습니다.
래리 킹: 안테나의 위치와 혹의 위치 사이에 어떤 상관 관계가 있다고 보십니까?
아델 박사: 그렇게 생각하지 않습니다. 암은 머리 속 많은 곳에서 발생할 수도 있으니까요. 인류는 이 지구상에 정착한 이래 계속 암을 가지고 살아 왔습니다.

대담이 끝나고 시청자들이 전화로 참여하는 순서가 되었다. 한 시청자는 휴대폰을 사용할 때 어지럼증을 느낀다고 호소했고 또 어떤 시청자는 아델 박사의 말에 반론을 제기했다. 그러나 아무런 반증을 제시하지는 못했다. 어떤 시청자는 집안에서 사용하는 무선 전화기도 위험한지 물어봤

세계 최고의 토론장 CNN의 래리 킹 라이브

다. 한편 레이날드는 NEC 아메리카와 휴대폰 운영을 지원하는 휴대폰 운영업체인 GTE 모빌넷(Mobilnet)을 상대로 소송을 제기하여 미국 내 휴대폰 생산업체가 큰 위기에 직면하였다.

모토롤라 측 커뮤니케이션 담당 켄우 부장은 이 사건의 사전 증언을 통해 담당 의사들을 고소한 남편의 부인이 휴대폰을 사용하기 오래 전부터 종양이 있었다고 말한 사실을 밝혀냈다. 결국 이 사건은 법원에서 기각 판결을 받았다. 그러나 이미 휴대폰 이용자들에게 불안감을 주고 휴대폰 업계에 막대한 피해를 끼친 이후였다. 레이날드와 그의 변호사는 분명히 다시 소송을 제기하거나 다른 내용을 가지고 소송할 계획을 가지고 있었다.

켄우 부장은 일차적으로 언론에 문제가 있다는 사실을 상기시켰다. 켄우 부장은 이러한 비전문가들의 발언 내용의 진실성을 기자들이 확인할 충분한 시간이 없었기 때문에 문제가 되었다고 생각했다. 위기가 지속되는 동안 업계와 정부 관계자들 간의 간담회가 마련되었으며, 월 스트리트 분석가·정부 담당자·의회와 일반 대중들이 참석했다.

추후 평가에서 모토롤라가 실시한 기자회견이 지적되었다. 모토롤라는 많은 정보를 갖고 있었고 연구 결과도 확보하고 있었다. 모토롤라는 명석한 두뇌를 가진 저명한 과학자까지도 기자회견에 내세웠지만 언론 대응 요령을 잘 몰라 기자들의 속사포 같은 질문에 잘 대응하지 못했고 기자들이 만족할 만한 답변을 하지 못했다. 그 과학자가 그 문제에 관련된 수천 건의 연구 결과가 있었다고 이야기했지만 기자들은 두세 개의 대표적인 것의 핵심만 내놓으라고 고함쳤다.

Non-Expert Expert들을 초창기에 적절히 대응하지 못한 여파로 주식 가격 폭락, 회사 경영 악화 및 신규 인재 채용 등 다양한 면에서 위기가 발생했다. 이러한 Non-Expert Expert들에게 효과적으로 대응하기 위해서는 기술 전문가, 커뮤니케이션 전문가, 법률 전문가 및 관련 특수 분야 전문 인력으로 테스크포스 팀을 구성하여 최상의 위기 전략을 수립해야 한다. 기업 경영 시 매일매일 Non-Expert Expert들이 개입할 수 있는 요소에 대해서 전문적인 진단(audit)을 해야 하며 모니터링 과정 중 아주 작은 징후(prodrome)라도 발견되면 최고 경영자와 임원들에게 즉각 보고하여 그것들이 위기로 발전하지 못하게 사전에 완화하거나 차단하는 작업을 하는 사전 대응 전략 수립이 최상의 위기관리 전략이다. 소 잃고 외양간 고치는 것은 가장 저급한 수준의 위기관리 전략이다.

추락한 유나이티드 항공의 이미지...
전화위복이 된 사우스웨스트 항공

*위기 시 성공과 실패의 갈림길은
진정성의 여부 : 회피와 진심*

파국(catastrophe)으로 증폭된 유나이티드 항공 위기관리

 민간 항공업계는 사람을 이동시키는 일이 주 업무기에 다양한 위기가 상시적으로 발생한다. 비행 중 사고가 발생하면 치명적인 반면, 지상에서 일어나는 사고는 상대적으로 피해가 크지 않았다. 그러나 최근에는 소셜 미디어의 발달로 하늘에서 일어나는 사건 못지 않게 지상에서도 치명적인 사고들이 많아지고 있다.

 2017년 초 미국 콜로라도의 덴버 공항에서 탑승구 승무원과 두 여자 아이들 간에 문제가 발생했다. 당시 두 여자 아이들은 레깅스를 입고 있었고 항공사 직원들에게 주어지는 무료 탑승권(패스)을 소지하고 있었다. 탑승구 승무원들은 '너무 현란한 옷을 입었다'며 두 여자 아이들의 탑승을 거부하였다. 무료패스를 이용하는 유나이티드 항공사 직원 가족들은 '드레스코드'를 준수해야 하기 때문이라고 그 이유를 설명했다. 이에 대해 두 여자 아이들은 승무원의 제지를 크게 문제 삼지 않고 가방 속에 있는 치마를 꺼내 레깅스 위에 입고 탑승을 하게 되었다.

 그런데 탑승구에서 순식간에 일어난 이 상황을 목격한 한 사람이 있었

유나이티드 항공

다. 그는 '총기 폭력 반대' 활동가 샤논 왓츠(Shannon Watts)라는 사람으로 자신의 트위터에 '유나이티드 항공이 10대들의 레깅스가 항공 여행에 적합하지 않다고 탑승을 거부했다. 어이없는 건 그들의 아버지는 무릎 위 5-7cm 정도 되는 반바지를 입고 있었는데도 문제 삼지 않고 탑승을 허용했다. 그러나 10대 여자 아이들은 레깅스를 입었다는 이유로 탑승이 거절되었다. 이 상황을 보면 결국 10대 여자라서 탑승을 거부 당했다고 밖에 볼 수 없다. 성차별적이고 무례한 행동이다'라며 유나이티드 항공을 비난하는 글을 게시했다.

왓츠 씨의 포스팅은 빠른 시간 안에 소셜 미디어로 전파되었고 큰 파장을 일으켰다. 소셜 미디어 시대 위기관리 제1조는 진정성을 가지고 신속 정확하게 대응하라는 것이다. 하지만 유나이티드 항공사는 '무료 패스를 이용하는 승객들은 드레스코드 규정이 있는데 탑승구에서의 소동은 이 규정을 철저히 준수하라는 단순한 조치'라며 파장을 진정시키려 하였으나 급속히 번지고 있는 소셜 미디어를 잠재울 수 없었다.

유나이티드 항공의 설명에도 불구하고 소셜 미디어에서의 대중 반응은 차가웠다. 일반인은 물론 유명 연예인들 사이에서도 유나이티드 항공의 미온적인 대응에 매우 공격적이고 부정적인 여론이 확산되었다. 이후 유나이티드 항공은 공식 소셜 미디어에서 '사태의 심각성을 인지했으며 조금 더 자세하게 들여다 볼 계획'이라는 내용을 공표했다. 그러면서 추가로 '직원들에게 제공되는 무료 패스를 사용하는 사람들도 역시 회사를 간접적으로 대표하기 때문에 찢어진 청바지, 레깅스, 슬리퍼, 노출이 심한 옷은 입지 말라는 규정이 있다'고 설명했다. 또한 '우리 유나이티드 항공 규정에는 부적절한 복장을 입은 무료 패스 사용자들을 거부할 권리가 있다'고 부연 설명을 했다.

소셜 미디어에서의 차가운 대중 반응

이러한 유나이티드 항공의 원칙을 강조하는 반복적인 설명에 소셜 미디어에서의 대중 반응은 차가웠으며 매우 공격적이고 부정적인 여론이 급속도로 확산되었다. 발표 내용에 분노한 소셜 미디어 유저들을 누그러뜨릴 수 없었다. 소셜 미디어 유저들은 '다음에 탑승 할 때는 요가복을 입고 타겠다. 그럼 나도 탑승 거부되는 건가' 또는 '나도 레깅스 입고 타겠다. 한번 막아 봐라'라며 비꼬았고, 이에 대해 유나이트 항공은 '여러분은 무료 패스 이용자가 아니기 때문에 문제 없다'는 상식 밖의 입장 표명을 하여 소셜 미디어 유저들의 분노에 불을 붙였다. 결국 유나이티드 항공은 심각한 위기에 빠지게 되었고 소비자와의 신뢰 관계가 무너져 비즈니스에도 큰 손실을 입었다.

설상가상으로 더 심각한 상황이 또 하나 발생했다. 2017년 9월 승객들이 미국 시카고에서 유나이티드 항공 3411편에 탑승하고 기다리고 있던 중 '초과 예약(overbooking) 사태가 발생했다. 유나이티드 항공의 시카고 공항 탑승구 직원들은 사태의 심각성을 파악하고 그날 하룻밤을 시카고 호텔에서 보내고 다음 항공편을 탈 사람에게 400달러 바우처(이후에는 1000달러까지 증가)를 제공하겠다고 발표하면서 승객들의 자발적 좌석 양보를 유도했다. 그러나 승객들은 시큰둥한 반응을 보이면서 그 어느 누구도 다음 비행편을 지원하지 않았다.

지원자가 없자 유나이티드 항공이 취한 조치가 불에 기름을 뿌렸다. 유나이티드 항공은 임의적으로 4명을 항공기에서 하강시킨다고 공지했다. 이런 과정에서 켄터키 주에서 의사로 활동 중인 69세의 데이비드 다오 박사(Dr. David Dao)가 4명 중에 포함 되었다. 다오 박사는 다음날 오전 진료가 있다면서 내리기를 거부하였으나 유나이티드 항공은 경찰을 동원하여 무력으로 다오 박사를 끌어내렸다. 다오 박사는 격렬히 저항했지만 경찰과 보안 요원에 의해 강제로 내려졌다. 다오 박사는 강제로 항공기에서 끌려나오는 과정에서 코뼈가 골절되고 뇌진탕 증세까지 보이고 앞 치아 2개가 빠지게 되었다. 이 과정에서 다오 박사가 자신을 끌고 가는 경찰들에게 '차라리 죽여달라'면서 몸부림치는 장면까지도 연출되었으며, 탑승객들은 이런 내용을 촬영하여 소셜 미디어로 뿌리기 시작했다.

문제를 더욱 악화시킨 것은 이러한 시도가 유니아티드 항공 소속 관계자를 위해 4개의 자리를 확보하려고 했다는 점이었다. 당시 CEO였던 오스카 무노즈(Oscar Munoz)는 논란에 대해서 직접적인 사과 없이 '규정에 따른 절차'라며 책임을 회피하려고 했다. 더구나 늦게 발표된 진정성이 없는 입장 표명이어서 그의 발언은 소비자의 마음을 움직이지 못했던 상황인데 엎친데 덮친 격으로 유나이티드 직원을 위해 4자리를 확보하려 했다는 사실이 밝혀지면서 위기가 더욱 증폭되어 파국(catastrophe)상황으로 가게 되었다.

이 사건 직후 24시간 만에 유나이티드 항공의 시가 총액 중 약 8억 달러가 증발했다. 소셜 미디어에서는 유나이티드 항공을 비판하고 보이콧하며 다시는 이용하지 않겠다는 선언을 하는 상황까지 발생했다. 심각한 상황을 느낀 유나이티드 항공은 자체적으로는 내부 커뮤니케이션에 집중하면서 '유나이티드 항공은 직원들 편이며 이런 상황이 벌어진 것에 대해 안타깝게 생각한다. 이번 사건을 교훈 삼자'라는 내용을 내부적으로 공유했지만 이 내용이 다시 뉴스로 퍼지면서 더욱 더 상황은 악화되었다. 이후 유나이티드 항공은 미국 ABC '굿모닝 아메리카(Good Morning America)'에 출연하여 인터뷰를 통해 기존 회사입장을 반복하였으나 이미 상황은 엎질러진 물이었다.

사실 다오 박사도 과거 프로 포커 플레이어로 활동하면서 거액의 상금을 번 경력, 2004년에 약물 관련 혐의로 유죄 판결을 받고 의사 면허가 취소됐다가 2015년에 재취득한 사실 등이 언론에 보도되어 다오 박사에 대한 문제도 제기되었지만 유나이티드 항공이 초기에 신속하게 대응하지 못했고, 진정성 없는 대응으로 일관한 결과 때문에 이미 대중은 등을 돌려버렸다. 이러한 파국 때문에 미국 의회 청문회까지 불려가 심한 질타를 받기도 하였다.

위기 발생시 자극적인 시각 자료가 항상 문제를 증폭시킨다. 사람들은 감성적이기 때문에 한 사내가 소리지르며 피범벅이 되어 항공기 내부에서 질질 끌려가는 모습이 SNS를 통해 생생하게 외부로 전달된다면 대중들은 항공사를 적으로 여겨 더욱 걷잡을 수 없는 상황으로 발전한다. 자극적인 시각 자료에 대응할 수 있는 것은 진정성을 담은 감성적인 CEO 메시지가 가장 효율적이다. 이것이 통하기 위해서는 1초도 놓치지 않는 신속성이 필요하다.

뉴욕타임즈가 극찬한 사우스 웨스트 항공의 발빠른 대응

앞에서 언급한 유나이티드 항공의 사례와 대비되는 사례가 있다. 비행 중에 한 명의 승객이 사망하는 심각한 위기를 발빠르고 진정성 있게 대처하여 뉴욕타임즈의 극찬까지 받았던 사례가 있다. 사우스웨스트 항공의 위기관리 사례이다.

평소 사우스웨스트 항공은 차원 높은 기업 혁신과 뛰어난 마케팅 전략으로 업계에 잘 알려져 있고 이러한 좋은 평판은 공짜로 얻은 것이 아니라 평소 부단한 노력을 한 덕분이고, 위기에 대해서는 전직원이 준비된(prepared) 상태였다. 위기관리의 3P인 Prepared(준비된), Proactive(사전 대응), Practice(연습)을 잘 실천하고 있었다.

2018년 4월 17일 사우스웨스트 1380편이 뉴욕 라과디아 공항에서 댈러스로 가던 도중 엔진 결함으로 인해 엔진의 블레이드(blade) 하나가 분리되었고 엔진 폭발로 인한 파편이 기체 창문을 깨 기내 기압이 급격히 떨어지는 극한의 상황이 발생했다. 이 와중에 웰스파고 은행 중역이자 두 아이의 엄마인 제니퍼 리오던은 상체가 기체 밖으로 빨려나갔다가 승무원과 주위 승객들이 잡아당겨 겨우 기내로 돌아왔으나, 상체가 밖에 있는 동안 파편에 맞고 부딪히면서 크게 다쳐 사망하게 된다.

사우스웨스트 항공

　다행이 해군 베테랑 파일럿 출신인 여기장이 탁월한 조종 능력으로 비상 착륙을 할 수 있었고, 승무원들의 발 빠른 대처로 추가 인명 사고는 발생하지 않았다. 하지만 당시 항공기 창문이 깨지면서 승객 1명의 상체가 밖으로 빠져나간 사고는 기내 승객들이 스마트폰으로 촬영할 수 있는 상황이었다. 승객들이 촬영한 해당 사건의 영상이 소셜 미디어에 퍼지면서 공포감이 가득한 현장 상황이 빠르게 퍼져나갔다. 유나이티드 항공 사례와 마찬가지로 사우스웨스트 항공의 사고도 소셜 미디어를 통해 확산되었다.

　이러한 긴급 재난에 대해 사우스웨스트 항공사는 사고 직후 2일 간 매우 발 빠른 대처를 하였으며 CEO 개리 켈리(Gary Kelly)는 앞장서서 위기관리 대응을 진두지휘 하였다. 사고 위기에서 가장 중요한 것은 '첫 반응(first action)'이다. 첫 단추가 잘못되면 모든 것이 제자리를 찾지 못하기 때문이다. 당시 사우스웨스트 항공의 CEO인 켈리는 즉각적으로 해당

항공기에 탑승했던 사람들과 친지들에게 사과하는 공식 성명을 냈다. 여기서 켈리는 딱딱하게 규정에만 얽매여 발표문을 읽어가는 방식에서 벗어나 잘못을 인정하고 진실된 사과를 함으로써 사람들의 공감을 얻을 수 있었다. 그 이후 후속 조치 또한 정말 '인간적인' 느낌을 주었다.

사우스웨스트는 탑승객 전원에게 필라델피아에 숙소를 제공하고, 매일 '사우스웨스트는 24시간 언제든지 여러분을 도울 준비가 되어 있습니다'라는 메시지를 승객들이 묵고 있는 호텔방으로 전달하였다. 그리고 탑승객 전원에게 개별적으로 전화를 걸고 이메일을 보내면서 전문적인 트라우마 상담 치료 서비스도 제공하겠다고 약속하면서 탑승객 전원에게 상황을 잘 헤쳐나갈 수 있도록 5,000달러의 위로금을 제공하고, 추가로 사우스웨스트 항공사의 1,000달러 바우처도 제공했다.

사우스웨스트 항공은 사고 직후 소셜 미디어에서 광고를 모두 내리는 조치를 취해 진정성을 갖고 위기에 대처하는 회사의 모습을 보여줘 소셜 미디어에서 좋은 평가를 받았다. 소셜 미디어팀은 실시간으로 대중의 목소리를 모니터링하여 어떤 포스팅, 글, 표현 등이 나오는지 확인하면서 모든 예상치 못한 상황에도 빠르게 대처할 수 있었다.

그 후 뉴욕타임즈는 사우스웨스트 항공 1380편의 여성 조종사는 '강철 같은 정신으로 무장한 칭송 받는 해군 베테랑 출신'이라는 제목으로 후속 보도를 하였으며, 기장의 탁월한 조종능력에 대해서 크게 보도하였다. 결국 사우스 웨스트 항공사의 메시지가 아주 잘 먹힐 수 있는 외부 환경을 조성했다.

이 두 개의 항공사 사례는 첫 대응을 어떻게 하는가가 소셜 미디어 시대 위기관리에서 가장 중요하다는 것을 말해 준다. 첫 대응에서 대중들의 마음을 잡지 못하면 그 다음에 어떤 조치가 나오더라도 그 가치는 떨어지고 결국 대중들은 등을 돌리게 된다.

우리는 지금 초연결 사회에 살고 있다. 소셜 미디어가 언론사 기자보다 빠르게 현장에서 영상을 올리면 그것이 최초의 이미지로 각인된다. 위기 시 모든 것을 인간 중심(항공사의 경우 승객 중심)의 조치에 집중해야 성공적 위기관리가 될 수 있다. 회사의 단기적인 이익과 까다로운 규정 등을 언급할 때 소비자는 귀를 막게 된다. 위기는 사람에 의해서 발생하고 사람에 의해서 잠재워지는 경우가 대부분이다. 또한 누구나 공식 발표에 앞서서 소셜 미디어에 뉴스가 전파될 수 있기 때문에 소셜 미디어 대응 노하우를 적극 개발해야 한다.

고맥락 문화와 저맥락 문화의 치명적 차이

문화의 차이는 실존적 위험. 명확한(Explicit) 저맥락 문화와 함축적(Implicit)인 고맥락 문화

최근 위기관리가 PR 활동의 중요한 하나의 영역으로 자리를 잡았는데 특히 위기 발생 요소 중에 문화(culture)를 포함시키고 있다. 전 세계가 지구촌화 되면서 실시간의 교류가 이루어지고 있고 이러한 교류에서 문화적인 요소를 충분히 감안하지 않는다면 단순한 사건, 사고 이상의 큰 위기에 직면하게 된다. 특히 외국에서 달러를 벌어들이고 있는 대한민국의 입장에서는 이러한 위기의 문화적 요소에 더욱 더 신경을 많이 써야 한다.

미국의 인류학자 홀(E. T. Hall)은 사회를 고맥락(high-context) 사회와 저맥락(low-context) 사회로 분류한다. 저맥락 사회에서는 의사 표현이 명확(explicit)하나 고맥락 사회에서는 함축적(implicit)이다. 필자가 그간 PR 회사를 경영하면서 많은 외국 기업 대표들을 만나면 계약 문제를 논의할 때 외국 사람들은 너무 명확하게 상상 가능한 모든 내용을 계약서에 넣자고 한다. 심지어 '당신이 이런 경우로 회사에서 물러날 경우'나 '회사가 부도가 날 경우'까지도 부칙에 집어넣자고 하며 더 심한 경우는 유고가 발생했을 경우까지도 거론하여 무척 서운한 감정을 느낀 적이

있었다. 오랜 기간 동안 시달리고 나니 이제 필자도 상당히 명확하게 의견을 표시해서 한국 기업 대표들이나 조직의 책임자들로부터 서운하다는 얘기를 들을 때가 가끔 있다.

근래 우리 젊은이들은 이러한 저맥락 사회 문화를 잘 터득해서 명확하게 자신의 의견을 밝히는 경우를 많이 보게 된다. 이러한 변화가 글로벌 시대를 살아가고 글로벌 시대에서 문화적 충격 없이 대한민국이 전 세계의 동반자가 될 수 있는 길이라고 생각한다. 문화적인 실수에서 발생하는 보이지 않는 위기는 사건에서 발생하는 위기의 충격보다 더욱 클 수 있다.

문화가 다른 권역 간의 커뮤니케이션에서 가장 경계해야 할 부분이 대한민국에서 존중 받는 가치가 외국에서도 당연히 존중 받을 것이라는 생각하는 자민족 중심주의(ethnocentrism)이다. 이와 연관해서 초창기 해외 진출에서 많은 위기가 발생하여 이 후 대기업들은 각 지역 전문가를 동원하여 해외 파견 직원 교육에 역점을 두어 왔다. 대기업들은 현재 이러한 위기 발생에 어느 정도 대비가 되어 있으나 아직도 중견기업들은 이의 중요성을 피부로 느끼지 못해 상당히 많은 위기 요소를 안고서 해외에서 사업을 하고 있다. 다수의 공중을 대상으로 한 PR의 특성상 위기관리에 있어 문화적 다양성을 고려하는 일은 매우 중요하다. 특정 국가나 집단의 고유한 문화적 배경을 고려하지 않은 PR 활동이 결정적 위기 요소가 될 수 있기 때문이다. 글로벌 시대, 이종 문화간 커뮤니케이션이 중요하게 회자되는 이유다. 스위스 국제경영개발연구원(IMD)의 2012년 국제 경쟁력 평가 결과 우리나라는 세계화 항목에서 59개국 중 10위를 차지했다. 지난 2000년 조사 대상국 46개국 중 우리나라가 46위로 꼴찌를 차지했던 것에 비하면 10여 년 사이 눈에 띌 만한 발전이다.

단일민족으로 다양한 문화의 경험이 부족한 데다가, 오랫동안 동질성을 강조하다 보니 다른 문화를 열린 마음으로 대하기가 어려운 집단적 DNA도 한 몫 하였지만 MZ 세대들은 미국이나 유럽과 같은 저맥락 사회 문화를 잘 받아들이고 있어 다행이라고 생각한다. 특히 유럽, 미주나 동남아에 비해 상대적으로 이해도가 낮은 중동의 경우 비즈니스를 하면서 오는 다양한 문화 차이 때문에 힘들어하는 경우가 많다. 이명박 정권의 UAE 원전 수주 이후 중동 시장에 대한 관심이 고조되면서, 중동 지역과의 교류도 더 활발해지고 있어 필자와 가까이 지내는 중동 전문가의 자문을 받아 유용한 중동 비즈니스 문화코드를 소개한다.

1. '라마단' 기간을 고려하라

이슬람의 라마단 금식 기간은 연중 소비가 가장 활발한 시기이다. 식품류는 물론 전자제품, 자동차 등 대대적인 할인 행사도 라마단을 전후로 열린다. 중동 최대 시장인 사우디에서는 라마단이 끝난 직후 전자제품, 자동차, 의류 등 생활소비재의 판매가 급증하면서 연간 매출의 30~40%가 이때 달성된다. 수입 업체들이 라마단 특수를 잡기 위해 라마단 시작 2~3개월 전부터 수입량을 크게 늘리고 있다. 그러나 동시에 사우디에서는 라마단 금식월 종료 명절(이드 알-피트르) 및 하지 기간 전후 약 2주일 정도 공공기관을 중심으로 정상업무가 중지되므로 업무 계획을 짤 때 참고하는 것이 좋다.

2. 중동에서도 한류 마케팅은 통한다

한류가 동남아를 거쳐 중동으로 이어지고 있다. 콘텐츠진흥원은 2023년 1월에 UAE 및 중동 최대 콘텐츠 마켓 주최사 등 기관 및 기업과 양해 각서를 체결하는 등 K-콘텐츠가 전 세계로 확장되는 것을 지원하고 있다. 특히 UAE는 드라마, 음악, 뷰티 등 다양한 분야의 K-콘텐츠 인기가 높아, 향후 아랍 중동권 한류 확산의 핵심 거점이자 교두보 역할을 할 것으로 기대하고 있다.

3. 중동에서는 '빨리 빨리'를 강요 말라

한국 사람이 '빨리 빨리'로 유명하다면, 중동 사람은 그 반대다. 중동 사람들은 의사결정에 오랜 시간이 걸릴 뿐만 아니라 재촉 당하는 것을 불쾌하게 생각한다. 미팅 약속을 사전 통보 없이 지키지 않거나 30분~1시간씩 늦는 것은 다반사이고, 인샬라(신의 뜻대로)라고 말하며 구체적인 약속을 하지 않거나 약속을 잡는데도 시일을 오래 끄는 경우도 있다. 특히, 라마단 기간에 진행하는 비즈니스 약속에는 주의가 필요하다.

4. 중동의 新소비주체, '모던 걸'을 노려라
베일 속에 가려졌던 이슬람 여성들이 새로운 소비 주체로 부상하고 있다. 최근 개방 확대와 법률 개정으로 여성의 사회 참여가 확대되면서 미용, 패션 분야를 중심으로 새로운 여성 시장이 생겨나고 있다. 여성의 사회 참여가 늘면서 이집트 여성들은 자신의 차, 컴퓨터, 핸드폰, 화장품을 찾고 있다. 이는 이들 제품의 관세율 인하 움직임으로까지 이어졌고 글로벌 기업들의 이집트 진출을 확대시키고 있다. 알제리에서는 의사, 변호사, 교수 등 전문직을 중심으로 여성의 사회 진출이 활발해 지는 등 이슬람 여성이 경제 주체로 등장하면서 새로운 소비층을 형성하고 있다. 또한, UAE의 경우 여성이 사회적으로 활동하는 것을 장려하고, 실제 기업 임원, 외교관 등 활발하게 사회 활동을 이어가며 소비가 활발하게 이루어지고 있다.

Don't- 이것만은 꼭 삼가기

1. 누군가 당신에게 구걸을 하면 절대 거절해서는 안 된다. 줄 것이 마땅치 않을 때는 '신이 당신에게 베풀 것입니다' 라고 말해야 한다.
2. 자신을 지나치게 낮추지도 또 지나치게 과시하지도 않아야 한다. 자신의 경력에 관한 인지도나 명성 역시 상대방이 물어보기 전까지는 먼저 털어 놓지 않는 것이 좋다.
3. 가족 중 싫어하는 사람을 언급하는 것은 치명적인 마이너스 요소가 될 수 있다. 이슬람에서 가족은 존중하거나 보호해야 할 존재이다.

4. 다른 사람을 향해 발바닥을 보이는 것은 상당한 실례이므로 주의해야 한다.

5. 엄지손가락을 치켜세우는 것은 모욕을 주는 행위가 된다.

6. 다른 사람의 물건을 함부로 칭찬하지 않는다. 그 사람이 당신에게 선물로 줘야 한다는 의무감을 느끼게 된다.

7. 선물을 받았을 경우 그 자리에서 풀어보는 행동도 자제해야 한다.

8. 무슬림에게 술이나 돼지고기를 권하는 것은 금물이다. 어떤 음식을 준비해야 할지 모르겠다면 뷔페를 선택하는 편이 무난하다.

9. 어린 아이나 친한 사람의 머리를 쓰다듬지 않는다.

10. 필요 이상의 과한 친절은 금물이다.

문화에 대한 중요성은 아무리 강조해도 지나치지 않는다. 최근에는 단어 하나에까지 신경을 쓰지 않으면 이 문화 관리가 효과적으로 되지 못한다.

컴퓨터 부품 업체 사장인 K씨는 태국에 컴퓨터 공급 상담차 방문하였다가 황당한 일을 겪었다. 태국 상담업체 사장인 솜차이 씨와 화기애애한 분위기로 상담이 진행되어 K씨가 제시한 가격이 거의 받아들여지고 구입 조건 합의 역시 원만하게 진행되고 있었다. 저녁 식사는 솜차이 사장의 집에서 한 후 솜차이 사장과 응접실에서 차와 과일을 함께 들며 즐겁게 이야기를 나누던 중, 솜차이 사장의 두 아이들이 K씨와 인사를 나누게 되었다. K씨는 두 아이의 눈망울이 초롱초롱한 게 무척이나 귀여웠는지 한 아이의 머리를 쓰다듬으며 '아이고 귀여워라, 참 똑똑하게 생겼네'라고 칭찬하면서 미화 백 달러 지폐 한 장씩을 건네었다. 바로 그 때 솜차이

사장이 깜짝 놀라서 자리에서 일어나며 '오! 노!'라고 하며 불쾌한 표정으로 K씨의 손을 잡았다. 솜차이 사장의 너무 갑작스런 태도에 K씨는 영문을 몰라 당황할 수 밖에 없었다. 그 때까지 즐거웠던 분위기는 갑자기 찬물이라도 뒤집어쓴 듯 서먹서먹하게 바뀌었다. 뭔가 일이 좋지 않게 돌아간다는 것을 직감한 K씨는 솜차이 사장에게 고개를 숙여 미안함을 표시했다.

K씨가 태국의 문화를 잘 몰라서 저지른 실수라 생각한 솜차이 사장은 진정하면서 그 이유를 상세히 설명해 주었다. 태국에서는 어린이들의 머리에 성령이 깃들여 있다고 여기는데 이를 스님이 아닌 일반 사람이 만지면 부정 탄다고 생각한다. 그래서 남의 머리, 특히 어린이들의 머리를 스님이 아닌 일반 사람들이 쓰다듬는 것은 '사람의 깨끗한 영혼을 더럽히는 것'이라고 생각한다는 것이었다. 태국인들에게 머리는 '높고 신성한 곳'이기 때문에 다른 사람들이 머리를 만지는 것을 가장 치욕스럽게 생각한다는 것이다.

이러한 태국형 위기를 통해 서로 오해가 조성되면 걷잡을 수 없는 상황까지 발전하여 더 이상 파트너로서 사업을 같이 할 수 없는 상황까지 발전하게 된다. 국제화 시대 지구촌을 살아가기 위해서는 이종문화 간 커뮤니케이션의 중요성을 깊이 인식하면서 저맥락 사회와 고맥락 사회를 모두 이해하고 자민족중심주의에서 벗어날 때 진정한 이종문화 간 커뮤니케이션이 가능해진다.

공식 기자회견을 통해 에이즈 루머를 잠재운 스냅스 패스트푸드

루머가 강할 때는 정공법이 먹힐 때가 있다

일반적으로 루머를 잠재우기 위해 기자회견을 주선하는 일은 거의 없는데 거기에는 그럴 만한 이유가 있다. 우선 루머를 알고 있는 사람들에게만(한 명도 더 늘어나지 않고서) 실상을 전달하는 것이 최선의 길이기 때문이다. 그런데 이건 아주 어려우며 실제로 불가능한 일이다. 루머는 보통 어느 특정한 범위 이상은 벗어나지 못하지만 최근에는 SNS 때문에 상황이 변하고 있다. 그런데 기자회견을 하게 되면 그 때까지 아무 소리도 듣지 못했던 사람들에게까지 루머가 퍼지고 만다. 회사에서도 루머가 신문이나 방송에 오르지만 않으면 주요 공중들에게는 번지지 않을 거라고 생각한다. 그래서 루머에 연루될 경우 공식적인 기자회견을 갖지 않는 것이 일반적인 관례이다. 그런데 최근에는 오히려 반대로 어느 정도의 피해를 감수하면서 사실을 밝히는 것이 최고의 전략이라는 주장도 있다.

스냅스 레스토랑은 에이즈 루머와 관련해 전례 없이 공식적인 기자회견을 가졌다. 1991년 플로리다 주 피어스 항에 있는 패스트 푸드 레스토랑 스냅스는 주방 책임자 중 한 사람이 에이즈에 걸려 햄버거 고기가 오염되었다는 루머에 휩싸였다. 인구 4만 명 정도의 중소도시인 피어스 항은

피어스 항

플로리다의 젠슨 비치와 가까운데 이곳은 영화 배우 킴벌리 버갤리스(Kimberly Bergalis)가 그녀의 치과 의사로부터 에이즈에 감염된 곳이기도 하다. 버갤리스는 전문 의사로부터 에이즈에 감염된 첫 번째 사람이었기 때문에 이 사건은 널리 보도되었다. 지역적으로 가깝다 보니 피어스 항 사람들은 미국의 다른 지역 사람들보다 에이즈 사건에 훨씬 예민했다. 또한 이 사건은 에이즈 바이러스가 어떻게 전염될 수 있는가에 대해 새로운 문제를 제기했다.

   루머의 핵심은 바로 누군가 손으로 써 놓은 메모 쪽지였다. 그 메모 내용은 스냅스 레스토랑의 주요 고객들인 인근의 두 고등학교에 퍼졌다. 전체 레스토랑 체인점 중에서 가장 영업 실적이 좋은 곳으로 꼽히던 스냅스 레스토랑은 그 사건이 있은 후 매출이 50%로 뚝 떨어졌다. 결국 오하이오 주에 있는 체인 본부에서 위기관리에 나섰다.

   체인 본부에서는 사태를 해결하기 위해 도널드 길버트(Donald Gilbert) 부사장을 현장에 급파했다. 부사장은 변호사·사설 탐정과 PR 전문가 등으로 구성된 특별 전담반을 편성했다. 전담반은 상호 긴밀한 유대 관계를 유지하면서 루머의 진상을 하나씩 규명해 나갔다. 우선은 루머의 출처를 찾는 일이었다. 사설 탐정은 한 학생이 그 메모를 적었을 것이라고 추측했다.

   경찰에서는 수사에 착수하기 전에 피해자로부터 진정서를 접수했다. 사설 탐정이나 변호사는 경찰 수사를 진행하기에 충분한 정보를 입수했다. 다음은 그 레스토랑의 주방 종사자들을 불러 에이즈 검사를 실시했다. 레스토랑의 종업원 일곱 명은 모두 검사에 자발적으로 응했다. 모든 검사 절차는 일주일 만에 끝났다. 검사 결과는 예상했던 대로 종업원 모두가 에이즈 바이러스에 음성 반응임이 밝혀졌다. 그러나 스냅스 레스토랑은 계속 적자를 보고 있었다. 만약 매상이 오르지 않으면 직원의 감원이 불가피한 실정이었다.

스냅스 레스토랑 체인의 홍보 자문위원과 그의 동료들은 기자회견을 제의했다. 기자회견만이 모든 사실을 명백하게 밝혀줄 수 있는 길이라는 데 동의했다. 조금이라도 문제를 감추려 한다면 더 문제가 커질 우려가 있기 때문에 문제 해결을 위해 정면 돌파하는 방식을 취하기로 한 것이다. 스냅스 체인은 적극적인 자세로 기자회견을 통해 피어스 항 레스토랑에서 발생한 에이즈 루머에 관한 내용을 종합해 국민들에게 숨김없이 밝히기로 했다. 기자회견에는 회사의 중역을 비롯해 지방 보건 당국의 간부들이 다수 참석했다. 이 자리에서 스냅스 체인의 모든 종업원들이 에이즈 바이러스 검사를 받았으며 그 결과 음성 반응을 통보 받은 사실도 발표했다. 또한 에이즈 균이 음식을 통해 전염된다는 것은 전혀 터무니없는 이야기이며 스냅스 레스토랑의 음식은 안전하다는 사실을 분명히 했다.

기자회견에 참석했던 모든 기자들은 이러한 발표에 매우 협조적이었고 기사 또한 만족할 만한 수준이었다. 그리고 스냅스 체인은 기자회견에서 사건 규명에 신빙성을 더하기 위해 에이즈 루머를 처음 퍼뜨리기 시작한 사람이나 현재 퍼뜨리고 있는 사람들을 체포하는 데 결정적인 제보를 하는 사람에게는 5천 달러의 상금을 주겠다고 발표했다. 사설 탐정은 16세의 여고생이 메모 쪽지를 써서 퍼뜨린 것으로 지목했다. 사실이 밝혀진 후 그 학생은 부모를 통해 사과문 발표에 합의했으며 기자회견과 지방 신문에 전단 광고를 게재했다. 사과문은 다음과 같다.

본인은 우리 지방 패스트푸드 레스토랑인 스냅스에 관한 에이즈 루머를 퍼뜨린 데 대해 사과한다. 에이즈에 대하여 공부하고 있는 아직 나이 어린 학생으로 본인이 살고 있는 지방에 많은 관심을 기울이다 보니 스냅스 레스토랑의 에이즈 관련 루머를 접하자마자 사실 확인을 하지 않은 채 메모 쪽지를 쓰게 되었다. 그러한 본인의 행동이 잘못되었다는 점을 깨닫고 스냅스 레스토랑의 모든 직원 여러분에게 진심으로 잘못을 사과한다. 본인은 현재 스냅스 레스토랑에서 식사를 하고 있으며 주위의 다른 사람들에게도 스냅스 레스토랑을 많이 이용하도록 적극 권하고 있다.

'공짜 햄버거 주말 (Free Hamburger Weekend)' 캠페인 실시

스냅스 경영진은 그 동안 빼앗겼던 고객을 되찾기 위해 계속 적극적인 대책을 강구했다. 스냅스는 6월 1일과 2일을 '공짜 햄버거 주말(Free Hamburger Weekend)'로 정하고 적극적인 캠페인을 벌였고 이를 라디오, 신문 그리고 TV를 통해 대대적으로 보도했다. 이러한 행사는 크게 성공했다. C.J.라는 익명으로만 알려진 사건의 주인공인 여학생도 이벤트에 참석했다. 1만 5천여 개의 햄버거가 행사 기간 중 고객에게 무료로 제공되었다. 행사에서는 광고에 난 'C.J.의 사과' 내용을 적극 홍보했다. 그러나 예전의 인기와 명성을 그대로 되찾지 못하고 그럭저럭 명맥은 이어가게 되었다.

루머는 초기 단계에 진화를 잘못하게 되면 그 파장은 기하급수적으로 커지게 된다. 신문 오보의 경우, 잘못된 기사는 아주 큰 지면에 게재되지만 정정 기사는 눈에도 잘 띄지 않게 보도되어 정정 효과가 전혀 없다는 데에서 알 수 있듯이 루머 유포 시 효과적인 초기 대응은 필수적이다. 기업이 성장 과정에서 겪는 하나의 통과 의례(ritual of passage)라 생각하고 항상 루머 발생에 대해 면밀한 대비를 하고 있어야 한다. 위기를 유발시키는 요인 중 하나인 루머는 인간의 역사만큼이나 오래 되었으며 아마도 인간이 존재하는 한 계속 남아 있을 것이다.

Gotcha(딱 걸렸어) 저널리즘과 탐사 보도 저널리즘

무서운 갓차 저널리즘, 탐사 보도 저널리즘으로 자리를 잡다

최근 유튜브를 통한 너무나 근거 없는 보도가 횡행하며 사회적인 문제로까지 등장하고 있어 '탐사 보도' 원래의 의도에 먹칠을 하면서 언론 분위기를 흐리고 있다. 이런 근거 없는 유튜브 보도의 원조는 갓차(gotcha) 저널리즘이다.

갓차 저널리즘(gotcha journalism)은 인터뷰 대상자의 평판이나 진실성에 타격을 줄 수 있는 말 혹은 행동을 집중적으로 보도하는 언론의 보도 행태를 일컫는다. 미국에서 이미 상당한 연구가 진행된 'gotcha'는 'I got you'의 줄임 말로 우리말로 '딱 걸렸어' 정도에 해당되며, 정치인의 실수나 해프닝을 꼬투리 삼아 보도하는 행태가 대표적이다. 제목, 사진, 만평, 만화 등을 통해 주요 정치인들을 공격하는 방식으로 언론사의 정치적 또는 이념적 성향과 무관하지 않아 해당자에게 치명적인 상처를 입힌다는 분석 결과가 있다. 하지만 이러한 갓차 저널리즘은 비단 개인만을 조명하는 것이 아니다. 기업의 실수 하나를 잡아 거기를 집중 조명해 일방적으로 터뜨리는 사례도 빈번히 나타나는데 이 역시 갓차 저널리즘의 한 형태라고 볼 수 있다.

필자는 오래 전 미국 캘리포니아주의 주도인 '나무의 도시' 세크라멘토(Sacramento)에서 오래된 일간지인 『Sacramento Union』지(현재는 폐간되었음) 에서 언론인으로서 한국인의 위상을 드높이고 있었던 이경원씨를 만났다. 그 때 고려대학교 영문과 출신인 그의 명함에는 『Investigative Editor(탐사부장)』이라는 직위가 적혀 있었다. 그는 캘리포니아 주의회의 부패상을 2년 가까이 집요하게 파헤쳐 퓰리처상에 맞먹는 상까지 타면서 탐사부장의 위력을 널리 알렸다. 그는 취재 과정에서 살해 협박 등 수많은 어려움을 극복하면서 주의회라는 어마어마한 골리앗을 무너뜨리는 피나는 과정을 설명하면서 사실(fact)에 기반하지 못하는 기사는 일체 기사화되지 않는 미국의 탐사 보도(investigative report)의 수준을 강조하기도 하였다. 아침에 출근하여 편집국장에게 보고하고 저녁에 하루의 취재과정을 보고하며 퇴근하는 것이 탐사부장의 취재일정이었다. 이렇게 탐사 보도의 수준을 높이게 된 배경에는 갓차 저널리즘이라는 수준 낮은 황색보도에 대한 비판에 자극 받아 많은 언론인들이 정통적인 탐사 보도로써 구겨진 이미지를 다시 회복하겠다는 뜻이 모인 결과이기도 하다. 그는 말년에 코리아헤럴드에서 고문으로 근무하기도 하였다. 필자와 가끔 만나 국내 언론의 탐사 보도 수준에 대해 불평을 늘어 놓기도 하였다.

필자의 회사에서 정상적인 고객을 위한 PR 업무를 수행하는 과정에서 어느 방송사나 일간지가 탐사 보도에 나섰다는 정보를 아는 순간 그 때부터 일종의 전쟁이 시작되며, 위기관리 차원에서 접근하게 된다. 갓차 저널리즘이 언론사의 정치적, 이념적 성향에 영향을 미친다는 분석이 제기되면서 갓차 저널리즘은 보도의 객관성(objectivity)을 높인 밤사 보도

형태로 한 단계 진화되기 시작했다.

탐사 보도는 사건의 이면을 적극적으로 파헤치는 언론 보도 방식이다. 특히 정부, 관리, 기업 등의 부정부패를 언론기관이 독자적으로 조사 및 취재하여 폭로하는 것이다. 탐사 보도는 사건의 본질을 고발할 수 있고, 긍정적 의미로 정부당국 및 기업에 자극을 줄 수도 있다는 장점이 있다. 그러나 언론이 사회적 비리나 정치 스캔들에 지나치게 집착한다거나, 각 언론사의 경쟁 속에 심층보도의 과잉화로 뉴스의 균형이 깨지는 경우도 있다.

소비자 고발 프로그램은 2000년대 후반부터 등장

탐사 보도는 TV와 신문을 통해 접할 수 있으며 매체의 성격에 따라 각각의 특징이 구별된다. TV에서 방영되는 탐사 보도는 많은 경우 프로그램을 기획, 제작하는 프로듀서가 중심이 된다. 이전에는 PD들이 원하는 방향을 미리 설정한 후 그림만 맞춘다는 비판이 있었으나, 최근에는 공공이익을 전면에 내세워 소비자의 권리보호 및 피해구제에 초점을 두고 보도의 객관성을 높이고 있다. 우리나라의 소비자 고발 프로그램은 2000년대 후반부터 본격적으로 등장해 현재까지 먹거리, 유통, 경제, 환경 등 다양한 분야에서 기업들의 불합리한 행태를 보도해 사회적으로 큰 파장을 불러 일으키고 있다. 신문 지면을 통해 접하는 탐사 보도는 미리 탐사 보도의 전반적인 방향을 잡기보다는 전체적인 취재를 끝내고 내부 심사를 거친 후 방향을 잡는 것이 일반적이기에 대상 기업의 대응에 따라 탐사 보도의 방향을 긍정적으로 유도할 수도 있기 때문에 취재 협조에 성의 있게 대응할 필요가 있다.

탐사 보도를 기획하는 PD나 기자들로부터 탐사 보도에 관한 자료 요청이 들어오면 최선을 다해 성의껏 대응해야 한다. 우선 아무 요청도 없이 일방적인 보도를 하는 것 보다 취재원의 입장을 듣고서 객관적인 보도를 하겠다는 접근에 대해 긍정적인 자세를 갖는 것이 중요하다. 그간 경험을 통해 알게 된 사실은 접근하는 기자나 PD가 처음부터 방향을 잡고 거기에 끼워 맞추려고 하는지 아니면 열심히 다양하게 취재한 후 결론을 내리려 하는 접근인지 판단하는 것이 중요하다는 것이다. 후자의 경우는 최선을 다해 탐사 보도 취재에 성의 있게 협조를 하는 해당 회사를 언급할 때 비판의 톤이 완화될 수 있고 또 몇 개의 관련 회사를 '굴비'로 엮어서 보도할 때 언급되는 순서가 제일 앞이 아닌 중간이나 뒷부분이 될 수 있다. 시청자들이나 독자들은 제일 먼저 언급되는 회사가 대표적인 문제 회사라고 느끼게 되는 것이다. 고객사가 테스크포스 팀을 구성하여 대응하였음에도 전자의 경우라는 것이 판명되어 모든 노력이 수포로 돌아가는 경우도 있다.

중요한 것은 탐사 보도가 이미 터졌다면 사건 숨기기에 급급할 것이 아니라 객관적인 자료를 제공함으로써 신뢰감을 형성하고, 후속 보도에 대처하는 일이다. 물론 험난한 대처과정이 따르지만 PR 회사 직원으로서 탐사 보도를 한번 경험하게 된다면 한 단계 성숙한 PR인으로 도약할 수 있게 된다. 그만큼 어렵고 힘든 일이지만 그 속에서 얻는 교훈과 깨달음은 일반적인 상황에서 수행하는 PR과는 확연하게 다른 특별한 가치가 있기 때문이다.

워터게이트 사건(Watergate scandal)은 1972년부터 1974년까지 2년 동안 미국에서 일어난 일련의 정치 사건들을 지칭하는 말이다. 처음 닉슨

닉슨 대통령

과 백악관 측은 이 사건과 관계가 없다는 입장을 고수했으나, 1974년 8월 '스모킹 건'이라 불리는 테이프가 공개됨에 따라 마지막까지 남아 있던 측근들도 그를 떠나게 되었다. 워싱턴 포스트의 특종 탐사 보도로 인하여 닉슨 대통령과 그 측근들은 궁지에 몰리게 되었고, 닉슨은 미 하원 사법위원회에서 탄핵안이 가결된 지 4일 뒤에 대통령직을 사퇴하였다. 이로써 그는 미 역사상 최초이자 유일한, 임기 중 사퇴한 대통령이 되었다.

1988년 5월 15일, 『필라델피아 인콰이어러(The Philadelphia Inquirer)』의 매튜 퍼디(Mattew Purdy) 기자는 연방 정부가 25억 달러 규모의 투석 제공 프로그램에 지원받은 병원들이 영리를 목적으로 투석 요법 장비를 재사용하거나 미숙련 직원을 고용하여 환자들의 건강을 위협하고 있는 것을 확인했다. 그는 기사를 통해 정부의 느슨한 감시와 미온적 규제로 위기에 놓인 환자들의 고통에 대해 심층 보도했고 미국 전역에 큰 관심을 불러일으켰다. 퍼디 기자의 기사를 계기로 1350여 개의 투석 의료기관에 대한 철저한 감시감독 및 부적합한 의료 서비스에 대한 강력한 처벌이 가능한 법안이 도입되었으며, 의료 서비스 개선안이 입법안 토의에서 우선순위를 갖는 등 투석 환자의 생명과 직결되는 사회적 안전망을 구축할 수 있게 되었다.

이처럼 탐사 보도를 사전에 예방하는 방안이나 발생했을 때 위기를 줄이는 방안을 강구해야 한다. 해당 PD나 기자들이 탐사 보도를 결정하는 과정에서 사회적인 이슈로 사전 징조가 나타나게 된다. 그 때부터 쟁점 관리에 들어가서 잠재적인 위기가 실제적 위기로 진전되는 것을 막아야 한다. 이런 경우 효과적으로 위기에 잘 대응하는 기업은 평소 예방접종(inoculation) 기법을 사용하여 기자들에게 항체를 투입시킨다. 평소 기자들에게 '항체'를 투입해 놓으면 실제 위기가 발생했을 때 기자가 '기업 측에서는 최선을 다하고 있지만 불가항력적인 요인으로 위기가 발생했다'는 생각까지도 할 수 있게 유도하여 위기의 피해를 줄일 수 있게 된다. 이 예방접종 기법을 최근 우리의 대기업들이 잘 활용하고 있다. 대기업 홍보실 직원들은 어떤 항체를 담당 기자들에게 '쥐도 새도 모르게' 투입할까를 고심하면서 전문적으로 사전대응적인 위기관리 전략 수립에 많은 노력을 기울이고 있다.

위기를 부르는
악성 저널리즘(bad journalism)들

좀처럼 사라지지 않는
언론의 악당들

앞 사례에서 말한 '갓차 저널리즘(gotcha journalism)'을 소개한 김에 위기를 몰고 오거나 악화시킬 수 있는 다른 '악성 저널리즘(bad journalism)'들을 소개해 볼까 한다.

우선 '추문 폭로 저널리즘(muckraking journalism)'이다. 영어로 진흙을 긁어 모은다는 뜻이다. 언론 초기부터 있어온 보도의 행태로 사건의 핵심보다는 남녀 불륜 관계나 스캔들, 부정 행위, 수치스런 과거 등 온갖 추문에만 집중하는 저널리즘이다. 사람들의 말초적인 관심을 끄는 기사라면 무엇이라도 서슴지 않는다. 특히 유명인들의 경우 아무리 훌륭한 업적이 있어도 불륜 스캔들이 터지면 보도는 온통 그 쪽에만 집중한다. 기자들은 스캔들 파헤치기 전문가가 된다. 기업에 위기가 발생하면 언론은 오너나 가족, 고위 경영자들의 이혼, 불륜, 도박 등 범죄 경력 취재에 열을 올린다. 위기 발생의 사유나 책임과는 상관없는 추문 추적자들이 된다. 1830년 미국에서 시작된 '황색 저널리즘(yellow journalism)'의 전형이다.

두 번째는 '흑색 저널리즘(black journalism)' 이다. 기업이나 사람들의 약점을 잡고 협박하는 죄질이 매우 나쁜 기사를 말한다. 언론사는 자사의 이익을 도모하기 위해 이러한 보도를 하는 경우가 많다. 광고를 끌어오거나 협찬을 강요하는 수단으로 이용된다. 강제 신문 구독도 포함된다. 모든 기업이나 사람, 조직체는 다 약점이 있기 마련이다. 다 알려진 과거사나 현재의 비리 등 약점을 캐어 보도하겠다고 협박하는 경우이다. 위기가 발생하면 좋은 기회로 생각한다. 약점 기사를 터트리고 기업의 반응을 엿본다. 요구에 불응하면 연속 기사를 내보낸다. 위기가 발생한 기업은 더욱 절박한 처지에 놓이게 되며 언론사의 요구를 받아 줄 수밖에 없다. 그러나 소위 '먹고 쓴다' 라는 말이 대변하듯 일부 구악 기자들은 약속을 어기고 공격 기사를 쓰거나 다른 언론사에 정보를 넘겨 버린다. 지금은 거의 이런 행태가 사라졌지만 일부 언론, 특히 일부 온라인 미디어들은 악습을 버리지 못하고 있는 것 같다.

세 번째는 '낙하산 저널리즘(parachute journalism)'이다. 사건이 발생하면 수 많은 기자들이 앞다투어 취재에 열을 올리지만 일정시간이 지나거나 사건이 일단락되면 뒤도 돌아보지 않고 떠나 버린다. 마치 낙하산 공수부대의 기습 공격과 흡사하다. 예를 들어 기업의 인사 비리나 정치 스캔들이 터지면 수십 개 언론사가 동시에 몰려와 취재 경쟁을 벌이고 그 기업을 쑥대밭을 만들지만 떠나고 난 이후 그 사건이 어떻게 되었는지에 대해서는 일체 보도가 없다. 사건의 근본적인 해결에는 관심이 없는 듯하다. 현지 사정을 잘 모르는 낙하산 기자들은 선입관을 가지고 위기 사태를 보도하는 경우가 많으며 특히 위기 사건의 악화과정을 마치 경마 경기를 보도하듯 실시간으로 경쟁 보도하는 이른바 '경마 저널리즘(horse racing journalism)'의 행태를 보이기도 한다. 실황 중계 보도는 휘발성

치열한 취재 현장

이 강해 많은 것들을 불태운다. 위기가 발생한 기업의 경우 사상자 수는 경마 보도를 통해 시간마다 경신되며 위기가 안정되기는커녕 엄청나게 커지는 인상을 준다.

네 번째는 '하이에나 저널리즘(hyena journalism)'이다. 어떤 사람이나 기업 등이 힘이 강할 때는 건드리지 못하다가 위기 사건으로 여론과 언론의 뭇매를 맞기 시작하면 재빨리 동참해서 잔인하게 물어뜯는다. A 신문이 한 비리를 보도하면 B 방송은 또 하나의 비리를 보태서 보도하면서 나중에는 그야말로 피공격 조직체나 사람은 만신창이가 되어 버린다. 정치인의 경우 평소에는 아부에 가까운 칭찬 보도를 해 주다가도 그 사람이 실수로 핀치에 몰려 더 이상 회복 가능성이 없으면 잔인한 공격으로 돌아선다. 집단 공격으로 남의 먹이를 빼앗거나 죽은 고기를 즐겨먹는 하이에나의 행태와 매우 유사하다. 어떤 경우는 힘이 강한 대기업 및 조직체나 그보다 힘이 없는 대상이 먹이가 되기 쉽다. 위기가 발생하면 하이에나들이 몰려온다. 매우 서글픈 현실이다.

다섯 번째는 '저격 저널리즘(sniper journalism)'이다. 갓차 저널리즘과 유사한데 차이점은 오랜 기간 잠복하면서 처음부터 어떤 사람이나 조직을 노린다는 것이다. 더 고의적이고 계획적이다. 언젠가는 걸리기를 기다리며 심한 경우 함정을 파기도 한다. 언론사가 출입처의 특정 인사를 노리며 다음 출입기자에게 명단을 인계하면서 기회를 노리기도 한다. 광고를 주지 않거나 언론사의 사주들과 악연을 가진 기업이나 사람을 공격하는데 쓰이기도 한다. 차근 차근 자료나 정보를 수집하면서 은밀하게 공격 준비를 한다. 이런 상황에서 목표 기업이나 사람에게 위기가 발생할 경우 엄청난 피해가 날 수 밖에 없다. 저격 보도에 의해 위기가 발생하는 경우도 허다하다.

여섯 번째는 '수동태 저널리즘 혹은 익명 저널리즘(passive voice / unknown source journalism)'이다. 영어의 수동태 문장을 이용하듯이 '무엇무엇을 하는 것으로 알려졌다' 식의 기사가 그 전형이다. 기자나 언론사의 추측이나 고의성이 개입될 여지가 많다. 근거 없는 루머를 사실 보도처럼 만들어 낸다. '관계자나 소식통에 따르면', 혹은 '내부 사정에 밝은 인사는', 혹은 '익명을 요구한 인사에 따르면' 식으로 수동태 저널리즘의 행태는 무궁무진하다. 기자의 비닉권(祕匿權, 기사의 출처를 밝히지 않을 권리)을 악용한 경우가 많다. 정통 저널리즘은 주어가 분명한 능동태 문장을 사용하며 기자가 직접 목격했거나 경험한 사실과, 책이나 다른 사람으로부터 들은 사실과, 논리적 추론으로 짐작한 사실과의 구분을 명확히 한다. 지금과 같은 SNS 시대에 이러한 수동태 저널리즘 기사들은 일파만파로 위기의 단초를 만들어 내고 위기가 발생할 경우 각종 루머가 난무하게 만든다.

일곱 번째는 '제록스 저널리즘(Xerox journalism)'이다. 보안 문서를 제록스로 몰래 복사하여(요즘은 사진을 찍어) 발표하는 저널리즘으로 문서 하나를 근거로 폭로기사를 써버리는, 어떤 면에서는 안이하면서도 악의적인 보도이다. 이 문서를 획득한 과정이나 진실 여부를 밝히지 않는다. 회사 측의 변명이나 해명도 잘 통하지 않아 큰 타격을 가져온다. 서류나 문서, 사진, 혹은 CCTV에 찍힌 동영상은 독자와 시청자에게 강한 충격과 오랜 기억을 남기고 상대의 반박을 무력화시킨다. 위기를 만난 기업이나 당사자의 경우 가장 난감한 보도이다. 그러나 나중에 이러한 제록스 보도들은 허위(false)나 오도(misleading)나 기만적(deception)인 것들이 허다하다. 관련 취재나 확인 과정도 없이 입수한 서류나 사진 한 장으로 위기를 만난 회사나 사람에 대한 인식을 결정해 버리는 무서운 악성 저널리즘이다.

 이 밖에도 악성 저널리즘의 행태는 많다. 경우에 따라서는 위기 발생시 회복할 수 없는 타격을 가져온다. 이러한 다양한 보도 행태에 효과적으로 대응하기 위해서는 전문가의 도움이 필요하며 위기관리 담당자들도 전문가 수준에 도달하기 위해 부단한 노력을 경주해야 한다.

루머와 대처

현대의 루머는 골치 아픈 신기루. 치밀한 대처가 필요하다

루머는 그냥 한 순간 나왔다가 없어지기도 하지만 어떤 경우에는 크게 파장을 일으켜 회사 홍보 부서나 평판관리 부서의 골칫거리가 되는 경우도 있다. 심지어 루머는 한 회사의 운명을 좌지우지하기도 한다. 그리고 어디서 이런 루머가 발생하는지 원인과 출처를 알 수 없기 때문에 루머를 잠재우는 기법이 간단치 않다. 국내 기업들도 루머와 관련하여 큰 피해를 본 사례들이 많다. 타이밍을 놓치지 않고 초기에 설득력 있는 해명을 하여 루머를 잘 잠재우는 경우도 있지만, 뒤늦은 대처와 무성의 그리고 정보를 주지 않고 덮어버리겠다는 비전문적인 접근 때문에 폭망한 경우도 있다. 이제 효과적으로 루머를 잠재우는 기법은 기업 경영의 주요 부분으로 부상하고 있다.

도대체 루머는 왜 생기는가? 그리고 왜 떠도는가? 사람은 본능적으로 루머를 들을 때 아직 확실한 정보는 아니지만 '사실에 근거한' 소문인 것처럼 인지한다. 정보화 시대에서는 이미 뉴스 등 채널을 통해 '인증된' 자료는 이미 '과거' 또는 '늦어진' 정보이기 때문이다. 미국 정보기관 전략사무국(Office of Strategic Services)이 2차 세계대전에 '루미'를 무기로 사용하는 것을 도운 로버트 납 박사는 루머를 '정확한 인증이 이루어지지 않은 하나의 신뢰성 있는 사상이나 생각'이라고 정의한다. 그렇기 때문에 자신이 루머를 먼저 알게 되었다면 본능적으로 상대방보다 빠르게 정보를 습득했다 생각하고 그 루머를 사실처럼 다른 사람들에게 전달해서 루머가 퍼지게 된다.

2008년 10월 뉴스에는 '애플의 스티브 잡스가 심장마비로 세상을 떠났다'는 기사가 나왔다. 이 기사는 잡스가 한동안 병원을 들락거리면서 언론 노출을 꺼려하며 회사보다 몸에 신경 쓴다는 소문에서 발생한 루머이다. 이날 미국 주식 시장은 약 90억 달러의 시장 손실을 입었다. 그리고 얼마 후에는 미국 맥도날드는 앞으로 아프리카 미국계 고객들에게 1.5불의 추가 비용을 받겠다는 루머가 트위터 등 소셜 미디어에 돌아다녀 회사 매출이 급격히 떨어진 경우도 있었다. 이처럼 루머를 관리하지 않고 그대로 방치하면 큰 파장이 된 사례는 많지만 루머를 잘 관리해서 성공한 사례들은 많지 않다.

파파이스 치킨의 알 코프랜 회장이 어느 특정 정치인을 지원한다는 루머가 떠돌았다. 코프랜 회장은 이런 루머를 방치하지 않고 즉각 기자회견을 열어 루머가 사실이 아님을 밝히며 심지어 루머의 근원지를 밝힌 사람에게 2만5천 달러의 보상금을 주겠다는 약속과 함께 대대적인 포스터를 각 지점마다 붙이면서 루머를 근절시키려는 노력을 하였다. 리복의 경우에는 남아프리카 흑인들을 상대로 돈을 번다는 루머에 맞서기 위해 200회에 걸쳐 흑인계 간행물에 리복은 인권 존중과 인종 차별 근절을 한다는 광고를 실으며 루머가 사실이 아니다는 반대 의견을 밝혔다. 광고와 함께 아프리카계 미국인 지도자들의 성명서가 실린 간행물도 만들어 각 대학교 학생들에게 배포하였다.

 학자들은 루머의 3대 특징을 단순성(simplification), 첨예성(sharpening), 모호성(ambiguity)으로 규정한다. 단순성은 사건의 복잡다단한 여러 가지 면들은 다 무시하고 누가 누구를 좋아한다 혹은 혐오한다 식으로 단순화 해버린다는 것이다. 수많은 사연과 팩트는 다 묻혀버린다. 첨예화는 과장성을 말한다. 큰 것은 더 커지고 작은 것은 더 작아진다. 무서운 것은 더 무서워지고 착한 것은 더 착해진다. 모호성은 사건의 인과관계가 분명하지 않고 해석 여하에 따라 달라질 수 있다는 것이다. 모호성이 클수록 루머의 확대 범위가 더 넓어진다. 북한이 대한민국을 공격 준비 중이라는 모호한 루머는 핵전쟁에서부터 공수부대 습격, 간첩동원 등 오만 가지 2차 루머를 파생시킨다. 이 모두가 루머가 진실을 왜곡(distortion) 시키는 요소들이다.

 워싱턴대학교 교수이며 1994년 미국 PR협회의 시애틀 지부에 의해 '올해의 PR인'으로 선정되기도 했던, 캐스린 펀 뱅크스(Kathleen Fearn-Banks)는 『위기 커뮤니케이션(Crisis Communication)』에서 루머의 형태를 아래와 같이 분류하였다.

- 의도적인 루머(intentional rumor) : 어떠한 목적을 달성하기 위한 루머를 말한다. 사업상의 수익을 위해 만들어내는 루머도 있다. 예를 들어 어느 대학교 근처에 새로 식당을 개업했다고 하자. 막 시작하고 보니 다른 식당과 가격이나 서비스에서 도저히 경쟁이 안 된다고 생각한 주인은 요사이 한창 뜨는 유명 인기 가수가 자기의 가까운 친척이기 때문에 언젠가 자기 식당에 들를 것이라는 소문을 퍼뜨렸다. 운이 좋으면 인기 가수의 모

습을 볼 수 있을지도 모른다는 생각에 많은 손님들이 몰렸다. 정말 그 인기 가수가 오느냐는 손님들의 질문에 식당 주인은 확실치는 않으나 운이 좋으면 만날 수도 있다면서 손님들에게 콜라 한 잔씩을 서비스했다. 기대가 이뤄지지 않아 섭섭하기는 했지만 화를 내는 사람은 없었다. 주인은 이것이 마케팅 수단이며 이제 손님들은 식당의 음식과 분위기, 서비스를 알았으니 고객들은 다음에 또 올 것이라고 생각한다.

- 사전 루머(premature-fact rumor) : 나중에 결국 사실로 밝혀지는 루머의 초창기 형태를 말한다. 예를 들어 회사에서 구조조정을 실시하기 때문에 해고 사태가 있을 것이라는 소식을 직원들이 미리 눈치채고 이 소문을 입에서 입으로 퍼뜨리는데 나중에는 사실로 나타난다. 이러한 루머는 아니라고 부정하면 그냥 가만히 놔두는 것보다 더 많은 피해를 보게 된다.

- 악의적인 루머(malicious rumor) : 경쟁자의 비즈니스에 손해를 끼치려고 일부러 만들어낸 루머를 말한다. 예를 들어 'A호텔은 어제 만들고 남은 재료로 요리를 만든다'는 소문이 있다고 하자. 이것이 사실일 수도, 사실이 아닐 수도 있지만 이러한 루머가 계속 퍼지게 되면 이 호텔은 큰 피해를 입게 된다.

- 엉뚱한 루머(outrageous rumor) : 너무 엉뚱한데도 사람들이 사실일 것이라고 믿는 루머를 말한다.

- 사실 유사 루머(nearly true rumor) : 사실과 어느 정도 흡사한 루머를

말한다. 사람들은 루머를 들으면서 어느 한 부분만 그럴 듯하면 이야기 전체를 사실이라고 결론짓는다.

- 생일 루머(birthday rumor) : 언제나 변함없이 돌아오는 생일처럼 루머가 잠잠해지는가 싶으면 또 번지고, 수그러드는 듯 싶다가 다시 또 회오리를 일으키는 것을 말한다.

현재 발생한 루머의 형태를 면밀히 분석한 후 어느 형태의 루머인가를 파악하면 거기에 맞는 맞춤형 대응책을 마련하기가 쉬워진다. 위기에 더 철저히 대비하는 회사라면 사전에 예상 가능한 위기를 카테고리별로 구분하여 각 카테고리(시나리오)별 전략을 미리 준비해두면 실제 위기가 발생했을 때 피해를 크게 줄일 수 있다. 사전 대응이 최고의 위기관리 기법이라고 불리는 이유다.

루머에 단계적으로 대체해 나간다는 것은 사실 어려운 일이다. 그러나 루머를 사전에 예방하거나 또는 이미 떠도는 루머에 대처하는 방안은 있다. 물론 이것은 하나에 하나를 더하면 둘이 되는 식의 과학적인 해결 방안은 될 수 없다. 또 어떤 방안은 생각하는 사람에 따라 달리 해석될 수도 있다. 다음 제시하는 몇 가지 방법은 루머의 피해를 최소화하는데 도움이 될 것이다.

첫째, 회사 내에 루머를 전담하는 부서를 설치해서 일단 루머가 떠돌기 시작하면 즉시 진화 작업을 할 수 있도록 한다. 둘째, 루머가 나돌기 전에 회사 내에서 루머에 대한 전략회의 등을 개최해 직원들에게 루머의 피해와 대응 방안에 대한 교육을 실시한다. 어떤 종류의 루머가 가장 치명적인 손해를 입힐 것인지에 대해서도 상호 토론하고 비슷한 사례를 연구한다. 셋째, 회사가 핵심 공중들과 아주 적극적인 관계를 유지하고 있는데 그 공중들이 현재 떠도는 루머의 신뢰성을 의심하고 있다는 사실을 알린다. 넷째, 직원들에게 항상 새로운 정보를 제공한다. 직원들이 제대로 정보를 제공받지 못한 채 캄캄한 정보의 진공 상태에 있다면 이것이야말로 갖가지 루머를 만들어내는 온상을 제공하는 것이나 마찬가지다. 예를 들어 정리 해고와 같은 반갑지 않은 소식이 있어도 우선 현재까지의 사항을 있는 그대로 직원들에게 알려주고 새로운 소식은 계속 추가로 발표하겠다고 약속한다. 이렇게 하는 것이 불을 보듯 뻔한 사실을 일부러 숨겨 사태가 더욱 악화되고 부정적으로 바뀌는 것을 막을 수 있다. 직원들이 회사에 대해 정확한 정보를 가지고 있을 때 회사의 가장 강력한 지원자가 될 수 있다.

이미 루머가 상당한 수준으로 떠도는 상황일 때는 대처하는 몇 가지 방안이 있다. 첫째, 루머가 퍼지고 있는듯 싶으면 루머의 내용과 상반된 정확하고 구체적인 정보를 공중에게 제공한다. 이때 루머의 내용에 대해 장황하게 설명할 필요는 없다. 다만 현재 나돌고 있는 루머가 사실이 아닌 점을 분명하게 밝히는데 주력하면 된다. 그러나 사람들은 일반적으로 긍정적인 이야기보다는 부정적인 이야기에 더 관심이 많다는 점을 잊지 말아야 한다. 둘째, 루머가 나돌았으면 그 내용이 무엇인지를 분석해 봐야 한다. 근원지는 어디인가, 왜 그런 루머가 떠도는가, 어떤 영향을 미칠 것인가, 저절로 사라질 것인가 아니면 더욱 강력해질 것인가, 현재 루머의 중심지는 어디인가, 어느 특정한 일부 지역인가 아니면 나라 전역으로 퍼지고 있는가 등에 대해 구체적으로 조사해야 한다. 셋째, 묵살해 버린다.

루머가 사실이 아니라고 부정하는 것은 오히려 잠잠해져 가는 사람들의 관심을 집중시켜 손해를 보는 경우가 있다. 어떤 루머는 그대로 가만 놔두면 제풀에 꺾여 없어질 때도 있다. 이런 경우에는 루머가 설령 남아 있다 해도 회사에 심각한 손해를 끼치는 일은 별로 없다.

초연결 사회

 이제는 초연결 사회이기 때문에 루머 관리는 더욱 어렵다. 소셜 미디어나 온라인 커뮤니티의 수는 이미 너무 많기 때문에 루머를 근절하기는 더욱 더 어렵다. 요즘에 가짜 뉴스도 많이 나오는데 이 모든 근원은 결국 루머에서 시작된다. 가장 현명한 대처 방안은 지속적인 모니터링을 통해 이 루머가 과연 회사나 자신에게 큰 피해를 불러올지 진단해보고 즉각 회사 내외 전문가들이 모여 전문적인 대처 방안을 찾아 내는 것이다. 첫 대응이 잘못되어 악화되면 백약이 무효가 된다. 100가지 좋은 정책이 악성 루머 하나를 당하지 못하기 때문이다.

소셜 미디어(SNS)가 만드는 새로운 초현실 위기(hyper crisis)

특종도 위기도 다 만드는 무서운 말 기계 SNS

말린 피츠워터(레이건), 디디 마이어스(클린턴), 래리 스피커스(부시), 조지 파웰(카터). 아마 50대 이상이라면 이런 이름들을 기억하는 사람들이 꽤 있을 것이다. 당대 백악관의 명 대변인으로 이름을 날린 사람들이다. 지금은 어떠한가? 사람들은 미국 대통령 대변인의 이름도 잘 모르거니와 관심도 없다. 너무 자주 바뀌기도 한다. 물론 지금 바이든 대통령의 대변인인 장 피에르는 첫 흑인 여성이자 성소수자(여성 부부)로 유명해지긴 했으나 업무에 대한 탁월성 때문인 것 같지는 않다.

　미국 대통령의 입이 되어 미국의 수 많은 국내외 언론인들에게 뉴스 브리핑을 하고 그들의 질문을 유연하게 받고 큰 신뢰감을 주어 대통령과 임기를 거의 같이한 대변인들은 대통령 지지율에도 영향력을 발휘했다. 하지만 현재는 어떤가? 도널드 트럼프 전 미국 대통령은 한때 전 세계적으로 8,300만 명의 트위터(Twitter, 현재는 X로 사명 변경) 팔로워를 보유했었다. 잦은 구설수와 인종 폄하, 법에 저촉되거나 품위 없는 언어 사용 등으로 문제가 지속되자 트위터는 트럼프 계정을 삭제했었는데, 미국 국민의 51%가 복구를 지지했었다. 이후 트위터를 인수한 테슬라의 CEO

일론 머스크 덕에 22개월 만에 계정을 복구했고, 복구 20분 만에 100만 명의 팔로워가 늘어났다.

트럼프는 간혹 밤을 새워 트윗을 한다. 전 세계의 기자들과 국민들이 이를 읽어본다. 도대체 이 상황에서 대변인이 무슨 할 일이 있겠는가? 대변인의 해설이 필요 없다. 사업으로 치면 직거래다. 어떨 때는 대변인이 최신 대통령의 트윗 메시지를 놓쳐 기자들에게 망신을 당하기도 한다. 신세계 정용진 회장은 나우콤 문용식 대표와 트윗에서 설전을 벌이고 언론에 대서특필되었다. '돈 많은 관종,' '일베하는 오너'로 비난을 사기도 했다. 문재인 대통령이 세월호 희생 아이들에게 '미안하다. 고맙다'라고 한 것을 희화화한 '가재야 잘 가라 미안하다' 라고 한 트윗 메시지 때문에 곤욕을 치르고 급기야 소비자들의 SSG 탈퇴, 이마트 안가기와 불매 운동이 일기도 했다. 간단한 SNS 실수로 이런 위기가 닥치는 것을 보고 필자는 솔직히 이해하기 힘들 때가 많았다. 나이 탓인가 세대 탓인가. 그러나 유명 정치인은 물론 재벌 총수, 대통령, 장관, 연예계 스타들은 모두 인스타그램 등 자신의 SNS와 홈페이지를 가지고 있는 세상이니 어찌 하겠는가. 유튜브 운영자도 부지기수다.

소셜 미디어

기자들의 특종도 과거와 달리 SNS와 온라인에서 나오는 경우가 많다. 출입처의 문서 쓰레기 통을 뒤지고 전문가를 찾아 물어보고, 관련 사건과 사고의 과거를 추적하고, 증언자와 목격자를 찾던 소위 '몸으로 뛰는 특종'은 없어지다시피 하고 셀럽(celebrity, 유명인사)들의 SNS를 빨리 찾아내고 보도하는 것이 특종이 되어버린 세상이다. 신문에 나기 전에 벌써 SNS 특종이 전국을 한 바퀴 돌아버린다. 관련 회사나 당사자는 손 쓸 여지도 없다. 그러한 SNS에 대한 회사의 공식 대응이 나가기도 전에 회사의 직원들이 반응해 버리고 새로운 정보를 제공해 버린다. 조직체 안과 밖의 구별이 없는 세상이다.

이제 '만인이 저널리스트(everyone is a journalist)'인 세상이다. 말에 의한 사건, 사고, 이슈가 수 없이 생긴다. 새로운 세상이고 새로운 위기이다. 이런 경우 위기관리는 어떻게 해야 할 것인가? 오랜 기간 전통 신문, 방송, 잡지와 같은 레거시(legacy) 미디어와 지내온 필자에게 참으로 당황스런 일들이 자주 발생한다. 벌떼 같은 공격이 온라인과 SNS 상에서 이루어진다. 고객사는 패닉 상태가 되어 필자의 회사를 찾아온다. 필자는 2011년 한정호 연세대학교 교수팀이 정부의 의뢰를 받아 만든 『공직자의 SNS 길라잡이』를 읽어보았는데 도움이 많이 되었다. 기억나는 사항으로는 '공론화 가능성을 항상 염두에 두라', '투명하라', '수용자를 존중하라', '정부정책과 일치성을 고려하라', '인간미와 친밀감과 공감대를 형성하라'와 같은 원칙이다.

필자는 이런 원칙들을 제대로 공무원들이 실천할 수 있을까 의구심이 들었다. 당시는 이명박 정권 때이고 대통령이 소통을 강조해(정권초기 홍보란 말을 가장 싫어했던 대통령이었지만) 장·차관들의 SNS 등 소셜 미디어 대응 실적 평가를 전담하는 팀을 청와대에 두기도 했다. 휴가를 마치고 귀가하는 일등병에게 김관진 국방부 장관이 전화를 걸어 그 대화 내용이 온통 SNS에 오르는 해프닝도 있었다. 당시 장·차관들은 죽을 맛이라고 사석에서 토로했다.

　주로 셀럽들에 의한 위기도 많다. 셀럽들의 글로 위기가 발생하기도 하지만 댓글로 인한 위기, 댓글에 대한 반박 댓글로 일어나는 위기도 많다. 그런 것들이 바로 정치 이슈화 되어버릴 때 위기는 더 커진다. 정용진 회장의 '미안하다'는 트윗 발언에 또 국민들과 정치인들은 좌우가 갈려 큰 파동이 일어났다. 트위터, 유튜브와 같은 정보지향성 SNS와 페이스북(메타)이나 카카오톡 같은 관계지향성 SNS의 역할과 성격이 다르다고 보지만, 필자는 이에 대한 전문가로서는 자격이 없지만 그럼에도 불구하고 이제 실체를 인정하고 새로운 'PR 시즌 2' 세계를 열어야 한다고 생각한다. 그러면서도 자연스럽게 PR인의 세대 교체가 이루어지고 있다는 느낌이 든다.

　팔로워가 10만 이상인 셀럽은 정기구독자 수가 적은 신문보다 더 큰 영향력이 있다고 볼 수 있다. 필자가 직원들로부터 한 달에 1억 이상의 수입을 기록하는 파워블로거가 많다는 얘기를 듣게 되었는데 정말 PR 현장이 빠르게 변해가고 있다는 것을 피부로 느낀다. 블로그와 블로거(blogger)의 여론을 좌지우지하는 인플루언서인 파워블로거(power blogger)의 영향력을 인정해야 한다. 특히 위기 발생시 이들의 한 마디는 창이 되기도 하고 방패가 되기도 한다. 2022년 제과 그룹인 SPC사의 한 공장에서 반죽 기계에 20대 여성근로자가 몸이 끼어들어가면서 사망한 사건이 발생했을 때 전국의 소비자 SNS는 불같이 달아올랐다. 파리크라상, 파리바게트 같은 전국 프랜차이즈 빵에서 피냄새가 난다는 메시지가 회사를 위기로 몰고 갔는데 이에 엄청난 피해를 본 프랜차이즈 주인들은 회사를 옹호하는, 그리고 자신들의 피해를 호소하는 글들을 SNS에 실었다. 여론은 상당히 반전되기도 했다.

　이제 조직체마다 디지털 미디어와 SNS를 다루는 고유의 교육과 매뉴얼이 필수적이다. 회사의 구성원 모두가 글을 쓰고 영상을 만들고 배포하는 콘텐츠 전문가라는 인식을 가지고 수준급 공감 능력을 임직원 모두가 갖추어야 한다. 모든 임직원들의 이메일 서명이나 명함에 본인의 계정명이나 URL을 넣는 것은 기본이요, 자신들만의 페이지를 창의적으로 만들고 회사는 이를 도와주어야 한다. 회사의 방문자들과는 지속적으로 상호작용해야 한다. 자신들의 글이나 콘텐츠가 항상 언론의 관심 대상이 된다는 점을 인식시켜야 한다.

　소셜 미디어는 나날이 발전해나가고 있다. 텔레그램, 라인, 틱톡, 유튜브, 인스타그램 등 너무나 다양한 소셜 미디어 채널이 존재한다. 이런 다양한 채널에서 접하는 정보가 모두 다르고 많기 때문에 소셜 미디어 사용자들은 학자들이 소위 말하는 디지털 미디어 리터러시 교육을 받아야 한다고 본다. 필자는 이제 나이가 들어 비록 후배들에게 SNS와 온라인 매체 등 디지털 미디어 사용법을 배우는 처지이기는 하지만 나름 경륜이랄까 아니면 예감이랄까 긍정적인 생각도 해본다. 이제 회사도 공직자도 정치인도 언론과 소셜 미디어를 피해 숨을 곳은 지구상에 없다. 오랜 기간 나쁜 짓을 하면서 숨어 있을 곳은 더더욱 없다. PR업을 하면서 오랜 기간 입버릇처럼 강조해 온 투명성, 공개성, 상호이해성, 공공성 등의 문제는 자동으로 해결된 것이 아닌가 하는 생각이다. 소셜 미디어에서 생기는 이러한 위기를 진짜 위기가 아닌 초현실 가상 위기(hyper crisis)라고들 하지만 따지고 보면 정보화 시대 고도의 민주국가에서 나타나는 필연적인 현상으로 더 밝은 선진사회로 가는 과정일수도 있다는 생각이다.

5배의 월급을 제안받고 세계적인 로이터통신 주한특파원으로

초 단위의 취재경쟁과 뉴스모니터링에 힘겨웠던 로이터통신 특파원 생활

　코리아헤럴드 입사 후 3년 간은 모든 것을 불사른 기간이었다. 거의 새벽 6시 반에 출근하여 기명(by-line) 기획 기사를 매주 2~3개씩 생산하였다. 고아원, 나환자촌, 메디컬센터 등 병원 등에서 외국인의 따스한 손길을 기다리는 곳이면 어디든지 찾아다녔다. 사진 기자 임정의(현재 한국 건축 사진 분야 최고 권위자로 청암 포토스튜디오를 운영하고 있으며 4대가 사진을 가업으로 이어가고 있다.)씨와 같이 취재를 다니면서 코리아헤럴드 지면을 따뜻한 사랑과 인간미 넘치는 기사로 가득 채웠다. 마치 어디에 홀린 것처럼 정신 없이 바쁘게 하루 취재 일정을 소화하고 있었다. 이런 '미친 짓'을 보고서 하숙집 아주머니도 웃으며 '총각, 정신차려!' 하고 농담하기도 했다. 이 때 싫은 내색도 없이 기꺼이 새벽에 일어나 6시 30분 나의 출근을 위해 별도로 밥상을 차려준 하숙집 아주머니의 고마움을 잊을 수 없다.

　1970년대 당시 우리나라에는 두 개의 주요 통신사가 있었다. OB맥주 계열에서 운영하는 합동통신과 쌍용계열에서 운영하는 동양통신이다. 외무부를 출입하면서 통신사끼리의 경쟁이 치열하다는 것을 현장에서 직접

로이터통신 로고

목격하고 통신사가 아닌 코리아헤럴드에 입사한 것이 큰 다행이라고 생각했다. 외무부 기자실에서 회사로 들어와 오후 3시 마감 시간에 맞춰 기사 작성을 다 끝내고 잠시 휴식을 취하고 있는데 이시호 로이터통신 한국 지국장의 전화가 걸려왔다. 중요한 문제를 상의하려고 하니 한번 만나보고 싶다는 것이었다. 며칠 후 중국 식당에서 만나게 되었다.

식사 중 '미스터 김이 발로 쓴 기획 기사(feature story)를 꽤 오랜 기간 읽어봤다'며 김명식 특파원이 원래 근무하던 코리아타임즈로 돌아가게 되어 자리가 비었으니 필자를 특파원으로 채용하고 싶다고 하였다. 로이터통신 서울 지국은 지국장과 특파원 1명, 타이피스트 1명, 운전기사 1명으로 이뤄진 조직이었다. 월급을 제시하는데 코리아헤럴드 월급의 거의 5배에 가까웠다.

로이터통신사에서의 업무는 가슴 설레는 긴장 속에서 시작되었다. 지국장 외에 실제 취재 기자는 필자 한 명이었기에 중요한 정부의 브리핑(주로 청와대, 외무부와 남북적십자회담사무국, 유엔군사령부등)에만 직접 참석하고 나머지 많은 뉴스들은 같은 건물에 있는 합동통신 기자들이 취재한 내용에 의존하면서 기사를 작성하였다. 새로운 직장 분위기에 적응하는 데에만 무려 3개월 이상 걸렸다. '초 단위의 경쟁'이라는 말을 수십 번 듣기도 하였다. 경쟁 회사는 AP, UPI와 AFP였으며 어느 한 통신사가 1초라도 먼저 뉴스를 내보내면 그것이 특종(scoop)이 되고 나머지 통신사들은 '낙종'을 하게 되었다.

　근무 시간 동안 항상 머리를 지배하는 것은 낙종에 대한 두려움이었다. 이런 긴장된 생활 때문에 약 3개월 만에 몸무게가 4kg이나 빠졌다. 코리아헤럴드 시절 외부 취재원을 몇 시간씩 만나고 인간적인 대화도 나누고 식사도 같이 하면서 서로 인간 관계를 형성하던 것과는 완전 별세계의 생활을 해야 했다. 압축에 압축을 하여 기사를 작성하는 것도 쉽게 적응되지 않았다. 중요한 기사는 먼저 헤드라인 기사를 보내고 그 뒤에 추가기사를 보내는 형식도 있었다. 이런 새로운 스타일의 업무에 적응하는 데 꽤 오랜 시간이 걸렸고 특히 스포츠 기사 작성은 힘들었다. 그 당시 골프 토너먼트가 자주 열리고 있었는데 생전 처음 써보는 골프 기사는 전문 용어와 경기 방식에 대해 문외한이었기에 피나는 공부를 하지 않으면 안 되었다.

　날이 갈수록, 특종 경쟁과 속보 경쟁으로 인간미는 없이 오로지 뉴스만 쫓아야 하고 직접 취재보다는 합동통신 기자들이 취재한 것을 취재하여 영어기사를 작성한다는 것에 큰 흥미를 느끼지 못하게 되었다. 친구들과의 모임도 시간 때문에 거의 끊겼다. 30분 단위로 주요 뉴스를 모니터링 하였으며 같은 층에 있는 합동통신 정치부, 사회부, 체육부를 하루에도 수십 번 들락날락 하였다. 나도 기자라고 좀 뻐길 여유도 없이 뉴스 제조기가 되어있는 자신을 발견하곤 했다.

　외무부 출입 때 육군사관학교 출신 장교였다가 외무부 사무관으로 자리를 옮긴 외교관과 가끔 만나서 식사도 하였다. 그와 서로 솔직하게 인간적인 얘기를 나누면서 나의 현재 상황에 대한 회의가 들기 시작하였다. 즐기던 등산도 못하게 되고, 30분마다 기사 모니터링을 해야 하고, 친한 친구들과의 술자리도 거의 불가능하게 된 메마른 생활이 싫어졌다. 돈의 노예가 된 느낌도 강하게 들어 외국 통신사 생활을 그만두고 싶다는 생각을 굳히고 있었다. 그 시점에 코리아헤럴드에서 다시 들어와 달라는 간접적인 요청이 있어 친정집으로 옮기게 되었다.

지금 생각해 보면 로이터통신사에서의 3년 생활은 기자로서 한번 더 성장하는 계기가 되었다. 치열한 특종 경쟁 속에서 살아 남는 법도 배웠다. 내가 보낸 영문 기사가 영국 본사에서 간단한 문법과 팩트 체크만 하고서 전 세계에 내보내졌다. 긴급한 뉴스는 UU(urgent urgent) 코드를 넣으면 약 2분 내로 전 세계로 뉴스가 퍼지곤 하였다. 전 세계가 2분권 뉴스 네트워크 속에 있다는 어마어마한 사실을 깨달았다.

그 당시 지국장은 기사에도 신경 쓰면서 로이터 이코노믹 서비스(Reuter Economic Service)인 경제뉴스통신 비즈니스에 많은 시간을 보내고 있었다. 대기업들이 연간 많은 돈을 지불하면서 RES를 구독하고 있었으며 로이터통신 한국 지사의 주 수입원이었다. 이때 RES와 대기업들간의 관계를 눈여겨 본 것이 내가 한국 최초의 영문 경제 잡지 비즈니스코리아를 발간하게 된 주요 계기가 되었다.

세상살이는 항상 양면이 있다는 것을 깨달았다. 힘든 통신사 생활이었지만 훗날 한국 최초의 영문 경제 잡지 비즈니스코리아를 발간하여 한국 경제의 국제화에 기여하게 된 계기가 되기도 하였다.

빠르면서도 정확하게 일 처리를 하는 습관을 로이터통신사에서 배워 일생 내내 큰 도움을 받고 있다고 생각한다. 땡큐! 로이터!

카메라 하나 들고 두 달간
아프리카 여행에 나서다

*자의 반, 타의 반. 석양을 보면서
닭똥 같은 눈물을 흘린 JP(김종필)*

 코리아헤럴드 기자로 외무부를 출입하면서 당시 외무부 임명진 의전실장, 홍일 대변인 그리고 박쌍용 미국 국장 등과 특별히 친밀한 관계를 맺게 되었다. 그 때만 해도 해외여행이 쉽지 않았고 해외여행 기회가 생기면 회사의 사회부에서 서열순으로 가야한다는 등 해외 취재기자 선정과 관련된 많은 에피소드가 있었다. 그러나 이번 해외여행은 필자가 외부에서 친하게 지냈던 세 분들이 직접 개인적으로 지원해주는 일이어서 회사에서 아무도 시비를 걸지 않았다. 위 세 분과 기업에서 개인적으로 친한 기업인들의 명분 있는 취재 여행으로 여겨졌고, 비행기표, 항공권, 취재비 등을 지원해주는 형식이어서 다른 부수적인 문제는 없었다.
 매우 오래 전 1970년대, 아프리카 가봉의 봉고 대통령이 전용기로 3군 사령관과 합창의장들을 대동해서 박정희 대통령을 만나기 위해 방한하였다. 그 때 회담 결과로 가봉 수도 리브레빌에 쌍용이 투자하는 유신백화점을 지어주기로 합의하였다. 유신백화점도 아프리카 취재 여행의 주요 아이템이 되었다. 군인 출신인 김창훈 대사가 가봉 주재 한국 대사였다. 군인으로서 학구파이면서 평소 외교 문제에 관심이 많아 봉고 내통령이

아프리카 가봉의 자연 풍경

박 대통령에게 직접 부탁하여 가봉 대사로 임명된 분이었다. 김 대사와 저녁 식사 후 거실에서 차 한잔 하기 위해 자리를 옮겼다. 앉자마자 보니 거실 천장에 독사 세 마리가 박제된 상태로 걸려 있었다. 그 분 설명에 의하면 처음 대사관저에 들어와서 거실에 있는데 독사가 천장에서 왔다 갔다 하기에 본인이 갖고 있던 권총으로 쐈다고 한다. 평소에 쌓은 사격 솜씨를 발휘하여 명중시켰다. 그 뒤에도 두 번 그런 일이 있어 그 때마다 사격 솜씨를 십분 발휘하였다. 너무나 끔찍한 경험이라서 그것을 박제하여 그 때를 잊지 않기 위해 천장에 걸어뒀다고 설명하였다. 그 이후 관저 둘레에 담배를 심어 독사의 관저 진입을 막았다고 하였다.

그 당시 아프리카에 오랫동안 말라리아가 번지고 있어 현지에 파견된 외무부와 코트라 등 무역 관계 직원들은 점심 식사 후에는 꼭 키니네를 복용하였으며 한 1년이 지나면 위장이 펑크(?)가 날 정도로 위장에 문제가 생기기에 아프리카 파견 근무를 피하기 위해 온갖 수단을 동원한다는 소리를 들었다. 심지어 아프리카에서 많이 통용되고 있는 불어에 능통한 외교관도 불어를 모른체 한다는 얘기가 많았다. 그 때 총 맞은 독사를 보며 과연 아프리카가 어려운 곳이라는 사실을 실감하였다. 그 당시 어떤 일본 대사는 골프를 치던 중 골프장에 들어온 독사에 물려 한쪽 다리를 사용하지 못한다는 얘기도 있었고 아침에 부엌에 들어갔더니 엄청나게 큰 구렁이가 또아리를 틀고 있어 기겁했다는 소문도 있었다. 그 때만 해도 의료와 위생 수준이 워낙 낮아서 풍토병으로 목숨을 잃은 외교관도 있었으니 기를 쓰고 아프리카 부임을 기피했던 것이다.

대사와의 저녁 식사 후에 호텔에 돌아오니 쌍용이 건설한 가봉의 유신백화점 최운지 사장(전 국제전선사장, 국회의원)의 메모가 있었다. 내일 점심을 같이 하자는 전갈이었다. 평소 고향이 같은 쪽이라 잘 알고 지내던 사이였다. 바닷가에 위치한 고급 이태리 식당에서 맛있는 점심을 한 후 바닷가에서 차 한 잔 하자고 해서 자리를 옮겼다. '김 기자, 이 자리가 JP(김종필 전 국무총리·중앙정보부장)가 닭똥 같은 눈물을 떨어뜨린 곳이요.' 당시 여권의 권력관계로 국내 정치 여건은 아주 복잡 미묘하게 돌아가고 있어 권력의 실세였던 JP가 정치 현장에서 물러나야 한다고 소리가 커질 때였다.

박정희 대통령은 고심한 후 JP의 외유를 결정하였다. 그 때 '자의 반 타의 반'이라는 말이 언론 기사에 자주 등장했고 JP는 1보 전진을 위한 2보 후퇴를 결정하여 유럽을 경유해서 남미까지 끝없는 긴 여정을 소화하고 있었다. 그 때 분위기로는 JP가 방문하는 나라에 주재하는 한국 대사들도 본국의 눈치를 본다고 JP를 따뜻하게 대접할 수 없는 상황이었다. 그러나 최운지 사장은 달랐다. 평소 JP와 가까이 지내면서 동정적인 생각을 갖고 있어 유럽에 있는 JP에게 가봉에 들를 것을 권유했던 것이다.

가봉에 도착한 JP는 우리와 같은 이태리 식당에서 늦은 점심을 한 후 바닷가로 자리를 옮겨 최 사장에게 미리 부탁한 화폭과 화구를 달라고 해서 편안한 의자에 앉아 그림을 그리기 시작했다. 그림을 그리던 중 석양이 뉘엿뉘엿 넘어가기 시작했다. 최 사장이 당시 정권 수뇌부에 대해 불만을 토로했으나 아무 반응도 보이지 않더니 눈을 지긋이 감고 그림 그리던 붓을 모래사장 위에 떨어뜨리며 '닭똥' 같은 눈물을 흘렸다고 하였다.

가봉 취재 후 아프리카 서부 해안의 코트디부아르(아이보리 코스트)로 옮겼다. 아프리카의 파리라고 불리는 수도 아비장은 정말 아름다웠다. 헤밍웨이 소설에 나오는, 바닷물이 흘러 들어오는 라군(lagoon)이 펼쳐져 있었고 외무부 본부에서부터 잘 알고 지내던 K 외교관을 거기서 만나 무척 반가웠다. 저녁 식사 후 맥주도 한 잔 했던 상황에서 K 외교관이 나를 꼬불꼬불한 산길로 안내하였다. 약 20분 후에 목적지에 도달해 보니 거기는 공동묘지 터였다. 밤 10시경 아프리카 공동묘지를 방문하니 좀 으시시한 기분이었으나 그 외교관은 비장한 마음으로 나를 안내하는 것 같아 태연한 척 하였다. 그는 '김 기자님, 여기 우리 첫째이자 마지막인 아들이 잠들어 있습니다. 말라리아에 걸려 고생을 하다 여기 이렇게 잠들어 있습니다.'하고 비통한 심정을 토로했다. 그 이후 그 외교관은 대사로 승진하여 훌륭한 외교관이 되었으나 자식은 더 얻지 못했다는 슬픈 소식을 들었다. 외교관들이 아프리카 파견을 기피하는 생생한 현장을 목격하였다.

가봉공화국 취재 일정 중에는 제2의 슈바이처로 불리면서 한국을 빛내고 있는 한 외과 의사 인터뷰도 포함되어 있었다. 주민들이 긴 줄을 서서 기다리고 있어 간단한 인터뷰 후 사진 촬영에 많은 시간을 보내고 있었다. 진료 후 잠깐의 휴식이 있어 필자와 얘기를 나눌 수 있는 시간이 있었다. '정말 보람을 느끼고 있고 현지 주민들과 하루하루 더 가까워지는 것을 느끼고 있어 내 체력이 허용하는 한 아프리카에 있고 싶다'고 하였다. 외과의사는 가봉공화국 중앙의료원 소속이었으며 1973년부터 1986년

한국인 순직 의사를 기리기 위한 비석 (출처 : 김홍기 목사)

순직할 때까지 열악한 아프리카의 의료서비스 개선을 위해 몸 바쳐 일하였다. 현재 가봉의 중앙의료원 한쪽에 한국인 순직 의사를 기리기 위한 비석이 세워져 있다.

　에피소드 하나를 얘기 하겠다고 해서 들어보니 병원 인근에 살고 있는 추장 한 사람의 부인이 아기를 낳는데 난산이어서 추장이 직접 사람을 보내 부인을 좀 살려 달라는 전갈을 보냈다. 외과가 전공이었지만 아프리카에서는 전공과 관계 없이 만능의가 되어야만 하였다.

　약 2시간의 수술 후 아들을 무사히 낳게 되었고 며칠 병실에서 진정한 후 집으로 돌아가게 되었다. 그 추장이 고마움의 표시로 암소 2마리, 염소 40마리 그리고 아프리카에서 유통된 최초의 지폐 100장을 선물로 전달하였다고 한다. 한국에서 귀빈들이 방문하면 이 지폐를 한 장씩 선물하였다고 하면서 필자에게는 지폐 3장을 주었다. 지금도 고이 간직하고 있는 그 지폐를 만지면서 언제 한번 감정을 받아봐야지 하는 생각과 함께

제2의 한국인 슈바이처를 머리에 떠올린다.

  필자가 이 책을 집필하는 과정 중 외과의사의 성함에 관한 기록이 없어 외교부를 접촉하여 현재 가봉에서 선교사업을 하고 있는 김홍기 목사님을 소개 받았다. 김 목사님의 도움으로 외과의사가 고 이선일 박사님이며, 1922년 평양에서 출생하였고 1948년 서울대학교 의과대학을 졸업하였으며 1986년 가봉에서 순직하였다는 사실을 알게 되었다. 김 목사는 1982년 전두환 대통령이 가봉을 공식 방문하였을 때 공항에서 환영 행사에 참여하였다. 그 때 김 목사가 공항행사 현장에서 목격한 생생한 증언을 듣게 되었으며 이 증언은 기록에 남겨두어야 할 역사의 한 장면이라 생각하여 이 책에 싣기로 결정하였다.

  다음은 김 목사의 증언이다.

전두환 대통령이 1982년 8월 22일 가봉을 방문했을 때 공항 환영행사에서 황당한 일이 일어났다. 전 대통령과 봉고 대통령이 나란히 서서 공식 환영행사를 하는데 우리 애국가 대신에 북한 인공가가 울려 퍼진 것이다. 처음에는 북한 국가인줄 모르고 다만 엉뚱한 곡이 나왔기 때문에 모두들 어리둥절 한 가운데 여기 저기서 고개를 갸우뚱하고 있었다. 그런데 잠시 후 장세동 경호실장이 이를 알아차리고 황급히 군악대장에게 달려가서 '스톱'을 외쳤으나 불어만 아는 가봉인 군악대장은 말뜻을 못 알아 들었다 (불어로 '아레떼'라고 했어야 했다). 그러는 사이에 이미 인공가 연주는 끝나 버렸다.

우리 애국가가 미리 봉고 대통령실 군악대에 전달되어 있었으나 마침 그 군악대가 가봉의 독립기념일 행사를 위해 지방에 내려가 있어서 황급히 헌병대 군악대를 불러왔는데 '꼬레(Coree)'라고 하니까 악보집에 먼저 나오는 '꼬레 뒤 노르(Coree du nord)' 즉 '꼬레'라고 쓰인 글자만 보고 인공가를 연주한 것이다. 대한민국 국가의 순서가 뒤에 있었지만 남북 분단을 잘 모르는 그들이 큰 실수를 한 것이었다. 화가 난 일부 강경파 수행원들은 일정을 바꿔서 다른 나라로 가자며 흥분했으나 봉고 대통령이 여러 번 미안하다고 사과해서 진정되었다. 가봉 주재 함태혁 대사는 이 사태에 책임을 느껴 이범석 외무장관에게 바로 사표를 냈으나 이 장관은 '그거 집어넣으라우...지금 나도 죽을 판인데...' 하며 대범한 스타일로 위기를 넘겼다는 전언이다. 국가 간 행사에서도 이러한 어처구니 없는 사고가 발생하는 것을 보면 PR 회사가 클라이언트의 행사를 진행할 때 강조하는 '확인하고 또 확인하라'는 모토가 얼마나 중요한지 알 수 있다.

그런데 공교롭게도 가봉에서 일어난 이 사고로 전두환 대통령이 1년 후에 목숨을 건지게 되었으니...

전 대통령이 그 다음 해에 아세안 순방차 버마(현재는 미얀마)를 방문했을 때, 북한 특수공작원들의 폭탄 테러로 아웅산 묘지에서 많은 수행원들이 참변을 당했으나 전 대통령은 아슬아슬하게 이를 모면했다. 이때 전 대통령의 도착이 예정보다 늦어지자 미리 와 있던 장관 중에 한 분이 가봉에서의 인공가 사건이 떠올라 '작년에 아프리카에서 애국가를 잘못 연주해 혼이 났는데 시간이 좀 남았으니 애국가 한번 연습시켜 보자'고 해서 애국가 연주가 시작되었다. 멀리 떨어진 곳에 잠복하여 전 대통령 도착을 목 빠지게 기다리던 폭탄 테러범들은 이 애국가 소리를 듣자 전 대통령이 도착한 줄 알고 원격 조종 장치를 눌러버린 것이다. 이 테러 만행으로 현장에 미리 나와 있던 서석준 부총리를 비롯해서 이범석 외무장관, 김동휘 상공장관, 함병춘 비서실장 등 고위 수행원 17명이 애석하게도 목숨을 잃었다.

  아프리카 취재를 마치고 대서양에 있는 스페인령 원양어선 기지인 라스 팔마스에 갔다. 한국 원양 산업의 현장을 목격할 수 있었고, 거기에는 필자의 고등학교 친구이며 원양 어업 회사 남양수산의 기지장으로 근무하고 있던 정태완씨가 재회를 기다리고 있었다. 그 때 대한항공 지점이 라스팔마드에 나와 있을 정도로 우리의 원양 어업은 크게 번성하고 있을 때였다. 그 뒤에 숨어있는 원양 어업 현장은 숨 막히는 장면도 많았다. 친구의 설명에 의하면 고기를 많이 잡기 위해서는 입어료를 지불하고 영해 안으로 들어가야 하였다. 당시 아프리카 당국은 입어료를 너무 높은 수준으로 책정하여 매번 비싼 입어료를 지불하고서는 수지타산에 맞지 않아 반 정도는 경계선을 침범하여 불법조업을 하게 된다는 것이다. 불법 조업을 하다 나포되면 원양어선을 운영하는 회사의 책임자를 소환하여 벌금을 부과한다. 그런데 그 금액이 너무나 높아 감당하지 못하겠다고 항의하면 해변가에 구덩이를 파고 그 안에 들어가게 한다. 그들이 제시한 금액을 수용하겠다고 생각하면 오른손을 들어 신호를 보내라고 한다는 얘기도 덧붙였다. 한번은 친구도 불려가 바닷가 구멍에 들어가게 되었다. 약 한 시간 기다리니 바닷물이 서서히 안 쪽으로 들어오고 있어 조금만 더 있으면 밖으로 내보내줄 것이라 생각했으나 약 4미터 앞까지 바닷물이 들어와서 오른손을 들지 않을 수 없었다고 한다. 그 때부터 원양 생선을 볼 때마다 친구 생각이 나서 마음이 편치 않았다.

가택연금 중이던
김대중 대통령과의 만남

감옥에서 공부한 영어로 외신 기자들에게
자신의 처지와 의지를 알린 DJ(김대중)

　로이터 통신 주한 특파원 시절 아시아 총괄 지국장이며 북경에 주재하고 있던 이안 맥켄지 특파원이 당시 동교동에 가택 연금되어 있던 김대중 씨를 인터뷰하니 거기에 배석하여 통역을 맡아 달라는 메시지가 런던 본부에서 왔다. 정치인 김대중 씨에 관한 개인적인 자료와 그가 최근에 밖으로 내보낸 제한된 메시지도 정리하고 로이터 북경 주재 특파원에 관한 자료도 챙겼다. 맥켄지 특파원은 월남전 종군 기자로서 전쟁 현장에서 특종을 쫓다가 경계선 안으로 깊이 들어가 수류탄이 터졌으나 목숨을 건졌다. 그러나 그 때 입은 다리의 상처 때문에 목발 하나에 의존하고 있었다. 당시 언론 보도에서 김대중 씨가 동교동 자택에서 연금되어 있다는 보도를 많이 보았기에 동교동 자택은 도대체 어떻게 생겼을까 하는 호기심을 갖고 있었다. 김대중 씨 비서를 통해 방문 날짜를 통보 받고 동교동을 관리하는 파출소에 신고를 하는 등 복잡한 절차를 거친 후에 최종 인터뷰가 확정되어 동교동을 방문하였다.
　인터뷰 전 관할 경찰서에서 6번 정도 직접 회사를 방문하여 주요 취재 토픽과 인터뷰하게 된 계기, 북경주재 지국장의 보도 성향에 대해서 수많은 질문을 던졌다. 6번 정도 만나니 경찰과도 친해져서 서로의 입장을 이해하게 되었고, 나중에는 막걸리 한 잔을 하면서 식사도 같이 하게 되었다. 그 당시 언론계에서 떠도는 정보는 김대중 씨가 AP, 로이터, UPI와 AFP 등 외국 통신사와의 원활한 관계 때문에 살아남게 되었다는 이야기도 있었다. 필자로서도 김대중 씨의 탁월한 대언론 관계에 대해 직접 보고 체득하고 싶은 생각도 있었다.

 인터뷰에 응하고 있는 김대중 씨는 얼굴이 무척 수척해 보였으며 그 전날 잠을 충분히 자지 못한 것 같았다. 그는 특파원과 인사를 나누면서 영어로 대화를 시작하였다. 유창하지는 않았지만 정확하게 의미는 전달할 수 있는 수준이었던 것 같았다. 특파원과의 인터뷰가 시작되고 필자가 첫 질문과 대답을 통역한 후 두 번째 질문에 대해 통역을 하려고 하는 순간 필자에게 질문을 알아들었으니 유창하지는 못하지만 나의 뜻을 한 마디 한 마디 영어로 전달하겠다고 하였다. 문법적으로 완전한 문장은 아니었지만 명사·형용사와 동사 등을 사용해서 천천히 명확한 메시지가 있는 내용을 전달하고 있었다. 그 당시 형용사와 명사 선택은 굉장히 중요한 시기였다. 많은 언론 중 외신만은 군사정부 당국이 자유로운 취재 활동과 보도를 막을 수 없었기 때문에 로이터 통신 인터뷰에서 김대중 씨의 비판이 어느 정도인지에 대해 정부 당국자들은 초미의 관심을 갖고 있었다. 그러기에 김대중 씨도 어느 선에서 어느 정도 메시지를 내야 하는가를 관리하고 있었던 것이다. 아주 도를 넘지는 않으면서도 자신이 처해있는 정치적 상황에 대해 가장 정제된 언어로 표현하여 국제적인 공감을 불러일으키는 것이 절실한 상황이었다.

 필자가 옆에 있으면서 느낀 것은 이러한 상황에서 김대중 씨는 통역

보다는 직접, 가장 적절한 단어를 하나 혹은 둘을 선택하여 설명하는 것이 메시지 전달에 더 효과적일 것이라고 생각하였을 것이다. 지금 생각해 보면 DJ는 인터뷰할 당시 인터뷰이 (interviewee)가 스스로 메시지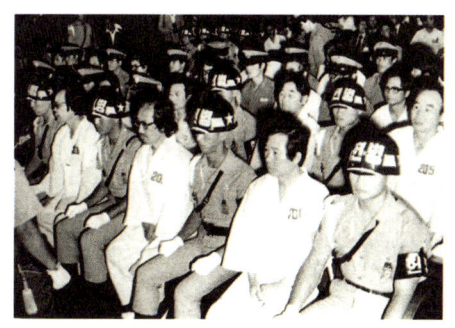

내란음모죄로 재판 받는 김대중

를 관리하는 최고의 PR 기법을 구사하고 있었던 것 같다. 인터뷰가 다 끝나고 차 한 잔을 나누는데 그가 영어를 공부한 과정을 설명하였다. 감옥에 있을 때 시작된 영어 공부 자료는 큰 노트 20여 권에 다 기록되어 있었다. 한 단어마다, 발음기호, 뜻 그리고 그 단어를 이용한 문장 하나가 있었다. 큰 노트 20여 권에 담긴, 감옥에서의 그 피나는 공부가 훗날 김대중 대통령이 미의회에서 영어 연설을 하게 된 밑거름이 되었다고 생각한다. 로이터통신 특파원은 그간 많은 외국의 정상들을 단독 인터뷰하였지만 김대중 씨만큼 자기 메시지를 명확히 전달하는 지도자는 보지 못했다고 감탄하였다. 그러나 로이터 통신으로 타전된 인터뷰 기사는 당국의 통제로 국내 언론에는 제대로 보도되지도 못하였다. 인터뷰가 끝난 몇 달 후 북경에 주재하고 있던 맥킨지 특파원으로부터 연락이 왔다. 김대중 씨가 한약을 달인 팩을 약 30개 보냈다고 하면서 그 한약이 월남전 때 다친 다리의 상처에 좋다는 부연 설명도 있었다고 하였다.

김대중 대통령이 외신 기자들에 대해 이렇게 정성을 들여 관리하니 그 어려운 군사정권 시절 외신들이 한국의 정치 상황에 대해 보도하면서 김대중 씨에 대해 많은 포커스를 맞추었고 군사정권도 김대중 씨를 연금 상태에 두고서 더 이상 심하게 다룰 수는 없었다고 생각하였다.

그 당시 김대중 씨는 오프-더-레코드(off-the-records)로 꽤 많은 얘기를 하기도 하였다. 필자의 기억에 생생하게 남은 것은 자신이 추후 한국의 지도자가 된다면 정치 보복을 하지 않겠다는 이야기였다. 그간의 시련을 생각해 보면 정치 보복을 가장 철저히 할 정치인이라고 생각했는데, 정치 보복을 하지 않겠다는 그의 말에 크게 감명받았으며 실제 대통령이 된 이후 그 약속을 지키는 모습을 봤다. 또 핍박 받는 정치인 아버지로서 부인과 자식들에게 너무나 많은 정신적 상처와 피해를 주는 것이 가장 가슴 아프다고 얘기하면서 자식들에 대한 미안한 감정을 진하게 표현하기도 하였다. 대통령이 된 후 아들들이 일으킨 문제로 고심을 하였을 때 필자는 핍박 받을 당시의 자식들을 불쌍히 생각해서 냉정하게 자식 관리를 못했던 것이라고 생각하였다.

김대중 씨가 대통령이 되자마자 국정 홍보의 민간 기법 도입을 지시하였다. 그 때까지만 해도 국정 홍보는 일방적(one-way)인 지시 사항을 전달하는데 불과하였다. 이것을 쌍방향(two-way) 모델로 만들면서 국정 홍보의 새로운 장을 열었다. 김대중 대통령이 이것을 통해 한국 PR 산업 발전에 기여한 공로는 지대하다.

국정 홍보의 민간 기법 도입 관련 입찰이 진행되어 최종적으로 필자가 운영하는 커뮤니케이션즈코리아가 선정되어 2년 간 국정 홍보의 민간 기법 도입을 위해 다양한 노력을 해왔다. 그 당시 국정 홍보처 유재웅 국장 (전 을지대학교 교수였으며 국정 홍보와 위기관리 전문가로서 한국 PR 산업 발전에 크게 기여하였다.)과 새벽 6시부터 서로 전화 통화를 하면서 김대중 대통령의 주요 메시지 전략에 관해 같이 머리를 짜냈던 일도 잊지 못할 기억이다. 그전까지 국정 홍보는 '이것만은 하면 안된다, 위반하면 벌칙은 아래와 같다' 등 일방적(one-way)이였으나 김대중 대통령의 민간 기법 도입 이후 쌍방향(two-way)기법이 활용되어 민간의 피드백이 정부 정책 결정에 영향을 미치기도 했다.

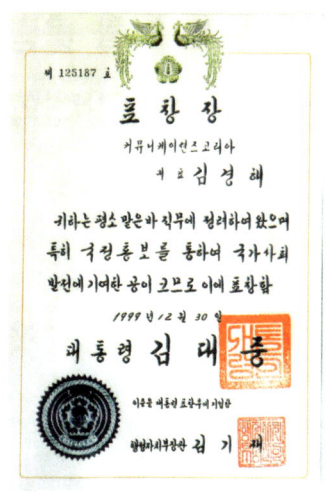

김대중 대통령 표창장

 필자는 그 당시 제주도에서 국정 홍보의 민간 기법 도입 관련 세미나에 참석했는데 필자와 법무법인 화우 양삼승 대표변호사가 발표를 진행했다. 발표 이후 점심식사 자리에서 박지원 문화공보부 장관이 '김 사장, 하루에 저녁을 몇 번씩 하느냐?'라는 질문을 해왔다. 이에 대해 필자는 '한번 한다'고 단순하게 대답했더니, 박 장관은 '나는 보통 다섯 번 정도 한다. 가까운 호텔에 있는 다른 식당에 각각 다섯 개의 약속을 만들어서 10분 내지 15분씩 자리를 옮겨 다닌다'고 말한 것이 기억 난다.

 최근 전 을지대학교 유재웅 교수를 만나 같이 점심을 하며 그 때를 얘기하면서 그 시절을 회상하였다. 필자는 그 때의 공로로 김대중 대통령 표창장과 정부 훈장을 받았다. 지금도 표창장을 잘 간직하고 있고 그것을 볼 때마다 우리나라 PR 산업이 지금처럼 발전할 수 있게 하는데 작은 역할을 했다는 자부심을 갖게 된다.

88 서울 올림픽 볼링운영본부장이 되고, 서강대학교 총동문회장에 당선

걱정하던 레스만 세계볼링 협회장, 88올림픽 운영에 95점을 주다

필자는 88 서울 올림픽 개최 전까지 대한볼링협회 국제담당 부회장으로 볼링의 국제화에 큰 힘을 보태 왔었다. 볼링 관계 국제회의가 헬싱키, 시카고 등에서 열릴 때마다 볼링협회 김봉엽 회장과 함께 한국 대표로 참가하였다. 88 서울 올림픽 메달 경쟁을 하는 23 개의 경기 이외에 볼링은 전시 종목(exhibition game)이었고 태권도는 시범 종목(demonstration game)이었다. 전시 종목은 서울 올림픽에서의 성과에 따라 다음 올림픽 때부터 정식 종목으로 도약할 수 있는 가능성이 있어 성공적인 대회 운영을 위해 필사적으로 노력을 하였다. 23개의 정식 종목과 시범 종목을 책임지고 있는 운영본부장들은 올림픽 개최 1년 전부터 노태우 대통령(당시 올림픽조직위원장)이 주재하는 올림픽 준비회의에 참석하였다. 23개 종목의 운영본부장들은 거의가 국내 재벌 총수들이었다.

핀란드 헬싱키에서 볼링의 올림픽 전시종목 운영에 관한 룰을 정하기 위한 모임이 있어 김 회장과 필자가 참가하였다. 기자 시절 인터뷰 위주의 취재 여행을 하였으나 본격적으로 북구라파 여행을 해보고 싶은 꿈이

커서 큰 기대를 갖고 회의 준비를 하였다. 당시 필란드 볼링협회장이 세계볼링협회 회장을 맡고 있어서 양국 회장 간의 미팅 준비에 많은 시간을 보내고 필요한 부분을 사전에 교신을 통해 많이 정리하였다.

두 회장 간에 큰 범위의 그림을 그리며 서울 올림픽 성공을 위해 진지하게 노력하였다. 회의가 원만하게 마무리된 후 세계볼링협회 회장과 저녁을 먹으면서 양국의 볼링 현황에 대해 의견

서울 올림픽 볼링운영본부장 시절 필자

을 나누었다. 한국에서는 준재벌에 가까운 분들이 회장이 되어 상당한 경제적 지원을 하였고 대한볼링협회 김 회장도 상호신용금고를 운영하고 있었다. 그러나 핀란드는 회장이 매달 일정 금액의 월급을 받으면서 봉사를 하고 있다고 하였다. 핀란드인 세계협회 회장은 볼링 선수 출신이며 자전거를 타고 집에서 볼링협회 사무실까지 출근한다고 하였다. 1년 후 김 회장이 사업상의 문제로 대한볼링협회 회장에서 물러나게 되어 필자가 회장 직무대행을 맡으면서 서울 올림픽 운영본부장이 되어 본격적인 올림픽 볼링 경기 운영 준비에 들어갔다.

원만한 업무 수행을 위해 대한볼링협회 임원을 지낸 분들과 현역 주요 선수들, 그리고 대한체육회 관련 임원들, 정부에서 파견한 조정관들과 수많은 회의를 진행하였다. 덕분에 올림픽 볼링 경기는 서울에 있는 한 볼링장에서 하루만에 별 탈 없이 잘 마무리되었다. 그 당시 세계볼링협회장

서울 올림픽 볼링 경기에 사용된 한정 볼링핀 중 하나

은 미국인 테스만 씨였는데 아주 까다로운 사람이라서 필자와 격돌을 벌인 적도 있었다.

올림픽 경기 운영은 별 차질 없이 잘 진행되어 모든 운영자들이 안도의 한숨을 쉬었다. 그들은 마지막 피날레였던 시내 힐튼에서의 성공적인 서울 볼링 경기를 축하하는 리셉션에 큰 기대를 걸고 있었다. 낮에 볼링 경기 중에는 우리말로 진행을 하면서 영어로 통역하는 형식이어서 외국 참가자들은 불평을 하기도 하였다. 그들의 불평을 잠재우기 위해 필자가 리셉션을 주재하면서 영어로 직접 진행하고 주요 부분을 우리말로 요약해서 진행하여 큰 박수를 받기도 하였다.

테스만 회장도 대한민국의 운영 능력에 대해 걱정을 하였다고 고백하면서 '오늘의 서울 올림픽 전시종목인 볼링경기 운영에 95점을 주고 싶다'고 얘기하여 큰 박수를 보냈다. 모든 참석자가 볼링이 다음 올림픽에는 정식 종목으로 채택되기를 기원하면서 축배의 잔을 들기도 하며 힐튼 리셉션장 분위기가 고조되었다. 필자는 서울 올림픽 경기 운영에 일익을 담당했다는 자부심으로 가슴 뿌듯하였다.

서강대학교는 역사가 짧아 총동문회장은 재벌기업 회장 출신이 아닌 실무형 회장이 선출되어 왔다. 실제로 동창회 업무에 깊이 관여하여 동문회 본연의 목표를 달성하기 위해 노력하는 것이 필수적이었다. 전 중앙대학교 교수였던 사학과 출신 이우진 회장은 4년 간 탁월한 역량으로 회장직을 맡아 봉사했고, 퇴임을 앞두고 차기 동문회장 후보를 열심히 물색하였다. 다음 동문회장의 역할 중 가장 중요한 것은 동문회의 숙원 사업이었던 '동문회관 건설'이었다. 이 중대한 숙제를 앞두고 후보 관련 논의가 활발하게 논의되었고, 이러한 과정 중에 필자도 최종 후보자 중 한 명으로 올랐다.

새로운 회장 후보자는 전임 회장과 회장단 앞에서 숙원 사업을 해결할 수 있는 계획도 설명해야 했고, 동문회의 발전을 위한 사업계획도 발표하였다. 특히, 회관 건립과 연관된 모금(fund raising) 문제도 거론되었다. 필자는 전임 회장과 회장단에게 모금은 PR의 한 분야라고 설명을 하면서 새로운 모금 계획에 대해 설명하였다.

기금에 대한 모금이 순조롭게 이루어지고 있을 때, 이제 남은 일은 이한택 총장 신부님으로부터 동문회관 건축 부지를 받아내는 것이었다. 이 협상은 지루하기도 했을 뿐더러 신부님과 협상하는 상황에 익숙하지 못한 필자로서는 많은 어려움을 겪었다. 모든 협상이 그럴 수도 있겠지만 아침에 총장 신부님이 기분 좋을 때는 회의에 진척이 있었고, 그렇지 못할 경우에는 후퇴하였다.

이 과정에서 가장 큰 힘이 되어 주었던 분이 바로 이우진 전임 회장이었다. 서강대학교 1회 졸업생으로서 큰 자부심을 갖고 있었고 애교심이 남달랐던 선배였다. 신부님들과의 대화 진전에도 많은 충고를 아끼지 않았다.

신부님과 협상하면서 터득한 노하우가 쌓이니 조금 더 수월하게 총창 신부님과 대화가 가능해졌다. 예를 들어 어떻게 하면 총장 신부님을 기분 좋게 유도할 수 있을지 그리고 어떻게 대화를 이어가야 할 지 등을 통해

왼쪽부터 김미자 사무국장, 이우진 전임 회장, 박홍 총장, 필자

많은 진전을 이루어 나갔다. 이렇게 좋은 관계를 이어가다 보니 총장 신부님이 '부지 문제를 곧 결말 낼 터인데 모금 문제가 걱정된다'고 할 정도로 진전이 이루어졌다. 최종 부지 결정이 합의된 이후 필자는 총장 신부님과 함께 조선호텔 중국집에서 점심을 같이 했다. 이때 총장 신부님은 '김 회장, 정말 끈질기더군. 부지 문제로 밤에 꿈까지 꾼 적도 있다'고 회고했다. 천만원클럽을 통해 정기적으로 모금액은 쌓이고 있었지만, 부지까지 승인받은 상태였기 때문에 이제는 정말 모금을 마무리해야 했다.

당시 서병수 동문이 해운대 구청장이었는데, 구청의 발전을 위해 많은 업적을 쌓고 서강대학교를 빛내고 있어 '자랑스러운 서강인 상'을 수여했다. 서 동문은 그 후 국회의원 당선, 부산시장과 국민의힘 사무총장까지 지냈다. 동문회에서 1년에 한 번씩 진행하는 송년회에 박근혜 동문도 참석하여 송년회를 빛내주었다. 필자는 박근혜 전 대통령과는 특별히 인연을 맺고 있었다. 서강대학교 동문이고 박 대통령이 필자의 고향인 대구시 달성군에서 국회의원에 출마하여 당선되었다. 박 대통령이 한나라당 이회창총재의 권유로 정계에 나와 대구 달성 지역구 국회의원 선거에서 전 병무청장 엄삼탁 후보(김대중 공천)와 대결했을 때의 일이다. 동문회장 자격으로 동문들의 성의를 전달하기 위해 달성군 현장을 방문하였다. 필자의 선배이며 동문회 사무국장이던 김미자 선배와 동문회 부회장과 임원 10여 명이 달성군 유세현장을 방문했을 때 박 대표는 유세를 끝내고 차안에서 잠시 휴식을 취하고 있었다. 이회창 총재의 부인 한인옥 여사가 KBS 앵커 출신 신은경 씨와 함께 박 후보를 돕고 있었다. 박 대표는 승용차 창문을 열어놓고 뒷좌석에서 잠시 눈을 붙이고 있었다. 동문회 임원들은 한 여사와 신 씨와 같이 대화를 나누고 있었는데 뒷좌석에서 코를 약간 고는 소리가 들려왔다. 여자의 몸으로 힘든 유세, 그것도 김대중의 민주당이 총력을 다해서 박 대표에게 타격을 가하겠다고 나오고 있었으니 힘도 들었을 것이다. 더구나 상대는 돈을 많이 쓴다는 소문도 자자하였다.

 대선 준비 과정 중 필자와 여러 차례 일대일 미팅도 하였다. 현실 정치 문제도 화제에 올랐으나 여러 여건상 더 진전되지 못했다.

 필자가 올림픽 전시 종목 볼링운영본부장으로서 올림픽 볼링 경기 운영을 협의하기 위해 핀란드인 세계 볼링 협회 총재를 만났을 때 그가 자전거를 타고 출근하고 월급을 받고 있다는 설명을 듣고 재벌 회장이 아닌 실무형의 동창회장을 도입한 서강대학 모델과 유사하다는 생각을 하게 되었다.

4장

PR을 PR하다

언더독의 역습 :
공격 PR의 승리

== 임팩트 있는 공격 PR로
골리앗을 무너뜨리다 ==

과거 미국 공화당의 대통령 후보 미트 롬니가 한 언론 인터뷰에서 '저는 언더독입니다(I am an underdog).'라고 해서 화제가 되었다. 치열한 선거전에서 롬니는 왜 자기가 현재 처해 있는 상황을 언더독이라고 표현했을까? 언더독(underdog)이란 사회과학에서 상대적 약자를 지칭하는 말로 투견장에서 위에서 짓누르는 개를 '탑독(topdog)', 아래에 깔린 개를 '언더독'이라 부른 데서 유래했다. 몇몇 여론조사에서 오차범위 이상 차이가 나기는 했으나 자신 스스로를 언더독이라고 표현하는 데는 전략적 계산이 깔려있다. 최근 위기관리에 있어서도 이 언더독의 개념을 정확히 이해해야 효과적인 대응 방안을 마련할 수 있다는 시각이 지배적이어서 언더독의 개념이 집중 조명되고 있다. 일반 대중들은 약자의 편을 드는 경향이 있고 특히 청교도 정신을 이어받은 미국인들은 이러한 경향이 두드러진다는 것이다. 실제로 롬니 후보가 자신을 언더독이라고 표현한 후, 오바마 대통령과의 지지율 경쟁에서 박빙이라 할 정도로 여론의 지지도가 꾸준히 상승했다.

커뮤니케이션즈코리아를 설립한지 몇 년이 지나 한국형 위기관리 전략 수립에 매진할 때였다. 풀무원이 유기농법을 도입하여 친환경을 중요시하는 소비자들의 큰 호응을 받고 있을 때이기도 했다. KBS 9시 뉴스에 풀무원 유기농법에 문제가 있고 계약재배자 가운데 소수의 농부는 유기농법을 도입하지 않고 있다는 보도 내용이었다. 결국 밤 11시 경에 풀무원에서 긴급 면담을 요청해 와서 필자의 회사 부사장과 함께 풀무원으로 달려갔다.

풀무원 로고

 풀무원의 담당 임원은 이런 경우에는 어떻게 대응하는 것이 좋을지 자문을 구하였다. 풀무원 측은 필자에게 오보의 근거를 확실히 제시하지 못하고 단지 풀무원이 그간 추구해온 유기농법은 한치의 오차도 없이 완벽하게 관리되어 왔다고 강조하면서 'KBS 보도는 오보'라고 주장하였다. 너무나 짧은 시간이었고, 풀무원 측도 당황한 나머지 확실한 근거를 필자에게 제공하지 못해 계약재배를 하는 농부 1-2명이 차질을 초래하여 그것이 KBS 기자의 귀에 들어간 것이 아닌가 하는 생각도 하게 되었다. 다만, KBS와 같은 공룡과의 싸움을 위해서는 120~130% 유기농법이라는 확신이 있어야만 한다고 설명하고 계약재배를 하는 농부들을 전수 조사할 필요성을 얘기하면서 결론을 내리지 못하고 미팅을 끝냈다.

 조용히 진전 상황을 지켜보고 있던 중 그 다음 다음 날 아침 조간 신문을 보고 깜짝 놀라게 되었다. KBS에게 공식 사과를 요구하며 끝까지 진실을 밝히겠다는 광고 내용이었다. 1면 하단 5단통 광고의 효과는 대단했다. 그날 점심 때 풀무원 광고가 서울 시내 많은 식당에서 점심을 즐기는 사람들의 밥상에 오르게 되었다.

결국 풀무원과 KBS의 한판 승부에서 KBS가 손을 들게 되었다. KBS가 밤 11시 뉴스라인을 통해 정식으로 사과를 하는 사건이 발생했다. 지금까지 KBS와 같은 공룡과의 싸움에서는 '을'인 기업이 뒤로 물러나는 경우가 많았는데 풀무원은 달랐다. 그 때 풀무원 경영진이 내린 결정과 KBS의 사과는 오늘날의 풀무원이 있게 한 큰 원동력이 되었다. 이 사건은 한국형 위기관리의 새로운 장을 여는데 큰 역할을 했고 풀무원이 친환경 기업으로 도약하는 튼튼한 바탕을 마련해 주었다.

TV 생방송 중 상대방과 한판 승부를 벌이기도 하고 또 앵커맨과 대담에서 한판 승부를 벌이거나 아예 생방송 중 밖으로 뛰쳐나가 버리는 경우도 있다. 이것을 과연 우연의 실수에서 나온 일이라 볼지 아니면 고도의 계산된 행동인지는 다시 한번 생각해보게 된다.

'사랑하는 아내를 버리란 말입니까?' 하면 누가 떠오르는가? 바로 2002년 이인제 후보가 민주당 대선 후보 연설회에서 당시 노무현 후보 장인의 좌익 활동을 문제 삼으면서 사상을 제대로 검증해야 한다고 압박 쐐기를 박는 자리에서 이 한 마디로 전국의 여성 유권자들의 마음을 사로잡았던 노무현 대통령이다. 당시 이인제 후보는 노무현 후보 쪽으로 기울어지려는 대중의 마음을 뒤흔들기 위해 강력한 패를 내던진 것이다. 이인제 후보가 제기한 노무현 후보의 장인 문제는 한국 정치사에서 예민한 사안일 수밖에 없었고 어찌 보면 상대방의 '장인어른'을 관에서 다시 빼내야 하는 비윤리적인 부분도 있었지만 이인제에게는 초강수 패였다고 생각된다.

하지만 오히려 준비가 되지 않은 상태에서 즉석 맞짱 대응한 노무현의 감정적인 대응은 대중들의 마음을 사로잡는 계기가 되었다. '제 장인은

조지 H 부시와 댄 래더

좌익 활동을 하다가 돌아가셨습니다. 제가 결혼하기 훨씬 전에 돌아가셨는데, 저는 이 사실을 알고 제 아내와 결혼했습니다. 그리고 아이들 잘 키우고 지금까지 서로 사랑하면서 잘 살고 있습니다. 뭐가 잘못 됐습니까? 이런 아내를 제가 버려야 합니까?' 이렇게 항변한 노무현은 '아내를 사랑하는 책임감 있는 남자'라는 트레이드 마크(trademark)를 얻게 되었다. 이 말 한 마디가 노무현을 살린 것이다.

미국에서는 TV 생방송 사상 전례 없는 하나의 사건이 발생했다. 미국 최고의 앵커와 한판 붙은 조지 H. 부시 대통령 이야기다. 당시 부시는 부통령이었고 유력 대권후보 주자였는데 TV 앵커맨이 자신을 무너뜨리려는 상황을 오히려 역전시켜 기회로 만든 사례다. 1988년 미국 CBS 방송은 부시 부통령에게 정치 프로필(Political Profile) 프로그램을 위한 인터뷰를 요청했다. 부시 측에서는 당시 이란 인질 이슈 등으로 내키지 않았지만, 차기 대통령 캠페인 활동을 위해 일단 승낙하고 CBS 방송이 이란 관련 얘기는 하지 않겠다는 약속을 믿고 인터뷰에 응하게 된 것이다.

누구나 예상했겠지만, 이란 문제는 당시 가장 큰 이슈였다. 부시를 인터뷰하게 된 앵커 댄 래더(Dan Rather)는 처음에 점잖게 시작하는 것 같더니 부시 부통령의 말을 끊으면서까지 수 차례 이란 인질 이슈 등 문제를 제기하면서 공격을 쏟아 부었다. 부시는 차분한 자세로 계속 말을 이어가려 했지만 래더가 마지막 일격을 가했다. '부시 부통령님은 이란 이슈에서 큰 잘못을 했다고 생각하는데, 어찌 대통령감이 될 자격이 있다고 생각하는지요?'라고 래더가 쏘아 부쳤다.

부시 대통령, 강하게 팩트 위주의 주장을 펼치다

부시 대통령은 그 틈을 비비고 들어가 래더를 향해 일침을 가했다. '또다시 이란 이슈를 수면 위로 올리면서 제 커리어 전체를 평가하는 것은 불공평합니다. 그렇다면 똑같이, 래더 앵커 당신은 뉴욕에서 CBS 저녁뉴스 생방송 중 갑자기 자리를 나가서 발생된 방송 사고 약 7분이 당신의 커리어 전체로 평가된다면 받아들이겠습니까?'라며 강하게 몰아쳤다. 사실 래더는 9월경 CBS 저녁뉴스에서 갑자기 자리에서 일어나 방송이 중단되어 시청자들과 언론으로부터 뭇매를 맞은 적이 있었다. 당연히 래더는 이런 상황에서 답변도 못하고 급하게 인터뷰를 마무리했다. 이후 부시 부통령은 강하게 팩트 위주의 주장을 펼치면서 이미지가 더욱 좋아졌다. 미국인들이 원하는 리더라는 이미지가 강하게 박혀 래더나 그 주위 사람들이 원하던 부정적 방향으로 흘러가지 않았다.

2021년 생방송 MBC 라디오 '정치인싸'에서 원희룡 국민의힘 대선 경선 후보(현 국토교통부 장관)와 이재명 더불어민주당 대선 후보 측 현근택 변호사가 '생방송 설전'을 벌이면서 방송 사고가 난 사례가 있다. 더불어민주당 측 현근택 변호사는 국민의힘 원희룡 후보와 서로 비판하고 삿

대질을 하며 고성의 말싸움을 이어갔다. 진행자가 중재자로 개입하여 싸움을 말리려고 했으나 현 변호사는 자리를 박차고 밖으로 나가 버렸다. 이처럼 생방송 현장은 하나의 전쟁터로 변해가고 있다. 특히 대선 후보 TV 토론 현장은 정말 뜨거우며 생방송 중 각 후보들의 지지자들이 밖에서도 전쟁을 벌이고 있다. 모든 것이 국민의 시선을 더 끌고 더 좋은 평가를 받아서 목적을 달성하기 위한 고도의 계산된 노력일 것이다. 그런데 흥미로운 사실은 가끔 이러한 돌발 행동이 먹힐 때가 있다는 것이다.

 대부분 위기를 만나면 '로우키(low key)' 즉, 저자세를 유지하고 겸손해야 한다고 조언한다. 여론이 불리한 상황에서는 가능하면 일단 감정을 숨기고 사과하라고 권고한다. 그러나 가끔은 공격적인 자세가 위기를 반전시키기도 한다. 사람들은 강자와 약자의 싸움에서 약자를 응원하는 심리가 있기 때문이다. 또한 가식을 버리고 진정성을 보여주는 행동으로 보이기 때문이다. 언더독의 대역습이다.

 최근 언론들은 대기업의 하청업체들을 항상 언더독으로 만들고 있으며 국민 여론이 그들의 편에 설 수 있도록 하는 '감성에의 호소' 전략을 사용하고 있다. 마치 상대적 약자처럼 보여 대기업이 하청업체들에게 강자로서의 아량과 이해를 베풀어야 한다는 논조를 보인다. 하지만 사실 관계와 옳고 그름을 잘 파악하려 하지 않고, 이해 당사자들만큼 속사정을 제대로 알 리가 없는 대중들의 감성을 자극해 '대기업=강자, 잘못된 것, 하청업체=약자, 올바른 것'이라는 공식을 만들어내는 것이다. 기업의 홍보 담당자들과 PR인들이 이러한 언더독의 속성을 정확히 알게 되면 더 효과적인 위기관리 대응을 할 수 있게 된다.

 언더독과 병행하여 최근 마케팅과 PR에서 많이 쓰이는 용어가 반란자

(insurgent)이다. 언더독이 열정을 갖고 열심히 사업을 진행해서 그 분야에서 반란자가 되어 결과적으로 탑독이 되는 비즈니스 세계, 우리 PR인들이 이러한 현상에 관심을 갖고 주시하면서 더 효과적인 PR 및 위기관리 전략을 수립했으면 한다.

도대체
뉴스란 무엇인가?

═══ News is just news ═══

　전국을 강타한 장마로 인해 피해가 속출하던 2020년 때이다. 강둑이 무너지고, 논과 밭이 물에 잠겨 농작물이 며칠째 물속에 묻혔다. 도로가 유실돼 마을이 고립되고, 터널 속에 차량이 갇혀 목숨을 잃었다. 코로나19로 인한 어려운 환경 속에서 한 달 이상 지속된 장마와 재해로 인해 많은 사람들이 어려움에 처했다. 이런 가운데에서도 최근 인터넷을 가장 뜨겁게 달군 뉴스는 '류호정 국회의원의 의상'이었다. 원피스 의상에 대한 갑론을박은 뉴스 매체는 물론 SNS 상에서도 크게 회자되고 있다.

　이 같은 최근의 뉴스를 접하면서 '뉴스란 과연 무엇인가?'라는 저널리즘의 명제에 대해 다시 생각하게 된다. 원피스 의상이 국회의원의 품위와 격에 맞느냐, 아니냐에 대한 논란이 일자, 류호정 의원은 의상도 T(time), P(place), O(occasion)에 따라 달라질 수 있다고 답했다. 미국이나 유럽에서도 여성 총리를 비롯한 여성 정치인들의 의상을 놓고 여러 논란이 있었기에 그리 새삼스러운 건 아니다. 문제는 자연 재해로 크게 어려움에 처한 사람들의 입장에서는 지금 그런 논란에 대해 필요 이상의 지면과 방송 시간을 할애해 마음의 상처를 입었다는 것이다. 클릭률이 높으면 마냥

파고 드는 취재나 가십성 기사에 대다수 대중은 동의하지 않는다.

이런 기사들은 조금이라도 광고 유치를 더 하기 위해 대중 심리를 유혹하는 기사일 뿐이다. 결국 수많은 기사와 SNS 노출로 인해 원피스는 완판됐다. 쇼핑몰 업체가 반사 이익으로 경제효과를 얻었다면 그나마 위안이다. 그러나 인터넷 트래픽을 높이는 대다수 클릭 저널리즘은 연예인이나 스포츠 스타의 가십성 기사가 대부분이다.

이런 가운데 최근 20~30대에 유행하고 있는 색다른 매체가 있다. '뉴닉(newneek)'이라는 뉴스레터다. '우리가 시간이 없지, 세상이 안 궁금하냐?'라는 콘셉트로 취직 준비에 바쁜 20대를 겨냥한 매체다. 사회 이슈를 알기 쉽게 캐릭터를 곁들여 설명해 주는 일종의 큐레이터 저널이다. 최근 젊은 층에서 뉴스를 가장 많이 접하는 미디어 플랫폼은 유튜브다. 그러나 유튜브는 편향적 주관성인 확증 편향이 너무 강한 미디어 플랫폼이다. 보다 객관적으로 세상을 바라보고 이슈를 해석해 내는 새로운 욕구로 탄생한 것이 '뉴닉'이다. 검증되지 않은 뉴스가 남발하면서 색다른 반찬을 매일 골라주는 뉴스 식단인 것이다. 저널리즘의 새로운 방향성을 생각하게 하는 매체다.

사람이 개를 물면 그것은 뉴스거리가 된다

"개가 사람을 물면 뉴스거리가 못되지만, 사람이 개를 물면 그것은 뉴스거리가 된다." 수업에서 '뉴스란 무엇인가'를 배울 때 교수에게 들었던 얘기다. 영국에서 독자가 가장 많은 '더 선(The Sun)'지의 편집장이었던 찰스 데이나가 한 말이라는데, 뉴스가 되려면 사람의 관심을 끌거나 충격적 사건을 포함해야 한다는 게 요지였다. 개가 사람을 무는 것과 같은 일상적인 일은 뉴스가 될 수 없다는 말이었다. 기사가 출고되자마자 곧바로 조회수로 평가 받는 지금과 같은 시대엔 이 저널리즘 경구가 더 엄격히 적용된다. 지난 4월 11일 오후 8시 기준으로 한 언론사의 가장 많이 본 뉴스는 '세제 수액 사건'과 관련한 기사였다. 전직 간호사가 병실에 입원한 환자 수액에 욕실 세제를 주입한 사건이 있었는데, '간호사가 상습적으로 음주 상태에서 근무를 했었다'는 내용이었다. 누군가를 악마화하는 기사는 잘 팔린다.

일단 환자 수액에 욕실 세제를 주입했다는 사건 자체가 깜짝 놀랄 일이고, 그 일을 벌인 사람의 평소 행실이 좋지 않았다면 독자들은 '욕을 퍼부으러' 들어올 테니 말이다. 사람들의 관심이 조회수로 평가되는 이런 구조에서라면 기자들은 이렇게 하이에나처럼 '사람이 개를 무는' 사건을 좇을 수밖에 없다.

"의미 있는 기사가 될 게다. 사회적 약자 목소리에 귀 기울이는 것이니.

필요한 글을 쓰는 것이니. 그러나 조회 수를 담보할 수 없다." 현장에서 발로 뛰는 '체헐리즘'이란 기사를 쓰는 남형도 기자는 이렇게 말했다. '그게 기사가 되겠냐던 말, 넌 왜 그런 거에만 관심 있냐던 말, 팔리는 기사를 쓰라던 말'을 들어왔다고 했다. 사회적 약자를 향하는 기사는 잘 소비되지 않아서 쉽지 않다고도 했다. 그래서 수습기자 때 끓어왔던 열망이 실제 현실과 맞닥뜨린 뒤 실망한 날이 많았다고 했다. 이러한 그의 고민은 사명감으로 기자가 된 다른 기자들의 고민과도 맞닿아 있을 것이다. 기자들은 하루에도 수십 번 '돈벌이 기사'와 재미는 없지만 '의미 있는 기사' 사이를 오가며 고뇌한다. 그러면서 꾸역꾸역 기사를 쓴다. 수많은 '돈벌이 기사'와 몇 건의 읽히지 않는 '의미 있는 기사'를.

뉴스의 본질이 퇴색하는 세상은 결코 미래가 없다

요즘은 사람이 개를 무는 식의 튀는 것만 쫓아 나서는 게 인터넷 뉴스의 가장 큰 특징인 것 같다 연예인, 스포츠 스타, 정치 논객의 인스타그램이나 페이스북은 항상 뉴스의 중심에 서 있다. 그런 뉴스를 실어야 실시간 검색에서 상위를 차지한다. 뉴스의 본말이 전도된 느낌이다. 뉴스의 본질이 퇴색하고 변죽만 울리는 세상은 결코 미래가 없다.

오로지 특종을 위해 취재 현장에서 기자가 갑자기 개를 무는 사람으로 돌변하는 경우도 있다. 대부분 언론계에서는 특종을 하게 되면 별을 하나 달게 된다. 별을 달게 되면 인사 이동 시 원하는 부서로 옮길 수 있게 되고 출입처도 원하는 곳으로 배치되기도 한다. 필자가 외무부를 출입할 때 일이다. 한 주요 일간지의 외무부 출입 B 기자와 유명 대학 C 교수 사이의 일이다. C 교수는 평소 주요 계기가 있을 때 C 교수 이름으로 사설 페이지나 또 다른 오피니언 페이지에 시론을 기고하고 싶어 B 기자를 접촉하였다. 결과적으로 여러 차례의 도움을 받아 C 교수는 기고한 분야에서 최고의 전문가로 부상하게 되어 국제적 세미나에서 주요 발표자로 등장하고 정부부처 자문 교수 일도 맡게 되었다.

시간이 흘러 C 교수가 외무장관이 되고 B 기자는 외무부를 출입하게 되었다. 그 당시는 냉전 시대였기에 유엔에서 남북한과 관련한 정부의 정책은 외무부 출입기자들에게는 주요 기사거리가 되었다. C 교수가 장관이 되자 B 기자가 비서실장에게 수 차례 연락해서 장관과 단둘이 식사 한번 하고 싶다는 제안을 하였다. C 교수가 옛정을 생각해서 약속 시간을 정했고 그 다음에 비서 실장이 홍보국장을 대동하고 장관실에 들어와 식사 모임에서 UN 관련 정부의 최근 정책에 대해서는 어떤 얘기도 해서는 안 된다는 경고성 조언을 했다.

식사가 진행되는 중 B 기자는 옛날 얘기와 더불어 그 때 앞에서 기다리고 있던 기고자를 제치고 C 교수를 밀어 넣은 얘기도 하면서 최근의 외교 현안에 대해 변죽을 울리는 얘기도 하였다. 이것을 듣고 있던 장관은 옛 생각이 나서 'B 기자만 혼자 알고만 있고 절대 기사화하지 말라'고 하면서 1-2분 정도 핵심 내용을 얘기해 주면서 다시 한번 기자에게 기사화하면 안 된다는 얘기를 하였다.

그러나 저녁 식사자리가 끝나고 장관 차가 사라지자 그 때부터 기자는 단거리 선수가 되어 편집국으로 뛰어들어가 편집국장에게 전화해서 특종기사를 쓰게 되었다. 중요한 핵심 하나만 알면 앞-뒤 줄줄이 엮어서 장문의 기사를 쓸 수 있는 것이 민완 기자이다. 1면 톱기사 특종이었다. 아직 술이 덜 깬 상태에서 새벽 5시 경 조간 신문을 받아 든 장관은 머리를 큰 망치로 한 대 얻어 맞은 상태였으며 그 때 박정희 대통령이 머리를 스치고 지나갔다. 1급 비밀이라고 며칠 전 박정희 대통령에게 보고한 내용인데 주요 일간지에 1면 톱기사로 기사화되었으니 대통령을 어떻게 뵐까 하는 걱정이 앞섰다. 그것이 계기가 되어 다음 개각에서 장관직을 그만두게 되었다.

B기자는 평소 개를 물면서까지 취재하는 타입은 아니었으나 경쟁지가 몇 번 특종을 하게 되어 입장이 난처한 상황에 처해 있었는데 마침 특종거리를 보자 삽시간에 '무는' 기자로 돌변하였던 것이다.

짧지 않은 기자 생활과 오랜 PR 일을 해온 필자도 가끔 의문이 들 때가 있다. 뉴스란 도대체 무엇인가? 일류지 신문들도 1면 톱기사가 모두 다를 때가 많고 어떨 때는 경쟁지가 1면 톱기사로 보도한 것을 다른 신문은 사회면 작은 뉴스로 취급하기도 한다. 방송은 더 심하다. 회사에서 PR을 담당하는 임직원들이나 필자와 같은 PR 회사를 운영하는 사람들은 항상 뉴스 때문에 고민한다. 유리한 것은 크게 다루어지고 불리한 것은 작게 다루어 지길 바라면서 노심초사할 때가 너무 많다. 뜻대로 되지 않아 골탕을 먹는 경우가 허다하다. 뉴스에 대해 항상 궁금하다. 어쩌면 뉴스를 만드는 기자들 스스로도 같은 생각일지도 모르겠다. 뉴스는 정보인가? 뉴스는 지식인가? 뉴스는 역사 기록인가? 뉴스는 진실인가? 뉴스는 이야기인가? 내가 친하게 지내는 후배인 언론학 교수의 대답은 간단했다. 'News is just news'

특종에 미치는 기자들 : 푸에블로함 피랍 함장 석방 기자회견과 특종의 교훈

*기자들의 특종 심리를 잘 파악하면
좋은 PR의 성과를 거둘 수 있다*

필자가 로이터통신 서울 특파원으로 근무할 때 통신사 기자들이 초 단위 경쟁을 펼치고 있는 현장에서 치열한 특종 경쟁과 낙종한 사건을 언급한 적이 있다. 1분이라도 먼저 뉴스를 내보내기 위해 외신 기자들과 우리나라의 두 통신사인 합동통신과 동양통신 기자 사이에 경쟁을 벌이던 현장이 눈에 선하다.

1960년대 말 합동통신과 동양통신 양 통신사에서는 유능한 민완 기자들이 특종을 얻기 위해 피 튀기는 경쟁을 벌이고 있었다. 이런 치열한 경쟁 속에서 눈앞에까지 다가온 특종을 놓쳐 난리가 난 사례가 하나 있었다.

미 해군 역사상 외국군에 의해 미 해군의 군함이 피랍 당한 첫 번째 사건과 관련된 뉴스 현장이었다. 1968년 미 해군 소속 정찰함인 USS 푸에블로호(Pueblo)가 동해 공해상에서 북한 해군에 의해 나포되었다. 정찰함에 있던 미 해군 83명이 약 11개월 동안 붙잡혔다가 풀려나게 된다. 당시 푸에블로호는 북한 원산 앞바다에서 해양 조사선으로 위장하여 첩보 활동을 위한 항해 중이었고, 북한의 초계정이 국적을 밝히고 정지하라고

북한에 납치된 미 해군 푸에블로호 승무원들 (출처 : AP)

경고했으나 푸에블로호는 '공해 상에 있다'면서 거절했다. 이에 북한의 무장 군인들은 3척의 무장 초계정과 2대의 미그기로 포위하고 푸에블로호에 승선하여 무력으로 원산항으로 끌고 갔다.

이후 미 해군은 핵 항공모함 엔터프라이즈호와 3척의 구축함을 원산만 부근 해역에 대기하고, 해공군 예비역 군인들을 긴급 동원, 전투기 출동 태세를 취하며 오산 기지에 전투기 대대 급파 등 군사적 조치를 취했다. 이후 판문점에서 군사정전위원회 본회의가 열려서 푸에블로호 승선원의 즉각적인 송환을 요구했으나 불발하였고 국제적십자를 통해 추가 접촉을 했으나 이것마저도 실패했다. 거기에다가 미국은 베트남 전쟁에서 전세가 불리하기까지 해서 난감한 상황을 맞이한다.

피랍 기간 동안 푸에블로호 사건은 외신들의 주요 뉴스 아이템이었으며 국내 신문들도 미국과 북한과의 긴장 상황에 대해 끊임없이 보도하고 있었다. 당시에는 푸에블로호의 함장에 대한 뉴스도 간헐적으로 나오기 시작하였다. 그 당시 미국 국내 상황은 추가 전쟁을 하기 어려워 비 군사적인 조치로 비밀 회담을 진행했고, 승무원 송환을 위해 북한에 푸에블로호가 북한의 영해를 침범했다는 사실에 대한 시인과 사과에 서명하여 최종 합의가 이루어져서 총 82명의 승무원과 유해 1구가 송환되었으며, 외신들은 긴급 뉴스로 속보를 연달아 내보내고 있었다.

이런 상황에서 로이드 부커 푸에블로호 함장이 오산 미군 기지에서 기자회견을 갖는다는 뉴스가 전해지고 국내외에 있는 모든 뉴스매체 들에게 비상이 걸렸다. 국내 두 통신사 중 하나인 합동통신도 현장에서 함장 인터뷰 뉴스를 전달하기 위해 당시 사회부 구월환 기자를 팀장으로 하는 전담팀을 구성하였다. 미리 잘 기획하여 마련된 정식 기자회견이라기 보다는 전 세계 언론들의 스포트라이트를 받고 있던 함장의 입에서 나올 북한에서 11개월 간 겪은 일에 대한 증언에 관심이 모였던 것이다. 그래서 영어를 우리말로 통역하는 과정도 원활하지 못할 것이라고 생각하고 합동통신은 사내에서 최고의 영어실력을 갖추고 있다고 평가되던 외신부의 그레이스 김 기자를 구 팀장과 동행하게 하였다.

구 팀장은 그레이스 김이 현장 인터뷰를 취재한 후 자기에게 우리말로 요약해 주면 즉시 전화로 본사로 직송해서 특종을 낼 준비를 하고 있었다. 당시 전화 사정이 좋지 않아 전화 한 대를 전세 내어 통화 상태로 열어놓은 후 그레이스 김 기자가 맨 먼저 달려오기만을 눈이 빠지게 기다리고 있었다.

몇몇 타사 기자들은 인터뷰가 끝나 송고하기 위해 현장에서 뛰어나오고 있는데 그레이스 김 기자는 나타나지 않았다. 그레이스 김 기자는 외신부에서 외신 기사 번역과 기사 정리를 해 왔기에 치열한 취재 경쟁과 특종에 대해 익숙하지 않았다. 그레이스 김이 영어에 능통하다는 소문은 잘 알려진 터라 인터뷰가 끝나기 무섭게 수십 명의 국내 기자들이 몰려들어 애원하듯이 알려달라고 조르는 바람에 마음 약한 그가 차마 거절하지 못하고 함장의 기자회견을 하나씩 하나씩 우리 말로 요약해주고 있었던 것이다. 구 팀장이 애타게 기다리고 있다는 사실도 깜박 잊어버린 채... 훗날 한 기자는 당시 그레이스 김이 신이 나서 자세히 설명해 주고 질문도 많이 받았다고 했다. 속된 말로 합동통신은 그날 장사 다한 것이다. 최근 필자와 가깝게 알고 지냈던 구월환 선배를 만나 그 옛날 얘기를 듣게 되었고, 결국 온정주의 때문에 큰 문제가 생겼다고 털어놓았다.

PR인들도 기자들이 특종을 쫒고 있다는 사실과 통신사들은 중요 기사에 대해서는 초 단위의 경쟁을 펼치고 있다는 사실을 숙지할 필요가 있다. 필자가 남태평양 괌 추락사고 시 주요 일간지의 한 기자가 괌 주지사 단독 인터뷰를 끈질기게 부탁한 적이 있었다. 그 당시 괌 주지사의 사고 재발 방지 대책이나 보상 관계 언급은 1면에 주요 기사로 취급될 만한 뉴스 가치가 있었다. 마음 속으로는 너무 안타까워서 부탁 한번 들어주는 것도 긍정적으로 생각하였으나 만약 이것이 알려지면 기자들이 벌떼 같이 몰려들어 항의할 것이기에 도와주지 못한 적이 있다.

어떤 기자가 특종을 했을 때 이 특종이 가능하도록 뒤에서 소스를 찾아내는 데에 천재적인 능력을 발휘하는 사람들이 바로 낙종한 기자들이다. 낙종 때문에 목이 잘리거나 다음 인사 때 물을 먹을 수도 있기 때문이다. 심한 경우는 자기 목만 아니라 부장, 또는 그 이상의 목도 날아간다. PR인과 기자는 영원한 적이자 동료이다. 필자도 이 두 가지 직업을 다 체험한 후 지금에야 어떻게 효과적으로 기자와의 관계를 정립할 수 있는 가에 대해 나름대로의 뚜렷한 입장이 정리되고 있으나 PR인으로만 살아온 후배들은 원만하게 기자들과 관계를 맺기 위해서는 많은 시행착오도 저지르고 힘든 과정을 거친 후에야 효과적인 언론 대응을 할 수 있는 PR인이 될 수 있을 것이다.

 필자가 잘 알고 있는 남편이 공무원이고 아내가 기자인 부부가 살아가는 원칙에 대해 들은 적이 있다. 어떤 경우도 남편을 소스로 해서 특종에 가까운 기사를 쓰지 않는다고 한다. 형제 사이에서도 부부와 같은 원칙이 필요하다. 특종의 냄새를 가장 잘 맡는 것이 기자이다. 특종이 있을 거란 확신이 서면 모든 인간적인 관계가 무시되는 일이 비일비재하게 일어난다. 언론이 존재하는 한 특종과 관련된 무수한 얘기는 사라지지 않을 것이다. 특종은 경쟁에서 이기고자 하는 인간 본능의 발로라고 할 수 있는데, 지식인들의 세계라고 볼 수 있는 언론계에서 특종을 둘러싼 무자비한 일화가 쏟아져 나오는 것은 밖에서는 이해하기 힘들 것이다. 특종을 위해 전쟁터에서 목숨을 잃은 사람, 정보부에 끌려가 매맞은 사람, 인간 관계가 파탄 난 사람… 심지어 집단 압사사고 현장에 어지럽게 널려진 신발들을 경쟁지가 못 찍게 모두 치워버리거나 장례식에서 어린 상주에게 왜 울지 않느냐며 소리를 질러 놓고 한 컷을 찍은 사람… 이 모든 것이 특종을 향한 집념의 부산물이다.

 PR인들은 기자들의 특종에 대한 유별난 직업 정신과 관행들을 잘 이해하면 퍼블리시티는 물론 위기관리와 이벤트 기획에도 큰 도움을 받을 수 있을 것이다.

생존전략으로서의
린치 핀(linchpin)

**모든 PR 회사들도
자기만의 필살기가 있어야 생존한다**

　미국의 세계적인 마케터 세스 고딘(Seth Godin)이 대체 불가능한 기능을 갖는 것의 중요성을 설파한 책 〈린치 핀(Linchpin)〉에서 누구도 대신할 수 없는 꼭 필요한 존재를 린치 핀이라고 명명하였다. 린치 핀(linchpin)은 원래 수레 등의 바퀴가 빠지지 않도록 축에 꽂는 핀으로, 핵심이나 구심점이라는 뜻을 담고 있다. 세스 고딘은 '린치 핀'에서 조직에서 불안에 떨지 않고 살아남기 위해서는 대체 불가능한 능력을 배양해야 한다고 주장한다.

　세계적인 기업 삼성은 1970년부터 '지역 전문가(area specialist)' 제도를 도입하여 지역 전문가를 키워 왔다. 고 이건희 회장의 장기적이고도 앞을 내다보는 혜안 때문에 강력한 핵심 역량인 '린치 핀'을 얻게 되었다. 1970년대 지역 전문가로 외국에 파견되었던 과장급 직원들은 이제 최고의 임원이 되어 타 경쟁 기업이 따라올 수 없는 지역별 맞춤형 마케팅 전략을 수립하여 오늘의 삼성이 있게 하는 데 큰 기반을 마련했다.

　국내 건설관리 업체인 한미글로벌의 경우를 보자. 이 회사의 김종훈 회장이 펼쳐온 하이테크 수주와 인수합병 전략이 결실을 맺고 있다. 특히 한미글로벌은 미국과 영국 기업을 자회사로 인수하며 적극적으로 해외 사업을 추진하고 있으며 국내에선 건설 사업 관리에 관한 사회적·제도적 인식이 부족하지만 기업들이 해외 사업을 확장하

한미글로벌 로고

는 과정에서 건설 사업 관리 역량이 필요하기 때문에 한미글로벌에 손을 내밀고 있다. 김 회장은 일찌감치 국내 건설 시장의 한계를 예상하고 해외 시장 진출에 힘을 기울였다. 이를 위해 해외 건설 사업 관리 기업을 인수했는데 이런 성과가 2022년부터 본격적으로 발생하고 있다.

한미글로벌은 2022년 세아제강지주의 영국 법인 세아윈드의 모노파일 생산 공장 용역, 사우디아라비아 네옴시티 특별 총괄 프로그램 관리(e-PMO) 용역, 사우디아라비아 국영 부동산 개발 업체 로쉰(Rosshn)에서 발주한 리야드 주택단지 조성, 디리야 게이트 개발청(DHDA)에서 발주한 디리야 지역 개발 사업 '디리야 사우스&가든' 프로젝트 용역 등도 따냈다. 한미글로벌은 2023년에 해외에서 지속적으로 하이테크를 비롯한 다양한 수주 소식을 알리고 있다. 2022년 11월 사우디아라비아 네옴시티 건설 근로자 숙소 단지 5만 세대 조성사업 용역 계약을 체결한 뒤 2023년 3월 2만 세대 추가 용역 계약을 체결했다.

한미글로벌은 2000년 초반부터 해외 건설 시장에 진출해 다수의 프로젝트 수행 경험을 쌓았다. 해외 프로젝트는 건축, 구조, 소방, 인허가 등 현지 상황의 특수성에 맞춰 사업을 진행하면서 한미글로벌만의 린치 핀 구축에 주력하여 오늘날과 같은 큰 성공을 이룰 수 있게 되었다.

김 회장은 인수한 기업을 알짜 기업으로 탈바꿈시키는 경영 능력도 뛰

어나다. 대표적 사례가 미국 오택이다. 인수 당시 오택은 중동 지역 수주 부진으로 적자를 내고 있었다. 오택은 2011년 매출 252억 원, 순손실 40억 원을 기록했다. 하지만 오택은 한미글로벌로 인수된 이후 곧바로 흑자 전환에 성공했고 인수 뒤에 단 한차례도 적자를 내지 않았다. 오택은 2023년 1분기 매출 100억 원, 순이익 49억 원을 거두며 흑자 기조를 이어갔다.

김 회장은 40년 넘게 건설 업계에 몸 담은 건설 사업 관리 분야 전문가로 꼽힌다. 김 회장은 1949년 태어나 서울대학교 건축학과를 졸업했다. 1979년 한라건설에서 직장생활을 시작했고 1984년 삼성물산으로 자리를 옮겼다가 1995년 삼풍백화점 붕괴 참사 등을 계기로 1996년 한미글로벌을 세워 27년 간 국내외에서 명성을 높이며 한미글로벌 만의 린치 핀을 강화해 나가고 있다.

린치 핀의 예를 더 들어보자. 칠레에서 지하 700m 갱도에 갇힌 33인의 광부 이야기가 BBC 등 세계적인 언론에 노출되기 시작했다. 언론들은 탄광 지역 지반이 약해서 구출 터널을 잘못 뚫었다가는 갱도 전체가 무너질 수 있다는 전문가들의 견해도 밝혔다. 그런데 미국인 굴착기 기사 제프 하트씨가 개입하면서 구출 작업이 무려 한 달 반 정도 앞당겨졌다. 제프 하트 씨는 세계 각지에서 기름과 물을 시추해온 굴착 기술자이다. 그러나 이런 어려운 상황에서 안전하게 굴착할 수 있는 사람은 그 하트 씨 뿐이어서 칠레까지 불려왔다. 업계에서 이미 '세계 최고의 굴착 기사'로 알려진 하트씨는 칠레 산호세 광산 사고 현장으로 불려오기 전까지, 아프가니스탄에서 미군들이 사용할 지하수 파는 직업을 맡아 왔다고 한다. 하트씨는 '사람을 구하기 위한 것은 기름이나 물을 뽑아내기 위한 것과는 다르다'며 작업의 어려움을 토로하면서도 '다른 유형의 어려움도 있었지만 팀원들이 함께 이겨냈고 작업을 완료해 이제 너무 행복하다'고 말했다.

치열한 경쟁 속에서도 살아남은 언론인

언론계에서도 남의 추종을 불허하는 탁월한 능력 배양으로 정년에 구애 받지 않고 60년 가까이 한 직장에서 일하고 있는 기자가 있다. 연합뉴스 외신부의 한성간(2023년 현재 82세) 기자로 그는 국내 언론계 메이저 언론사 중에서 최장기 최고령 현역 기자이다. 외신에서 가장 까다로운 분야의 하나가 과학이고 특히 의학 분야인데 그의 의학 부문 외신기사 처리 능력은 워낙 경쟁력이 뛰어나다는 평이다. 즉 난해한 의학 뉴스를 즉석에서, 일반 독자가 이해하기 쉬운 문장으로, 최단 시간 내에 기사화 할 수 있어야 한다. 그런 기자가 없기 때문에 1964년 합동통신에서 외신 기자를 시작한 그는 부장, 국장을 다 거치고도 매년 계약기간을 연장해가며 59년째 계속 근무를 하고 있다. 합동통신은 연합뉴스의 전신인데 그는 이미 회사에서 자르고 싶어도 못 자르는 존재가 되었다. 그의 동료들은 모두 20여 년 전에 정년(당시에는 58세. 현재는 60세)으로 퇴직했다. 서울대 독문과 출신인 그의 외신 의학 기사 처리 실력을 대체할 인재가 나오지 않는 한, 그가 언제 그만둘지는 자신도 회사도 모르는 상태. 그는 80세가 넘은 나이에 친구 들의 부음이 속속 날아오기도 하는데 아직도 일과 수입이 있으니 행복하고 감사할 따름이라고 말했다.

외교 분야에서도 린치 핀이라는 용어가 쓰이고 있다. 외교적으로는 꼭 필요한 동반자라는 의미다. 미국은 '린치 핀'이라는 용어를 과거에는 주로 미·일 동맹에 써왔다. 하지만 오바마 행정부 출범 이후에 '린치 핀'은 한·미 동맹을 가리킬 때 쓰고 미·일 동맹은 주로 '코너스톤(cornerstone·주춧돌)'에 비유하는 것이 보편화됐다. 존 케리 국무장관도 2013년 4월 미국에서 열린 한·미 외교장관 회담에서 한국의 린치 핀 역할을 강조했고, 미·일 외교장관 회담에서는 코너스톤이라는 표현을 사용했다.

린치 핀과 코너스톤 모두 핵심적 파트너라는 의미지만 외교가에서는 린치 핀을 더 격이 높은 표현으로 받아들이고 있다. 한·미 외교장관 회담에 참석했던 고위 당국자는 '미국 측에 두 표현의 차이점을 물었더니 코너스톤은 코너별로 4개가 있지만, 린치 핀은 한 개밖에 없다고 하더라'라고 전했다. 이와 관련해 한 외교 소식통은 '오바마 대통령 취임 이후 일본이 잦은 정권 교체로 미국의 동아시아 파트너로 제 역할을 못하는 동안 한국은 국제 무대에서 협조를 통해 미국과 한 차원 높은 신뢰를 쌓았다. 이런 점이 반영된 것 아니겠나'라고 했다.

국내 PR 업계에서도 린치 핀이 거론되고 있다. 국내 PR 업계의 경쟁이 나날이 치열해지고 있고 이런 경쟁 속에서 살아남기 위해서는 다른 회사가 대신할 수 없는 특유의 솔루션 즉 린치 핀을 가져야만 한다. 린치 핀을 개발하기 위해 각 PR 회사들이 배전의 노력을 경주할 때 PR 산업은 한 단계 더 업그레이드 될 수 있을 것이다.

국내 기업의 해외 진출을 지원하는
PR 회사의 역할

PR 회사만의
린치 핀을 배양하라!

"DDD라는 은어를 들어보셨습니까?" 우리나라 재벌들이 중소기업의 영역이나 골목 상권까지 침범해서 '돈(D) 되면(D) 다한다(D)'는 악습을 비꼬는 말이고 최근 정부에서 재벌들의 'DDD'에 대해 규제를 가해 어느 정도 해결의 실마리가 보이고 있다.

필자는 가끔 우리 PR 산업을 DDD의 주체인가 아니면 객체인가 생각해본다. 법률 회사, 광고 회사, 마케팅 및 이벤트 회사들이 PR의 영역으로 잠식해오고 있다. 특히 법률 회사들은 고위직 언론인들을 채용하여 위기관리시 언론 대응에 집중하고 있다. 타 업계 사람들은 숟가락 하나만 놓으면 그들 고유의 업무에다 PR 분야를 얹어 수익성을 높일 수 있다고 생각하는 것이다. PR 산업이 그동안 린치 핀을 배양하지 못했기에 그러한 잠식이 가능해지게 되었다.

PR 산업은 'DDD'의 주체가 될 수 없고 잠식당하는 현실에서 린치 핀 구축을 위해 다양한 노력을 해야 하며 그 중 하나가 우리 기업의 해외 진출을 위해 미디어 및 이벤트 측면 지원을 하는 아웃바운드 PR 서비스이다.

필자가 최근 대기업 및 중견기업 간부들과 해외 미디어 접촉에 대해 의견을 나누어 보았다. 우선 직접 해외 미디어에 접촉하는 것에 대해 부담감을 느끼고 있고 그 과정에서 오해가 생겨 예상치 못한 문제가 발생할수 있어 중간 간부들이 직접 접촉을 기피하고 있었다. 외국의 기자들을 접촉하기 위해서는 그 나라의 언론 환경에 대해 철저히 공부한 후 접촉해야 한다.

커뮤니케이션즈코리아는 1987년 출발부터 국내 고객의 해외 진출을 측면 지원하는 린치 핀을 배양하여 업계로부터 좋은 반응을 얻고 있다. 일단 중동과 동남아 건설 붐이 일고 있을 때 중동의 『아랍뉴스(Arab News)』와 인도네시아의 『인도네시아 타임즈(Indonesia Times)』 등에 8페이지를 유가로 지면을 할애받아 한국 건설 산업의 뛰어난 기술력과 관리 능력에 대한 개관(overview)와 각 건설 업체들에 대한 전문적인 소개를 하여 '한국특집(Korea supplement)'을 발행했다. 또한, 한국 건설 업체들의 임원이나 CEO가 중동이나 동남아를 입찰 관계로 방문할 때 그들과 주요 매체와의 인터뷰를 주선하여 그들이 정부 주요 인사들과 만나는 날이나 하루 이틀 전에 인터뷰가 기사화되도록 해서 그 미팅에서 인터뷰 기사가 화제가 되어 입찰에 큰 도움을 받게 하기도 한 사례도 있다.

이와 같은 '비용 대비 큰 효과'를 창출하는 프로젝트는 해외 건설뿐만 아니라 원전 수출, 무기 수출, 콘텐츠 수출, 소비재 수출 등을 아우르는 전략적 기술 및 서비스 수출이 필요한 부분에도 더 적용이 될 수 있을 것이다.

기업 광고 게재도 생각할 수 있으나 외국 기업이 중동이나 동남아 매체 광고 게재를 할 때 지속적으로 장기일 경우에만 효과가 보장되고, 일회성 광고는 크게 효과를 발휘하지 못하기 때문에 CEO 인터뷰나 특집 기사 등으로 가시적인 접근을 하는 것이 훨씬 더 효과적인 전략이다.

커뮤니케이션즈코리아는 2013년부터 B2B PR을 전문으로 하는 세계 각국의 PR 회사들의 네트워크인 유로콤 월드와이드(Eurocomm Worldwide)의 한국대표 PR 파트너로 한국 기업의 글로벌 PR을 지원하고 있으며, 세계에서 가장 큰 규모의 독립적인 에이전시 모임인 더네트워크원(thenetworkone)의 한국 멤버로 활동을 하고 있다. 이러한 새로운 접근은 대기업뿐만 아니라 건실한 중견기업의 해외 진출을 지원하기 위함이다.

또 하나의 흥미로운 사례도 있다. 전북 익산에 있는 식품 단지 푸드폴리스(Foodpolis) 관련 업무였다. 세계적으로 5대 식품 클러스터가 존재한다. 미국의 '나파밸리(Napa Valley)', 네덜란드의 '푸드밸리(Food Valley)', 덴마크-스웨덴의 '오레순드 클러스터(Oresund Cluster)', 이탈리아의 '에밀리아-알 클러스터(Emilia-R Cluster)' 그리고 익산에 있는 '푸드폴리스(Foodpolis)'이다. 2013년 대한민국의 농림축산식품부는 세계적인 식품 단지인 푸드폴리스 건설을 위해 동북아시아 최초로 해외 투자와 외국 기업 유치를 위한 적극적인 활동을 전개하였다. 커뮤니케이션즈코리아는 당시 2가지 목적을 달성하기 위한 정부 입찰에 참여하여 최종 PR 회사로 선정되어 2년 간 대규모의 프로젝트를 진행하였다.

우리 제안의 핵심은 세계적 식품 분야 전문지를 활용하자는 것이었다. 미국, 홍콩, 영국에서 투자 설명회를 개최하기 위해서는 한 번에 2억이 넘는 예산이 들어 제한된 예산으로는 감당이 되지 않아 가장 비용 대비 효과가 큰 프로그램을 제안하였다. 2년 간 식품 관련 분야 세계 최대 미

영국 최대 식품 전문지인 그로서에 실린 푸드폴리스 기사

디어의 기자들을 15명 초청하여 그들이 한국에서 취재 활동으로 얻은 정보를 특집 기사로 쓰는 것이었다.

영국의 최대 식품 매체인 『그로서(Grocer)』 취재 기자가 누구도 예상치 못한 표제 기사(Cover Story)를 냈고, 독일의 유럽 식품 업계 전문지인 『레벤즈미텔 자이퉁(Lebensmittel Zeitung)』을 초청하여 아시아 중심의 최초 식품 클러스터가 생겼다는 대대적인 특집 기사를 확보했다. 미국의 유력 식품 전문지인 『푸드 세이프티 뉴스(Food Safety News)』에도 3번의 시리즈로 푸드폴리스를 대대적으로 소개하였다.

중국에도 유력 식품 생산 및 업계 전문지인 『차이나 푸드 매뉴팩처링 저널(China Food Manufacturing Journal)』, 『차이나 푸드 뉴스페이퍼(China Food Newspaper)』와 영자지 『차이나 데일리(China Daily)』에 깊이 있는 현장 르포 기사가 실려 중국 투자를 유치하는데 성공하였다.

그리고 싱가포르의 식품 업계지인 『푸드 앤 베버리지 아시아(Food & Beverage Asia)』와 『아시아퍼시픽 푸드 인더스트리(Asia Pacific Food Industry)』에도 특집 기사가 실려 아시아권 투자 유치에 큰 힘이 되었다. 이와 더불어 영국 최고의 일간지 『파이낸셜 타임즈(Financial Times)』에 전면 특집 기사를 주선하여 '해리포터가 푸드폴리스를 만났을 때(When Harry Potter Meets Foodpolis)'라는 한국 특집 기사를 성사시켜 박근혜 전 대통령 영국 방문시 화제가 되기도 하였다.

 현지의 유력 언론인 초청 프로그램으로 단기간에 우호적인 대규모의 특집 기사가 발행되어 큰 힘을 받게 되면서 한번 한국을 방문하여 한국 식품 산업의 수준을 알게 된 외국 주요 언론인들은 친 푸드폴리스(pro-Foodpolis) 언론인이 되어 전 세계적인 푸드폴리스 언론인 가족 네트워크 형성이 가능해졌다.

 한국의 국가경제 규모는 세계 10위권 안이지만 수출 의존도가 전 세계 2위로 75%를 무역에 의존하기에 세계 시장에서 승부수를 던져 이겨야만 한다. 이러한 과정에서 국내 PR 회사들이 새로운 비즈니스 개척이 가능하리란 생각을 해본다. 물론 PR 회사의 가장 중요한 역할은 현지 미디어를 통하여 마케팅 활동을 지원하는 것이다. 필자의 경험으로는 대기업과 중견기업들 모두가 현지 미디어 접촉에 부담감을 느끼기에 이들이 편안하게 국내 PR 회사들만 접촉하면 원스톱(one-stop) 서비스를 제공 받을 수 있다는 확신을 하게 할수록 PR 회사들에게는 새로운 비즈니스 기회가 늘어날 것이다.

MPR의
전문가가 되라

광고의 침몰과
PR의 부상을 실감하다

지난 36년 간 PR 업계에 종사하면서 비즈니스로서 PR의 지속가능성에 대해 나름대로 연구를 하고 다양한 클라이언트들과 접촉해 오면서 내린 결론은 클라이언트가 PR을 통해서 '어떻게 단기적 그리고 장기적으로 돈을 벌 수 있는가?'라는 질문에 답할 수 있어야 한다는 것이다. 이 물음에 대한 필자의 답은 바로 '마케팅 PR'이다. 마케팅 PR이야말로 PR 회사들이 고객사들이 돈을 벌게 도와주는 가장 큰 수단이라고 보기 때문이다. 마케팅 PR의 매력은 비용 대비 수익이다(cost effectiveness). 창의성(creativity)만 잘 살리면 큰 광고비나 마케팅 비용을 따로 들이지 않고도 '대박 효과'를 볼 수 있기 때문이다. 실제로 국내 PR 회사들도 다양한 마케팅 PR 전략을 통해 성공한 사례가 많다.

앞 『인식의 변화로 PR 목표 달성』과 『창의적인 생각으로 문제 해결』에서 다루는 많은 내용이 MPR 관련 내용이기도 하지만 실제 PR 업계에서 고객과 접촉할 때 MPR을 통해 돈을 벌 수 있는 새로운 사업의 전기를 만들어 달라는 얘기를 가장 많이 듣게 된다.

MPR은 넓은 범주의 모든 마케팅을 지원하는 PR이고 현대 PR의 총

아이다. MPR은 PR을 이용하는 마케팅 전략이라고 해도 무방하다. 광고나 판촉과 같이 직접적이고 노골적인 마케팅 전략이 아닌 여론과 미디어와 제3자의 지지(third-party endorsement)를 이용하는 MPR은 적은 비용으로 임팩트

마케팅 PR

있는 수많은 성공작들을 만들어 오고 있으며 마케팅의 핵심으로 자리잡았다.

MPR은 마케팅(Marketing)과 PR의 합성어로서 '마케팅을 위한 PR', 혹은 'PR을 사용하는 마케팅'으로 이해할 수 있다. 그러나 필자가 보기에는 후자의 해석이 현실적으로 더 와닿는다. 마케팅이 먼저 PR을 끌어들였다는 의미이다. 전통적으로 과거의 마케팅 실무자들은 PR하는 사람들(소위 홍보실)에 대해 밤에는 기자들을 대상으로 술접대를 하고 다음 날 회사에 나와 사우나를 가는 사람들, 혹은 회장실에서 무언가 비밀 회의를 자주하는 사람들 정도로 알았으나 제품이나 회사에 대한 언론 기사가 큰 위력을 발휘하는 것을 알고 PR의 도움을 적극적으로 끌어들였으며 이것이 오늘날 MPR의 발전을 가져왔다는 견해가 지배적이다. 즉, PR을 활용하는 마케팅이 MPR이라는 것이다.

알 리스는 2002년 『광고의 침몰과 PR의 부상』이란 책에서 광고의 시대가 가고 PR의 시대가 온다고 예언한 바 있다. 알 리스가 제시한 포지셔닝(positioning) 이론은 MPR 실행에 있어 실제 응용이 가능하다. 포지셔

닝 이론은 자사 제품이 소비자의 머리 속에 경쟁 제품이나 브랜드에 대해 상대적으로 잘 자리잡아야 판매에 성공할 수 있다는 이론이다. 예를 들어 세븐업(7UP)을 'uncola'로 광고함으로써 이 세상에는 콜라(Cola)가 있고 그 반대음료인 uncola '7UP'이 있다는 논리를 성공적으로 알린 경우이다.

MPR이 폭발적인 발전을 이룬 데에는 여러 이유가 있다. MPR 용어를 만든 미국 노스 웨스턴 대학의 토마스 해리스 교수에 따르면 우선 소품종 대량생산의 시대는 가고 다품종 소량생산의 시대가 도래했다. 소비자들은 매우 변덕스러우며 하나의 브랜드에 정주하지 않고 조금이라도 싫증을 느끼면 다른 브랜드로 갈아탄다. 잘게 잘게 갈라진(fragmented) 소비자들을 발견하고 그들에게 자사 브랜드를 알리고 어필하기 위해서는 과거와 같은 대중매체 광고는 부적합하다는 것이다. 정확한 소총이 필요하지 비싼 대포로 잡기에는 너무나 비효율적이다.

MPR은 하이브리드(hybrid)의 특징을 가진다. 뉴스와 마케팅의 경계를 넘나들고 허물기도 한다. 온라인 신문의 경우 기사인지 제품 광고문인지 알 수 없는 하이브리드 콘텐츠들이 많다. 만약 코카콜라에서 서울 올림픽 공원에 30억짜리 '콜라 마시는 여인'이라는 이름의 대형 동상을 기부한다고 하자. 세계적 조각가가 만든 이 동상은 화제의 작품이 되어 많은 관람객들이 몰려든다. 이 경우 이것은 예술작인가 판촉물인가? 세계적인 화장품 회사인 로레알 사에서 스폰한 연애소설 『치명적 매혹(Fatal Attraction)』이 성공한 작품으로 세계의 젊은이들에게 베스트셀러가 된다고 가정하자. 그런데 여주인공의 머리카락을 묘사하는 많은 문구들에는 로레알의 광고 카피가 중간 중간 섞여 있다면 이것은 문학 작품인가 아니면 광고 책자인가? PPL(product placement)이나 BPL(brand placement)은 하이브리드의 결정판이다. 이 모두가 따지고 보면 노골적인 광고 어필을 피하고 자연스러운 어필을 추구하는 MPR 노력의 일환이다.

MPR은 전통적인 '푸쉬(push) 마케팅'과 '풀(pull) 마케팅'에 이어 '패스(pass) 마케팅'을 추가했다. '푸쉬 마케팅'이 제품이나 서비스 판매를 강압적으로 밀어 부치는 마케팅으로 세일즈 영업 판매, 할인 판매, 판촉품 이용, 끼워 팔기 등이 해당한다면 '풀 마케팅'은 고객이 제품이나 서비스에 관심과 흥미를 가지도록 유도하는 마케팅으로 대부분의 브랜드 광고나 흥미 이벤트, 기업 이미지 광고 등이 이에 해당한다.

'패스 마케팅'은 공략이 어려운 소비자층이나 인지도가 낮은 시장 지역을 통과시키는 전략으로 언론 기사를 통한 지역 시장 공략이나 문화적 접근, 지지층 확보를 위한 특별 행사 등의 전략이 해당된다. MPR은 '푸쉬 마케팅'과 '풀 마케팅'을 모두 지원할 수 있지만 패스 전략 면에서 특히 강점을 보인다. 만약 농심의 라면을 키르키스스탄 같은 중앙아시아 국가에 런칭할 경우 한국의 음식 문화를 알리는 기획 기사, 영화 기생충 방영, 방탄소년단의 공연 소개, 한국 문화 축제 이벤트, 대학생들의 라면 시식대회, PPL 등으로 시장을 경작(cultivate) 하는 전략이 바로 '패스 마케팅'에 해당된다.

이외에도 MPR의 강점은 무수히 많다. 특히 유튜브, OTT, 메타버스, SNS와 같은 새로운 미디어의 폭발은 MPR의 활동 범위를 넓힌다. PR 회사들이 앞으로 성공적인 MPR 사례들을 만들어내어 고객들의 만족도가 높아질 때 PR 산업이 설 땅은 더욱 더 넓어질 것이다.

PR 회사의 직원역량 강화
(talent based) 모델

실무 담당자에게 주인 의식을 불어넣어
기업가 정신을 키워주라

PR 회사를 운영하다 보면 가장 고려를 많이 하게 되는 부분은 인건비일 것이다. 예로부터 PR 회사가 폐업하면 전화기와 팩스기만 남는다고 했다. 그만큼 PR업이란 사람이 전부인 비즈니스다. 고정적으로 발생하는 인건비 때문에 PR 회사의 금액 책정 전략 등에도 변화가 생긴다. 그리고 실제로 기존 PR 회사의 비즈니스 모델은 서비스를 제공해서 수익을 얻기 때문에 이런 사항을 고려할 수 밖에 없다. 그럼에도 불구하고 선진 국가에서는 기존 피라미드식 모델에서 직원 역량 강화 모델로의 변화를 시도하는 등 다양한 노력을 통해 장기적으로 PR 회사가 살아남을 수 있는 비즈니스 모델로 전환을 시도하는 사례가 많이 있다. 특히 최근 글로벌 팬데믹으로 인해 사람들의 일하는 방식, 느끼는 방식 등 업무 환경을 바라보는 시각이 바뀌면서 이런 회사 구조의 변경이 가속화된 것이라고도 볼 수 있다.

PR 업계나 광고 업계에 종사한 사람이라면 A.E 즉 'Account Executive'라는 직책을 많이 접해봤을 것이다. 실제 국내 업계에서는 사원, 대리급이 이러한 직함을 사용하는 경우가 흔하다. 하지만 본질적으로 A.E의 의미는 직책이나 직함을 칭하는 것이 아니다. 영어 그대로 Account Executive는 그 Account(클라이언트의 업무 전반)를 총괄하고 책임을 지는 실무 담당자라는 뜻이다. 심지어 미국이나 유럽에서는 회사의 사장, 부사장급도 하나의 고객을 전담하고 있을 때 A.E로 부르는 경우도 있다. 하지만 업계 관례에 따라서 A.E의 본질적인 의미는 쇠퇴되었고, 피라미드식 구조에서 A.E는 가장 아래 단계 실무진을 부르는 의미로 변질되었다. 피라미드 구조란 아래 단계에는 사원, 대리, 과장급이 실무를 맡고, 차장, 부장 급에서 중간 관리를 하고, 임원진이 모든 결정을 하는 구조다. 그렇기 때문에 실제 A.E(즉 사원, 대리급)의 직원들은 자신은 A.E이기 때문에 '나는 일개 사원이니까 책임 질 필요 없다'라는 생각을 할 수도 있다. 장기적으로 볼 땐 직원들의 이런 소극적인 생각이 회사의 성장을 막고 수익 증대에 악영향을 끼칠 수 있다.

이에 따라 국내외 다수의 PR 회사에서는 이러한 문제점을 개선하기 위해 다양한 노력을 시도하고 있다. 예를 들어 영국의 한 PR 회사의 경우 A.E라는 직책 대신 'Client Lead'라는 직책을 사용한다. 일단 영어의 의미 자체도 조금 더 직관적이고 업무 성격과 역할을 잘 나타내고 있다. 한마디로 '클라이언트를 리드한다'는 뜻으로 담당자가 맡은 클라이언트에 대한 책임을 지고 있다는 것을 나타낸다. 이런 식으로 주니어급들이 더라도 실무를 맡아서 클라이언트에 대한 업무를 전체적으로 책임진다는 것을 나타내서 그들에게 더 많은 권한을 주고, PR 회사가 클라이언트에게 끌려 다니지 않고(led by the client), 클라이언트를 리드(lead the client) 할 수 있도록 자연스럽게 방향을 설정하는 것이다.

중국, 홍콩, 싱가포르 등에 사무실을 보유하고 있는 한 PR 회사의 경우

회사와 직원들

직원 역량 강화 모델을 도입하여 매출을 크게 증진시켰고, 실무진들에게 더 많은 권한을 주면서 직원의 역량 강화에 집중하여 직원 충성도까지 크게 향상시켰다. 현재 회사의 클라이언트 책임자들은 대부분 Client Lead로 직책을 설정하고, 기존 피라미드 구조에서 하나의 프로젝트 매니저(PM)처럼 일할 수 있는 환경을 만들어서 운영하고 있다. Client Lead는 임원진 등 상사에게 보고하는 시스템이 아닌 매트릭스 구조(matrix system)을 통해 자신들이 그 클라이언트를 책임지고, 모든 일을 그들이 리드해서 업무를 진행시킨다. 임원진 및 높은 직급의 인원들은 업무의 방향성, 컨설팅을 도와주면서 고객 유치와 사업 확장에 더욱 힘을 쓰기 때문에 업무의 배분도 효율적이고 회사의 수익이 증가될 수 있다고 설명한다. 이를 통해 기존 주니어급의 실무진들은 더 큰 책임감을 가지고 근무할 수 있는 환경이 만들어졌고, 회사 대표 및 임원진 등은 고객유치에 힘을 써서 매출을 높여가고 있다.

여기에 추가적으로 직원들의 실제 역량 강화를 위해 다양한 제도를 도입하고 활용해 나가고 있다. 먼저 직원들의 커리어가 어떻게 강화될 수 있을지 직원과 함께 확인하고 그에 맞는 역할과 클라이언트가 주어진다. 직원이 실제로 관심 있어하는 업계나, 업무 방향 등을 고려해서 업무를 분배하게 되면 직원들이 더 책임감 있게 열심히 일하게 된다는 이유 때문이다. 또한 교육, 교환 프로그램(global exchange) 등을 통해 다양한 경험과 기회를 제공하면서 역량 강화에 노력을 기울이고 있다. 이와 같이 직원들을 위해 회사에서 다양한 기회를 주고 함께 성장을 한다는 모습을 보이면 자연스레 더 많은 수익을 가져온다는 것이다.

이렇게 회사들이 직원들과 관련해서 다양한 제도를 채택하는 이유는 결국 실무진들이 클라이언트와의 관계를 긍정적으로 유지하고 계약을 추가로 연장시킬 수 있는 가장 중요한 위치에 있기 때문이라고 강조하고 있다. 실제로 이들이 클라이언트와 소통하고 업무를 맡기 때문에, 업무 자체를 잘 끝내고 책임감 있게 완료를 해야 추후에 연장 및 추가 업무의 기회가 발생하기 때문이다. 직원 스스로가 자신이 하나의 도구로만 생각되게 만들면 클라이언트 업무를 창의성 없이 기계적으로 하게 되고 클라이언트가 원하는 가치를 만들어 낼 수 없는 우려가 높아진다.

특히 MZ 세대는 우리가 그 동안 고집해오던 계층 구조(hierarchy system)에 대한 거부 반응이 많기 때문에 이와 같은 방식으로 전략적인 업무 환경을 만들어주면 더 큰 역량을 보일 수 있다는 것이다. 실제로 큰 대기업들은 이런 직원 역량 강화에 집중된 구조를 혁신시키기 위해 다양한 투자와 노력을 해오고 있다. 이 기업들도 직원들이 기업가 정신을 키우고 회사 성장에 노력하는 인원들로 구성해서 회사를 운영하고 있다. 이처럼 PR 회사도 장기적으로 볼 때는 회사를 키워가고 확장시키기 위해 이런 추세에 대해 고민해 보고 사정에 맞게 변화를 해야 할 시점이다.

자신의 것은
꼭 지켜라

PR 회사는 아이디어가 자산. 함부로 뺏기지 말라

　PR 회사 수익의 본질을 한번 생각해보자. 클라이언트가 PR 회사를 사용하는 목적은 무엇일까? 업무를 도와줄 파트너를 찾는 것이며 PR 회사를 선정할 때 필수적인 절차는 바로 제안서와 프레젠테이션(PT)다. 우리는 클라이언트 앞에서 자료화 된 아이디어를 제공하고 경쟁 PT에서 그 아이디어를 설명한다. 그리고 마지막에 선정되는 과정에서 획기적인 아이디어 하나로 결판이 난다. 결국 PR 회사는 아이디어로 먹고 산다고 볼 수 있다.

　그런데 아이러니한 것은 회사들이 자신의 가장 큰 무기이자 자산인 아이디어를 보호하지 않거나 못하고 있다는 것이다. 제안서를 쓰려고 밤낮 고민하면서 짜낸 아이디어는 그저 또 하나의 '제안서용' 아이디어로 끝나 버리거나 더 이상 신경 쓰지 않게 된다. 그리고 클라이언트가 선정되지도 않은 회사의 PT에 있는 아이디어를 도용해도 크게 신경 쓰지 않게 되고 또다른 제안서를 작성하기 위해 아이디어를 짜내는데 많은 시간을 보낸다. 필자도 가끔 선정되지 못한 제안서의 아이디어가 실제로 현실화되는 경우를 몇 번 경험한 적이 있다. 그렇지만 업계에서의 평판과 다음 기회를 놓치지 않기 위해 그냥 넘어가게 된다.

아이디어라는 무형의 자산을 지적 재산권(intellectual property)이라고 부르고 있으며, 무형의 자산은 생각보다 쉽게 버려지거나 보호되지 않는 경우가 많다. 우리의 아이디어는 말로 내뱉는 순간 상대방은 그 아이디어를 못 들은 것으로 할 수 없다. 그렇다면 왜 우리는 이렇게 중요한 아이디어를 보호하지 않고 버리는 것일까? 아이디어만 보호하고 자산화 했다면 또 다른 수익을 얻어 낼 수도 있었을 것이다. 실제 사례를 통해 획기적인 아이디어 하나로 큰 수익을 얻는 경우도 있고 한 순간 그 가치를 잘못 판단해서 미래의 큰 수익을 놓쳐버린 경우도 있다.

150불에 팔린 나이키 에어조던 로고

마케팅 PR을 논할 때 중요한 메시지 매개체는 심볼이다. 스우시(Swoosh) 체크 마크를 보면 나이키를 떠올리고, 한입 베어 먹은 사과를 보면 애플을 떠올리게 되듯이 회사의 로고는 우리의 인식에 각인될 수 있을 만큼 강력한 심볼이다. 하지만 로고 또한 하나의 아이디어(지적 재산권)으로 시작된다.

1984년 한 사진 작가는 농구계의 전설인 마이클 조던이 로스엔젤레스 올림픽 게임을 위해 야외 코트에서 연습하는 모습을 카메라에 담고 있었다. 그날 구름 없는 파란 하늘을 배경으로 마이클 조던은 농구 골대에 공을 던지며 마치 하늘을 나는 것 같은 실력을 뽐내고 있었다. 당시 카메라를 든 사진 작가는 제이코버스 렌트미스터(Jacobus Rentmeester)로 당시 라이프 매거진(Life Magazine)을 위한 마이클 조던 사진을 촬영하고 있었다. 렌트미스터는 발레에서 나온 점프 포즈 '그랑쥬테(Grand Jete)

렌트미스터의 사진

피터 무어의 점프맨 로고

인 공중 다리 찢기 포즈와 비슷한 모습을 재현한 상태로 농구대 쪽으로 점프를 해 달라며 조던에게 부탁했다. 조던이 왼손으로 공을 잡고 하늘에서 다리를 찢은 상태로 농구골대로 '날아가는 모습'은 렌트미스터가 구상하던 그 모습이었다.

아마 사진을 보면 누구나 나이키의 에어 조던 브랜드인 '점프맨(Jumpman)' 로고를 떠올릴 것이다. 그렇다면 렌트미스터는 사진 한 장을 가지고 엄청난 부자가 되었을 수 있었을지도 모른다. 하지만 슬프게도 렌트미스터는 당시 에어 조던 브랜드의 디자이너인 피터 무어(Peter Moore)가 150달러를 줄 테니 임시 사용권을 허락해 달라는 요청을 받고 승낙했다고 한다. 피터 무어는 이 사진을 가지고 우리가 현재에 잘 알고 있는 52억 달러로 평가되는 에어 조던 점프맨 로고를 탄생시켰다.

렌트미스터는 1985년 3월에 나이키를 상대로 소송을 제기하겠다고 압박을 넣어서 북미 지역 빌보드와 포스터에 에어 조던 로고를 사용하는 것을 허락하여 추가로 15만 달러를 받아 내기는 했지만, 가치를 따져 본다면 실제 브랜드 가치에 단 10%도 못 받은 셈이 될 것이다. 나이키는 이후

1989년, 1998년 그리고 1999년에 추가로 상표권 등록을 했다. 렌트미스터는 라이프 매거진이 원본 사진의 소유자라고 주장했으나, 결국 미국 재판부는 상표권 등록 즉 지적 재산권을 공식적으로 보호한 나이키의 손을 들어줬다.

누구나 두 개의 사진을 보면 렌트미스터의 사진이 지금 현재의 점프맨 로고를 만들게 된 소스라고 생각될 것이다. 하지만 결과적으로는 렌트미스터는 자신의 지적 재산권을 제대로 보호하지 못해 큰 수익을 놓치고 말았다.

최근 AI의 시대가 열리고 저작권에 대한 문제가 다시 활발하게 논의되고 있는 추세다. AI는 이미 존재하는 데이터를 기반으로 추가 해석하고 조합하여 새로운 것을 생산한다. 하지만 AI가 생산하는 모든 결과물에 대한 지적 재산권은 누구 소유라고 주장할지 명백하게 경계선이 존재하지 않는다. AI가 만들어낸 결과물이 AI를 개발한 회사의 소유라고 할지, 데이터의 원작자라고 할지, 아니면 AI를 활용한 사용자가 소유한다고 할지 애매모호하다. 이처럼 앞으로는 지적 재산권에 대한 소유권 분쟁은 지속적으로 일어날 것으로 예상된다. 그렇기 때문에 PR인들은 자신의 가치인 지적 재산권을 보호 할 수 있는 수단을 생각할 필요가 있다.

전문가 기고(Op-Ed)는 효과적인 PR 도구

우리와 생각이 같은 전문가를 찾아 기고하게 하라!

외국의 잠재 고객들과 교신하다 보면 '전문가 기고(Op-Ed)'에 관한 이야기가 심심치 않게 나온다. Op-Ed는 한 분야에 깊이 있는 경험과 지식을 갖고 있는 전문가들의 기고를 말하는데 이와 비슷한 단어인 opinion(의견)과는 의미가 다르다. 필자의 경험으로 볼 때 이 Op-Ed는 PR 업무를 수행하는 데 매우 유용한 도구가 될 수 있는 만큼, 효과적인 운용을 위해서는 Op-Ed의 정확한 개념을 알 필요가 있다.

Op-Ed는 원래 뉴욕타임즈 4면에 사설(editorial)이 실리고 그 반대쪽 면(opposite)인 5면에 전문가의 기고가 실리는 데서 유래한 말이다. 즉, 신문 5면에 실리는 외부 전문가의 기고가 4면에 실리는 '사설란의 반대쪽에 위치한다는 의미에서 'opposite-editorial'을 축약해서 'Op-Ed'로 부르고 있다. 우리말의 정식 용어는 '외부 전문가 기고'이다. 외국인 잠재 고객들이 'Op-Ed'에 대해 관심을 가지는 이유는 그들이 PR하려 하는 이슈 아이템을 관련 업계의 오피니언 리더들에게 알리려고 하기 때문이다. 한 분야 전문가의 기고를 통해 자신들이 생산하는 제품이나 정책을 언론에 공개적으로 알리고 여론을 유리하게 이끄는 전략이다.

이 용어가 헷갈리는 가장 큰 이유는 '에디토리얼(editorial)'이라는 단어 때문이다. 영어로 비즈니스 교신을 하면서 많은 혼돈을 일으키는 단어가 이 '에디토리얼'이다. 우리는 '에디토리얼'이라는 단어만 나오면 신문의 사설을 생각하는데 외

전문가 기고

국인들은 많은 경우 일반 신문 기사라는 의미로 쓴다. 신문 기사를 나타내는 단어로는 article과 story 같은 단어도 있지만 'editorial'도 혼용한다.

이 Op-Ed가 PR 활동의 좋은 도구가 되는 이유는 어떤 이슈에 대해 전문가가 자기 이름을 걸고 유력 매체에 기고하면 이는 객관적인 고급 의견이 되는 것이고 제 3자의 지지를 얻는 결과가 되기 때문이다. 아무리 좋은 의견도 이해 당사자가 주장하면 신뢰를 잃는다. 예를 들어 한국이 미국 시장에서 수출 규제를 받고 있을 때 미국의 저명한 교수나 그 분야의 전문가가 〈뉴욕 타임즈〉에 수출 규제의 부당성을 내용으로 하는 기고를 한다면 이 Op-Ed 하나가 미국의 한국에 대한 수출 규제에 큰 영향을 미칠 수 있다. 따라서 PR 회사는 경우에 따라 고객을 위해 Op-Ed 개발까지도 신경을 써야 한다.

Op-Ed 개발을 위해서는 우선 주제가 확실해야 한다. 그리고 전문가 중에서도 어떤 사람이 자기 이름을 걸고 기고할 수 있느냐가 관건이다. 또 무조건 기고한다고 다 실리는 게 아니기 때문에 그 신문사의 영향력 있는 사람과 미리 접촉하여 좋은 기고가 들어오면 실릴 수 있도록 사전 작업을

해 두어야 한다. Op-Ed를 이용하는 주체는 공적인 영역과 사적인 영역 모두에서 다 가능하다. 그러나 사회의 공기인 언론을 통해 이루어지는 만큼 기고문은 보편 타당성을 지녀야 한다.

  Op-Ed를 개발하는 데는 꽤 많은 비용이 든다. 그러나 광고 효과와 비교하면 Op-Ed가 훨씬 더 효과적이다. 기사화된다는 것은 제3자를 통해 객관성을 확보받는 것이며, 특히 Op-Ed는 전문가의 신뢰성을 부여하는 것인 만큼 당연히 광고와는 비교할 수 없는 효과를 낸다.

Op-Ed의 기고자는 우리나라의 경우 교수들이 되기 쉽다

  국내에서도 Op-Ed를 성사시키기가 쉽지 않다. 우선 신문에 전문가 기고란 지면이 제한되어 있어 지면을 할애받기가 쉽지 않다. 지면이 배당될 수 있게 교섭에 성공한다 하더라도 전문가의 수준과 기고의 내용에 따라 게재 여부가 결정되기 때문에 PR 회사로서는 상당히 높은 서비스 피(fee)를 고객에게 청구할 수 있다. 이 Op-Ed는 PR 회사가 고객에게 '보장(guarantee)'하는 비윤리적인 행위와는 구별되어야 한다. 수준 높은 기고는 매체 지면의 수준을 높일 수도 있기 때문이다.

  현실적으로 Op-Ed의 기고자는 우리나라의 경우 교수들이 되기 쉽다. 전문성을 갖추고 있으면서도 중립적인 위치에 있기 때문이다. 공무원들이나 회사에 소속된 인사, 혹은 사업가의 경우 중립성을 의심받기 때문에 기고자로 선정하기 어렵다. 하지만 교수들은 전문성과 실력은 인정받으나 언론에 글을 쓰는 것을 꺼려하는 경우가 많다. 학자로서 언론에 글을 쓰는 것은 바람직하지 못하다고 생각하거나 그들의 의견이 큰 방향은 고객사나 PR 회사와 같다 할지라도 실천 방법 등 구체적인 부분에서 다를 수가 있기 때문이다. 따라서 Op-Ed의 기고자가 될 수 있는 교수들의 평소 언론 기고문이나 논문, 혹은 학회 발표나 토론 내용 등을 미리 파악할 필요가 있다. 회사가 필요로 하는 정책이나 법 개정 문제 등에 있어 그 분야의 전문성과 실력을 갖추고 있으면서도 회사와 의견이 같은 사람이라야 기고를 부탁할 수 있기 때문이다. 이래저래 Op-Ed는 노력이 많이 들어가는 PR 전략이다.

이해 충돌
(conflict of interest)과 윤리

과도한 고객사 이해 충돌 규제는
PR 회사의 적

　남태평양의 신혼여행과 가족 휴양지 괌(Guam)의 데스티네이션 마케팅(DM) PR을 시작하기 위한 계약서를 주고받을 때였다. 계약서 중에는 서로 경쟁하는 데스티네이션 PR은 담당하지 않는다는 애매한 조건이 포함되어 있었다. 1988년 초창기에는 많은 PR 경험이 없었고 남태평양의 최고의 관광지를 PR하게 되었다는 부푼 꿈 때문에 무조건 계약서에 서명하였다.

　몇 년이 지나면서 커뮤니케이션즈코리아가 관광지 PR을 성공적으로 잘 진행하고 있다는 소문이 퍼졌다. KBS 8시 일일 연속극 '당신이 그리워질 때'에서 매일 10분씩 일주일 동안 괌에서 주인공들이 펼치는 재미있는 장면들이 방영되니 괌을 방문하는 한국 관광객이 놀랄 정도로 많아졌다. 이 소문을 들은 몇 개 잠재 경쟁 관광지의 관광 책임자들이 자기들의 PR도 담당해 달라는 부탁을 해왔다. PT 없이 고객이 직접 걸어와 비즈니스를 주겠다고 하니 이보다 더 반가운 소식은 없었다. 그런데 딱 한 가지 걸리는 것이 있었다. 이해 충돌(conflict of interest)이 포함되어 있는 계약서에 서명했다는 사실이었다.

남태평양 최고의 휴양지 괌

하지만 그대로 있을 수는 없는 일이었다. 초창기 처음 일을 막 시작했을 때는 이해 충돌 조항에 대해서 우리의 주장을 펼 수 없었으나 3-4년 간 좋은 실적을 내고 있었던 만큼 좀 더 자신 있게 괌정부관광청장을 만나서 우리의 주장을 펼쳤다. 우리의 주장은 괌과 직접 경쟁이 되는 관광지는 사이판 정도이니 호주, 인도네시아, 태국, 말레이시아 등 지역은 이해 충돌 지역이 아니라는 것이었다. 청장은 이 문제 때문에 괌 의회 상원 관광분과위원회까지도 소집하여 논의를 했고, 찬반의견이 팽팽히 맞섰다고 하면서 시간을 좀 달라고 요청하였다.

필자는 위에서 언급한 다른 데스티네이션들은 괌과 직접 이해 충돌 가능성이 없다고 계속 주장하면서 필자의 회사에서는 괌의 전담팀과 다른 관광지를 담당할 팀을 완전히 분리하여 괌 관련 업무상 비밀이 철저히 지켜지게 하겠다는 내용의 서약서까지 보냈다. 약 일주일 후 다른 데스티네이션 PR 업무를 맡는 것을 허용한다는 공문이 왔다. 이런 험난한 과정을 통해 커뮤니케이션즈코리아는 당시 한국에서 가장 활발히 관광 PR을 진행하던 태국과 호주까지 맡게 되었다.

필자는 이런 경험을 통해서 이해 충돌과 관련된 부분이 포함된 계약서의 내용을 명확하게 해야 할 필요가 있다고 생각하였다. 경쟁에 대한 구체적 범위와 계약서 속에 경쟁 대상을 명시하고 직접적으로 이해 충돌이 없는 관광지에 대해서는 대행이 가능하게 해야 하며, 경쟁이 되는 목적지라도 회사 내부에서 전담팀을 완전히 분리해서 사업적 기밀 사항이 서로에게 누출되지 않게 하겠다는 회사의 방침을 전달하면 PR 업무 대행이 가능하다는 조항을 요구할 수도 있다는 것이 필자의 주장이다.

이해 충돌 문제는 계약 때부터 거론되어야 한다

외국 B2B PR 회사들은 이해 충돌이라는 개념이 거의 없다는 얘기를 들었다. 반면 고객과 회사의 비즈니스 성격에 따라 이해 충돌에 대해 예민한 회사도 있다. 특히 자동차 회사의 경우 국내에서 경쟁하고 있는 다른 브랜드 PR에 대해서는 이해 충돌 부분에 있어 아주 까다로운 반응을 보이고 있는 것 같다. 소비자 시장에서 경쟁이 치열하기에 마케팅 정보의 유출 가능성에 대해 심각하게 생각하고 있기 때문일 것이다.

이해 충돌 문제는 처음 계약 때부터 거론이 되어야 하며 추후 감정이 쌓인 분위기에서 논의되면 근본적인 문제로까지 번질 수 있다. 계약서에 명확하지 못한 부분이 있으면 그것이 목에 가시가 될 수도 있다. 이러한 관점에서 저맥락(low-context) 문화 사회에서 중요시되는 '명확하게(explicit) 표현하는 계약 문화'에 익숙해질 필요가 있다.

흔히 고객 갈등(client conflict) 이라고도 불리는 이 문제는 모든 대행업에 다 존재한다. 법률 회사, 광고 회사, PR 회사들의 숙명 같은 문제이기도 하다. 특히 규제의 범위와 기간, 해결 방법에 있어 의견 충돌이 있기 마련이다. 고객사의 불이익을 사전에 막기 위해서는 반드시 필요한 계약이지만 너무 과도한 제한은 PR 회사들의 영업에 큰 지장을 초래한다. 예를 들어 코카콜라의 PR을 맡게 되면 펩시 등 다른 콜라 회사들의 PR은 하지 못하는 것이 당연하다. 그렇다고 오렌지 주스나 사이다 등 모든 음료 회사의 PR까지 못하게 하는 것은 불합리하지 않은가. 또 그 금지 기간이 대행 기간이 끝난 후 너무 오래 가도록 규정하는 것도 무리한 요구이다.

  한 회사에서 두 경쟁사의 서비스 업무를 다 맡는 경우도 있다. 국내 굴지의 한 광고 회사에서 두 경쟁 회사의 광고를 동시에 맡았는데 양쪽 팀원들은 대행 기간 동안 서로 밥도 같이 안 먹는 것은 물론 복도에서 마주쳐도 인사도 안 했다는 웃지 못할 사연을 후배한테 들은 기억이 난다. 비밀 누설이나 내통, 혹은 내부 조정에 대한 오해 때문이다. 이를 위해서는 그만큼 대행 회사의 실력과 신용이 대단해야 함은 물론 일을 준 고객사들을 만족시킨 성공 사례들이 많이 쌓여야 한다. 선진국에서 이러한 사례가 더 많다는 점은 여러 가지를 시사한다.

양의 탈을 쓴 늑대 :
전위 그룹(front group) 위장 단체

버네이즈도 비난 받는 유령 전위 그룹의 동원.
현대 PR에서는 통하지 않는다

캐나다에서 국회의원들이 목재 회사들에게 불리한 환경 관련 입법을 추진하고 있을 때였다. 캐나다 목재 회사들이 버슨 마스텔러에게 100만 달러를 지불하고 '브리티시 콜럼비아주 목재연대(The Forest Alliance of British Columbia)'의 조직을 부탁하였다. 이 조직은 환경 보호 단체인 브리티시 콜럼비아 삼림보호 국제 연대(International Coalition to Save British Columbia's Rainforest)에 대항하기 위해 목재 회사들의 부탁을 받고 PR 회사가 조직한 위장 단체여서 PR의 윤리성에 큰 오점을 남겼다. 또 하나의 독립적인 환경 단체인 것처럼 위장했으나 사실은 목재 회사들의 이익을 대변하기 위해 급조된 조직이었다. 이처럼 PR 활동 수행에 있어서 하나의 전위 그룹(front group)인 위장 단체의 조직은 흔히 있는 일이다.

위장 단체 조직의 역사적인 뿌리가 어디까지 거슬러 올라가는 가는 아직 밝혀지지 않았으나 이 점에 있어서 에드워드 버네이즈도 비난을 받을 소지가 있는 것은 분명하다. 버네이즈는 말년에 자신이 담배 판매 증진을 위해 PR 전략을 동원하고 전위 그룹을 조직한 것에 관해 간접적으로 사과하였는데 담배 판매 촉진에 대해서는 그 당시 담배가 암을 유발시킨다는 어떤 보고서도 없었다고 하였으며 전위 그룹 조직에 대해서는 생각이 깊지 못했다고 낮은 단계의 사과를 하였다.

필코 라디오

버네이즈가 필코 라디오 프로모션을 위해 조직한 위장 단체는 '음향 예술 라디오 학회(Radio Institute of the Audible Arts)'였다. 그는 RIAA를 통해 방송의 질 향상 캠페인을 벌였다. 하지만 그 캠페인의 목적은 방송의 질을 높임으로써 식자, 부유층에 어필할 수 있고 결과적으로 라디오 가격을 인상할 수 있게 유도하는 것이었다. 그 결과 열광적인 라디오 청취자가 부상하였으며, 라디오의 다용도화와 음악 클럽 설립이 이루어져 양질의 제품을 고가로 판매함으로써 필코 라디오의 이윤 증대에 크게 기여하였다.

또한 버네이즈는 제너럴 모터스를 위한 PR 활동을 할 때 도시교통 개선 위원회(Metropolitan Committee on Better Transportation)라는 위장 단체를 설립하였다. GM 차량의 개선된 배기장치가 갖는 가치를 부각하기 위해 조직되었으며, 차량 배기 장치 개선에 대한 보고서 발표로 언론의 주목을 받았다. GM은 1933년형 GM 모델이 위 위원회의 인증을 받았음을 발표하여 위장 단체를 최대한 활용하였다.

좀 더 최근의 사례를 하나 들어보자. 1990년 이라크와 쿠웨이트전 당시 한 위장 단체가 사회적 이슈가 되었다. 자유 쿠웨이트 시민 연대(Citizens for Free Kuwait)라는 위장 단체가 조직되어 힐 앤 놀턴을 고용하여 이라크 침공을 저지하기 위한 전략을 짰다. 하지만 이 시민 연대의 기금 1180만 달러 중 실제 78명의 시민이 낸 돈은 1만 7861달러에 불과하고 나머지는 쿠웨이트 정부가 뒤에서 지원한 자금이라는 것이 밝혀져 크게 비난을 받았다. 목적을 달성하기 위해 단체를 만드는 것 자체가 문제가 아니라 쿠웨이트 정부에서 만든 단체라는 것을 뚜렷하게 밝히지 못하고 시민 단체라는 탈을 쓰고 실제로는 정부가 뒤에서 조종하였기 때문에 윤리적으로 문제가 되는 것이다.

여기에 대해 미국 PR협회는 윤리강령 8조에서 위장 단체에 관해 확실한 가이드라인을 제시하고 있다. 윤리강령 8조는 아래와 같다.

PRSA회원은 대외적으로 발표된 대의를 밝히거나 독립적이고 편견이 없다고 밝히면서 실제적으로는 밝히지 못할 이익(undisclosed interest)을 추구하는 개인이나 조직을 이용해서는 안 된다.

덧붙여 미국PR협회에서 회원들의 윤리의식 강화를 위해 마련한 질문 중 위장 단체 설립과 관련된 협회의 답변은 PR 실무자들이 윤리적인 인식을 제고시키는 데 큰 도움이 되리라고 생각한다.

- 질문 : 귀사의 사장으로부터 회사의 영업에 부정적인 영향을 미치는 환경 관련 입법안에 반대하는 주의회 의원들에게 편지 쓰기 운동을 할 목적으로 시민행동대를 조직하라는 명령을 받는다면?
- 답변 : 시민행동대의 조직은 윤리강령 제8조의 위배 사항이다. 특히 그 의도하는 바가 독립적이고 편향됨이 없는 조직임을 가장, 자금을 모으고

조직을 구성하여 회사의 숨겨진 이익을 도모하는 행위는 공중의 이익에 부합되지 않으며 (제1조), 일반 공중의 이익을 위하여 공정하게 활동해야 하는 규범에 어긋나는 일이다 (제3조)

미국 PR협회가 가상 질문과 모범 답안까지 만들어 PR의 윤리 수준을 높이려는 노력에 대하여 경의를 표하며 우리도 고객에게 전위 그룹 조직을 돕거나 또 다른 윤리 관련 스캔들에 휘말리게 되면 PR 산업이 설 땅을 잃어버리게 된다. 특히 최근 우리나라에서도 양극화된 여야 정치 현실을 반영하듯 많은 전위 그룹이 조직되어 각자의 목소리를 내고 있으며 이들은 뒤의 큰 손들이 조종을 하고 있는 현실을 감안할 때 더더욱 주의가 필요하다.

보장(guarantee)하지 마라 : PR인의 기본윤리

언론은 사회의 공기(公器),
함부로 기사게재와 크기를 장담하지 말라

　미국 PR협회(PRSA)의 윤리 강령에 PR인(practitioner)들은 '어느 매체에 어느 크기로 기사를 내주겠다'고 보장(guarantee)하지 말라는 내용이 있다. 그리고 한국PR협회도 2000년 12월 1일 실천윤리강령을 제정, 제1조에 '회원사는 PR기업 고유 영역 밖의 결과를 고객에게 보장하지 않는다'는 윤리 조항을 넣었다.

　PR인의 윤리 규정이 미국 PR협회 윤리강령 제1조에 나올 만큼 중요한 이유는 바로 PR인들이 의사나 변호사들처럼 투철한 윤리 규정을 준수하지 못하면 PR 산업이 전문 직업(profession)으로 자리 잡을 수 없기 때문이다. 얼마 전 우리나라 PR 업계에서 언론사 로비 스캔들이 발생하여 사회 전체에 큰 파장을 불러일으켰다. 한 PR 회사의 임원이 어떤 대기업의 이익을 위해 주요 일간지의 사설에도 영향력을 미친 사건이었다. 이 사건이 대내외적으로 크게 부각되고 비난의 화살이 된 것은 PR인의 윤리 의식과 직접 연관된 일이었기 때문이다. PR 회사 임원과 그 사설을 쓴 언론계 간부가 법정에 서는 참담한 일 때문에 언론계와 PR계의 윤리가 도마에 오르기도 하였다.

과거 우리나라 벤처 산업이 한창 붐을 이룰 때였다. 몇몇 벤처 기업들이 PR 회사를 접촉하여 비윤리적인 '보장'을 요구하였고 TV나 주요 일간지에 유리하게 과장 보도되었다. 벤처 기업들은 그들의 목표를 달성하였으나 과장 보도 때문에 크게 손해를 본 사람들이 나타났다. 벤처 기업들은 투자 설명회 때 잠재 투자자들에게 그 기사를 참고 자료로 내놓았고 투자자들은 적어도 공영방송이나 주요 일간지 보도이니 믿을 만하다고 판단하여 투자했다가 큰 낭패를 보게 되었다.
 중요 일간지의 사설에서까지 고객이 원하는 내용이 포함될 수 있게 고객에게 '보장'한다고 약속할 때 경우에 따라서는 고객은 천문학적인 서비스 대금을 지불할 수도 있을 것이다. 고객이 원하는 내용이 정부의 주요 정책 결정권자나 사회 오피니언 리더들을 움직여야 하는 이슈라면 주요 일간지의 사설은 최고의 타겟이 되기 때문이다.
 필자는 과거 한국 전투기 사업 중 F-16 전투기를 제조하는 제너럴 다이나믹스 사를 위해 일하면서 마지막 정부의 결정이 임박한 시점에 F-16이 가지고 있는 장점과 전 세계 공군의 약 85%가 F-16을 주력 전투기로 갖고 있다는 객관적인 사실을 주요 일간지의 사설란에 실리게 하기 위해 백방의 노력을 하였다. 주요 신문의 사설은 사내에서 다양한 방면으로 평가되고 있기에 조금이라도 선전 냄새가 나면 거부되는 경우가 많다. 필자도 결국은 논설위원으로부터 정중히 거절당했다. 그러나 앞에서 언급한 것처럼 개인 기업의 이해 관계와 연관된 내용이 사설에 실린다는 것은 정상적인 것이 아닌 뭔가 '보이지 않는 손'이 작용했기 때문이다. 이것이 비윤리적인 것이다.
 윤리상녕을 존중하면서 비즈니스를 하는 것이 기업의 시속가능성을 보

신문 사설을 목표로 뛰다

F-16

장하는 것이라고 생각한다. 전투기 선정 작업이 끝난 후 필자의 회사는 몇 번에 걸쳐 세무 조사를 받았다. 필자는 전투기 사업 PR 전쟁에 참여할 때 처음부터 '영수증 없는 돈은 1원 한 푼도 받지 않겠다'는 확고한 방침을 수립하고 끝까지 지켰다. 무기 거래와 관련한 로비 사건 때문에 법정에 서는 사건들을 보면서 단단히 윤리 의식으로 무장하게 되었다.

그 후 IMF 금융 위기 때 제일은행이 뉴브리지 미국 금융 펀드에 인수되었을 때 3년 동안 PR 업무를 수행하면서 보통보다 높은 금액을 월정서비스 수수료(리테이너피)로 받게 되었다. 정부당국에서 인수와 관계된 광범위한 감사 중 PR 회사의 서비스 피(service fee)에 대해서도 두세 번 감사가 있었다. 해당 공무원이 직접 회사를 방문하여 서비스 수수료가 혹시 검은 돈과 관련되어 있는 것은 아닌지 확인하는 과정이 있었다. 필자의 회사가 많은 인력을 투입하여 전문적인 위기관리를 수행한 실적을 뉴브리지의 경영진들이 높이 평가하여 보통보다 높은 서비스 수수료를 받게 되었다고 자세히 설명하자, 문제 없이 결말이 나게 되었다. 작은 돈에 욕심을 내 잠깐이라도 한눈을 팔면 낭떠러지에 떨어질 수 있다는 사실을 알아야 한다.

최근에도 몇 번 외국 고객들은 자기들이 현재 몇몇 한국 PR 회사와 접촉하고 있는데 필자의 회사가 주요 일간지 비즈니스 면에 톱기사로 기사화할 수 있느냐고 타진하는 일이 있었다. 필자는 단호하게 말했다. '우리가 평소 좋은 관계를 유지하고 있는 기자가 기사를 쓰더라도 윗선에서 뉴스성과 적절성 등을 꼼꼼하게 확인하기 때문에 그 기사가 데스크에서 편집으로 넘어간다 해도 편집 과정에서 여러 사정 때문에 어떤 결과가 나올지 아무도 장담 못 한다'고 말이다. 그리고 한국 언론의 기사화 과정을 자세히 설명하면서 당신들이 계속해서 비즈니스면 톱기사로 보장을 요구한다면 우리는 손을 떼겠다'는 의사를 전했다.

최종적으로는 그들이 한국 언론계 현황을 솔직히 얘기해줘서 고맙다고 하면서 필자에게 프로젝트를 맡긴 경우도 있었다. 물론 고객의 요구에 응하지 못해 단기적으로는 손해를 볼 수 있지만 이러한 윤리성을 간과한다면 장기적으로 PR 업계 전체가 더 큰 손해를 보게 된다는 사실을 염두에 두어야 한다. 일부 고객들이 '우리가 직접 기자를 접촉하면 최소한 3단 기사를 뽑을 수 있는데 당신들은 PR 전문가이니 최소한 5단 기사는 보장해 달라'고 억지를 부려도 꿋꿋하게 PR인이 지켜야 할 윤리강령을 상기시키면서 정도의 비즈니스 활동을 할 때 PR이 지속가능한 산업으로 살아남게 될 것이다.

카타르시스(catharsis)만 맛보지 말고 위기에 대비하라

타산지석, 경쟁사의 위기는
우리를 위한 살아있는 교훈

필자가 대학교 2학년때 영문과 과장이던 브루닉(Breunig) 신부님이 카타르시스에 대해서 잊지 못할 설명을 해주어 지금도 생생히 기억하고 있다. 그 정확한 의미를 효과적인 위기관리와 연결하여 필자의 강의와 발표 때 사용하여 좋은 반응을 얻고 있다. 신부님은 친한 친구가 갑자기 신촌 로터리에서 교통사고로 생명을 잃었다는 비보를 듣게 된 경우를 예로 들었다. 처음에는 고인에 대한 애도와 추모 속에서 애통해 하며, 또 아내와 자녀들이 떠올라 가슴이 에이는 슬픔에 빠져 있다가도 결국에 가서는 자신이 친구와 같은 처지가 되지 않고 살아있다는 사실에 가슴을 쓸어 내리고 안도의 한숨을 내쉬며 일종의 정신적 쾌감을 느끼는 것이 카타르시스의 원래 의미라고 설명했다. 이것을 통해 인간을 이기적인 동물이라고 결론 지었다. 위기관리 업무를 수행하다 카타르시스에 관련된 함축적인 의미를 효과적인 위기관리와 연결시켜 보았다.

경쟁자가 현재 큰 위기에 빠져 주요 일간지와 TV 방송에서 대대적으로 보도되고 있는 상황에서 '나는 그런 처지가 아니어서 천만다행'이라며 카타르시스를 맛보는 최고 경영자나 PR 담당자가 있다면, 그들은 기업을

경영할 능력이 없는 사람들이며 직무유기를 하고 있는 셈이라고 본다. 만일 위기관리 능력이 있는 경영자라면 경쟁사의 위기 상황에서 여러 가지 교훈을 얻어 자사의 기업 경영에 보탬이 될 전략들을 이끌어 내고, 또 자사의 위기관리 프로그램들이 제대로 수립되어 있는지 확인 및 검토하여 상대방과 같은 위기에 봉착하지 않기 위해 고심해야 한다.

 타산지석이란 옛말도 있지 않은가. 항상 '내가 저런 상황에 처해 있다면 과연 어떻게 대응할까?'를 생각해 보아야 한다. 이것이 사전 대응이라는 최고의 위기관리 전략이다. 오늘날 급변하는 국내외 정세 속에서 어떤 분야에서 선두적인 역할을 수행해 왔던 기업이 위기 상황에 제대로 대처하지 못해 후발주자에게 선두 자리를 내주고 사양길로 접어드는 경우를 흔히 볼 수 있다.

 평소 현대그룹의 정주영회장은 직원들 아침 조회에서 현재 일어나고 있는 타 그룹의 대형 사고에 대해 언급하면서 '저런 대형 참사가 현대에서 일어나서는 절대 안 된다'고 강조하면서 거기에 대한 철두철미 대비를 지시하였다고 한다. 정주영 회장은 카타르시스만 맛보고 있지 말라는 표현을 정회장 특유의 직설적인 언어로 표현하면서 사전적 위기 대응을 강조하였다고 생각한다.

김대중 대통령이 김영삼 대통령과 대통령 선거전에서 패배한 후 정계 은퇴를 선언했지만 그 후 다시 대통령에 출마했을 때의 일이다. 그 때 김대통령은 변명으로 일관하기보다는 마음을 바꾼 사실을 있는 그대로 인정하며 정면 돌파하여 국민의 뜨거운 지지를 얻게 되었다. 언론과 국민을 한번은 속일 수 있지만 그들은 두 번 속지 않기 때문에 정직이 최상의 정책이라는 것을 김대중 대통령은 터득하고 있었던 것이다.

김대중 대통령은 오랜 기간 정치 현장에서 실패하는 많은 잠재적 경쟁자들을 옆에서 보면서 그 당시 카타르시스만 즐기면서 시간을 보내지 않았다. 대신 내 자신이 저와 같은 상황이라면 어떻게 할 것인지 반문하면서 '정직은 최상의 정책'이라는 교훈을 얻게 되었고 그것을 실천에 옮긴 것이 그의 꿈을 이루게 만들었던 것이다.

필자가 회사의 고위층이 참석한 위기 특강에서 카타르시스에 관해 얘기한 지 몇 년 후 그 특강에 참여한 대표 한 분을 만났더니 '김 사장, 아침 조회에서 카타르시스 얘기를 했더니 직원들의 반응이 아주 좋았습니다'라고 고마움을 표시하였다. 우리는 매일 신문이나 TV를 통해서 수많은 대형 사고 뉴스를 접할 수 있다. 언론에서 쉽게 접할 수 있는 사고에서 교훈을 얻어 사전 대응(proactive)전략을 수립하는 것이 최고의 위기관리 기법이다. 아주 평범하고 가까운 곳에서 최고의 보석을 찾을 수 있다. '등잔 밑이 어둡다'는 속담을 잊지 않는 게 좋다.

특히 조직체에서 PR을 담당하는 사람들은 다른 곳에서 위기가 발생할 때 마다 저 위기가 우리 조직에 일어날 가능성과 함께 그 위기가 우리 조직에 주는 여러 의미까지 분석해야 하다. 특히 경쟁 회사에서 일어난 위기라면 그 간접적 교훈을 귀하게 여겨야 한다. 생생한 자료이자 정보이기 때문이다. 위기관리의 5R 모델인 위기 발생 가능성 축소(reduction), 준비(readiness), 반응(response), 회복(recovery)의 전 단계에서 교훈을 얻고 그 결과를 마지막 단계인 재평가(re-evaluation)로 까지 이어지게 해야 할 것이다.

저널리즘 vs 아카데미즘
(journalism vs academism)

F-16은 소나타,
F-18은 그랜저

고등학교 때 국어 선생님으로부터 저널리즘의 반대말은 아카데미즘이라는 말을 들은 기억이 난다. 그 때에는 왜 그런지 정확한 이해도 없이 그냥 외워 버렸다. 그런데 기자 생활을 거쳐 PR 활동을 하면서 그 분이 PR에 대한 상당한 수준의 이해를 갖고 계셨다는 사실을 깨달았다. '기자와 학자가 왜 반대 개념인가?' 이것에 대한 명확한 이해가 있으면 기업이나 정부나 단체에서 언론과 상대하면서 일하는 사람들에게 도움이 되리라 생각한다.

기자는 로테이션(순환)이라고 해서 이 부서에서 저 부서로 순환하게 된다. 문화부 기자가 정치부로 발령이 나면 정치부 기사를 써야 할 것이다. 그러나 생물학을 전공한 교수가 인류학 관련 논문은 쓸 수 없으며 학생들 앞에서 강의도 할 수 없다. 기자들이 데스크로부터 흔히 듣는 말이 평균 독자가 중2 수준이라는 생각을 머리에 두고서 기사 작성을 하라는 것이다.

기자들의 머리에 이런 생각이 들어 있는데 기자들에게 배포되는 보도자료나 발표 내용이 대학생 수준으로 작성된다면 어떤 결과가 나올 것인가? 기자는 중2 수준의 평균 독자들을 위한 수준으로 다시 낮춰서 기사를 쓰게 되며 그 과정에서 짜증도 나고 왜 이런 고통을 받아야 하는지 불평을 하게 된다.

필자가 정부의 전투기 사업 PR을 하면서 제너럴 다이나믹스사의 F-16을 PR할 때의 일이다. 전투기 관련 보도자료는 간결하고 평균 중2 수준의 독자들에게 잘 메시지가 실려 있어야 할 것이다. 이러한 사실을 간파하고 제너럴 다이나믹스사의 한국 지사장과 같이 깊은 고민을 한 후 F-16 전투기는 그 당시 인기 있었던 차종 중 소나타, 그리고 상대 측 맥도넬 더글라스사의 F-18을 소나타보다 한 단계 높은 차종인 그랜저에 비유하였다. 이러한 비유가 나오기 전에는 상당히 전문적이고 기술적인 부품이 복잡하게 설명된 보도자료가 나가게 되어 기자들로부터 큰 관심을 얻지 못했고 자연히 기사화 건수도 아주 미흡하였다.

두 기종을 소나타와 그랜저에 비유하다

두 기종을 소나타와 그랜저에 비유하면서 정부의 정해진 예산으로 소나타 120대를, 그랜저는 80대 구입할 수 있다고 비유적으로 설명한 다음, 기자들에게 '당신의 아들이 사업을 하려고 할 때 소나타 120대와 그랜저 80대 중 그랜저가 더 고급 차종이라고 그랜저를 선택할 것인가 반문하였다. 이 질문은 그 당시 엔진 두 개가 있는 F-18 전투기를 안전상 이유로 공군이 더 선호하고 있는 상황에 대한 도전이었다. 상대방은 '잠수함 작전'이라 하여 언론계 고위 간부와 담당 기자에게 한 명씩 접근하여 설득하는 전략을 채택하고 필자의 회사는 소나타-그랜저 전략으로 쉽게 접근하니 그 때부터 F-16에 관한 문의가 많이 들어왔고 기사 게재 횟수도 대

그랜저

폭 증가하였다.

특히 B2B 회사들의 PR을 담당할 때 많은 전문 용어를 사용해야 할 경우가 있다. 전문 용어(jargon)를 가능한 덜 쓰면서 일상 용어(lay language, everyday language)로 기자들에게 설명해야 평균 독자들의 수준에 맞춰서 기사 작성을 할 수 있게 된다. 만약 전문 용어를 꼭 써야 할 경우 기자들이 풀어서 전문 용어를 잘 설명할 수 있게 해줘야 한다. 가끔 기자들의 기사에 오보가 나오는데 이것도 전문 용어 때문으로, 오보가 나지 않게 하기 위해서는 기자들이 머리 속에 갖고 있는 평균 독자에 대한 세심한 배려를 해야 한다.

홍보실에 처음 근무하게 된 담당자들의 경우 기자들은 언론고시에 합격하고 많은 것을 다 아는 사람들이라고 생각하는 경우가 많다. 이런 이유로 브리핑할 때나 보도자료를 작성하면서 몇 단계를 뛰어 넘어도 다 이해할 것이라고 생각하는 경우가 있는데, 이럴 경우 꼭 오보가 나오게 된다.

기자는 아카데미즘에 종사하는 사람이 아니고 평균 독자가 중2 수준이라는 생각을 머리 속에 갖고 있으면서 저널리즘에 종사하는 사람들이라는 정확한 인식을 갖고 있다면 당신은 이미 훌륭한 PR인이다.

체험 마케팅과 관계 마케팅의 MPR, 양배추 인형(Cabbage Patch Kids)

**우리 인형들을 입양하세요!
양배추 인형 대광란을 만들다**

1978년 예술학교 학생이었던 사비어 로버츠(Xavier Roberts)는 21세 때 학교 친구 다섯 명과 함께 오리지널 아팔라치안 아트웍스(Original Appalachian Artworks)라는 회사를 설립하고 봉제 인형인 Little People 인형을 제조해서 판매했다. 로버츠와 인형들은 애틀랜틱 위클리라는 잡지의 표지에도 등장할 정도로 성공했다. 그러나 밀려드는 주문을 감당하지 못하고 장난감 회사인 콜레코 사에 생산을 넘겼다. 콜레코 사는 원래 로버츠가 고안한 이 플라스틱 인형을 '양배추 인형(Cabbage Patch Kids)'이라고 이름지었다. 양배추 인형은 보통 미국에서 아이들이 '엄마 나 어디서 왔어?' 라고 물으면 '양배추 밭에서 주워 왔지'라고 대답하는 데서 유래했다.

양배추 인형은 16인치 크기의 인형으로 플라스틱 머리, 천으로 감은 몸통, 털실로 만들어졌다. 모든 인형의 왼쪽에는 이 인형을 처음 만든 하비에 로버츠(Xavier Roberts)의 서명이 들어있다. 광고비와 마케팅비가 부족했던 콜레코(Coleco) 사는 1983년 크리스마스 시즌에 입양이라는 판매 아이디어로 승부했다. 성탄절 시즌 사람들이 연초에 마음 속으로 약속한 '선행의 마음의 빚'을 갚도록 '이 인형들을 입양하세요'라는 슬로건을 내걸었다. 한 직원의 아이디어로 시작된 이 판매 전략으로 콜레코 사는 상상할 수 없는 대박이 났다.

미국의 학부모들은 탐욕스러울 정도로 양배추 인형을 찾기 위해 대소동을 벌였다. 어떤 상점들은 긴 대기자 명단을 만들어 인형을 팔았으나 어떤 가게들은 선착순으로 파는 바람에 서로 사려는 사람들로 싸움이 벌어지기도 했다. 출시된 한 해에 무려 3백만 개의 양배추 인형이 입양되었다. 그 뒤에도 성탄절 시즌만 되면 양배추 인형을 사재기하는 가게들이 많아 사회적 문제가 되기도 했다. 언론에서는 이를 '양배추 인형 대광란(Cabbage Patch Kids Frenzy)' 이라고 보도했다.

양배추 인형

어린이들의 양육 본능을 이용한 이 마케팅은 어린이가 인형을 하나 사면 모든 식구들이 인형의 엄마, 아빠, 할머니, 할아버지가 되는 관계를 만들었다. 이모, 삼촌까지도 확대가 됨은 물론이다. 결국 미국의 모든 어린이들이 이 예쁜 인형들을 최소한 한 개라도 갖지 않을 수 없게 만들었다. 양배추 인형을 애호하는 팬들은 조지아 주 클리브랜드에 있는 베이비랜드 제네럴 호스피털(Babyland General Hospital)을 방문하여 인형의 탄생을 볼 수 있다. 이 남부 스타일 하우스에는 수천 개의 양배추 인형이 있다.

 양배추 인형은 컴퓨터 조립 라인을 통하여 서로 다른 머리카락, 피부색, 옷, 입, 보조개, 주근깨, 성별이 조합되어 어린이들이 모든 가능한 선호 타입을 선택할 수 있도록 했다. 속을 다 들여다볼 수 있도록 포장했으며 상자 안에는 입양 지원서가 들어있다. 인형의 first name과 middle name이 있는 출생증명서도 있다. 회사로부터 입양자에게 매년 생일 카드가 온다. 이는 아동심리학자, 교육자들의 조언에 따른 마케팅 전략이었다. PR 회사가 처음부터 함께 했었다. 처음 장난감 박람회를 통해 이 제품들을 선보였으며 여러 대도시들에서 기자회견을 열었다. 콜레코 사는 어떨 때는 성탄절 시즌까지는 그 인형을 살 수 없도록 만드는 '애태우는 티저 마케팅(teaser marketing)'도 동원했다. 마침내 NBC 방송국의 최고 인기프로 'Today Show'에도 5분 간 출연했는데 그 사실 자체가 뉴스가 되어 많은 미디어들이 뒤따라 보도했다.

 지나친 판매 광풍에 부정적 반응들이 나오기 시작했다. 그러자 콜레코

사는 양배추 인형들을 병원이나 자선 단체에 많이 기부했다. 광고도 중단했다. 당시 레이건 대통령의 부인 낸시 여사는 뉴욕주 롱아일랜드 병원에서 심장병을 앓고 있는 두 명의 한국 어린이들에게 이 양배추 인형을 선사했는데 이게 TV 뉴스로 보도된 바 있다. 당시 6억 달러 어치의 인형이 판매되었다. 그 때만 해도 어린이들에게 인형을 팔기 위해서는 오로지 TV 광고를 이용할 수 밖에 없었다. 그들의 호기심과 구매 욕구를 자극하기 위해서다. 그러나 이 절묘한 양배추 인형의 입양 마케팅은 그 허를 찌르고 MPR의 신화를 만들었다. 회사와 제품, 소비자가 지속적인 관계를 가지는 관계 마케팅, 제품의 모든 것을 지각하고, 냄새를 맡고, 만지고, 느끼고, 경험하게 하는 체험 마케팅, 플라스틱 인형을 자녀로 만드는 의인화 마케팅, 품귀 현상을 빚은 제품을 사기 위해 기다리게 만드는 애태우는 티저 마케팅, 엄청난 입소문 마케팅과 미디어 투어 등 모든 것들이 절묘하게 어울린 MPR의 성공 작품이다.

비동맹외교를 위해 박정희 대통령을 도운 스웨덴 왕의 주치의 한영우 박사

훌륭하게 성장한 한국 입양아들의 활동을 알게 해준 한영우 박사

코리아헤럴드 사회부 기자 시절 2개월 간의 유럽, 아프리카 순회 취재를 위해 일정을 짜고 있었다. 제한된 취재 경비 때문에 한 푼이라도 아껴 써야 했지만 덴마크, 스웨덴, 핀란드만은 꼭 방문하고 싶었다. 그 때 입양 기관인 홀트아동복지회에 부탁하여 4명의 입양 고아들을 필자와 또 한 명이 네덜란드까지 기내에서 돌보고 암스테르담 스키폴 공항에 가서 인도하게 되면 무료 왕복 티켓을 얻을 수 있었다. 물론 까다로운 심사를 거쳐야 했고 지금 돈으로 약 10만원 정도를 홀트아동복지회에 기부도 하였다. 북유럽을 추가하였기 때문에 항공 경비가 늘어나서 입양 고아들을 돌보는 길을 택하였다. 스키폴 공항에서 기차를 타고 파리까지 여행하여 며칠간 취재한 후 덴마크로 향했다.

덴마크에 있는 한국 대사관에는 코리아헤럴드에서 필자의 전임자로서 남북적십자 회담을 취재하다 적십자회담사무국으로 아예 일자리를 옮긴 후 문화공보부에 취직이 되어 공보관이 된 박성수 선배가 근무하고 있었다. 기차역에서 반갑게 만나 밀린 얘기들을 나누고 덴마크에서의 취재 협조 부탁을 하고 호텔로 돌아와서 저녁 식사 참석 준비를 하였다. 당시 공

스웨덴 왕의 주치의 한영우 박사 (출처 : 조선일보)

군참모총장 퇴임 후 덴마크 대사가 된 장지량 대사(현 매일경제 신문사 장대환 회장의 부친)와 약 20분 간 정식 인터뷰를 마치고 나니, 대사 부인이 들어오셔서 '저녁 준비를 했으니 같이 식사하자'고 했다. 식사 자리에 들어서니 푸짐한 한식이 준비되어 있었다. 식후에는 차를 마시면서 간단한 게임을 하였는데 소액의 돈을 걸고서 하는 게임이었다. 박 공보관이 미리 약 100달러 정도 잃을 각오를 하고 게임에 참여하라고 하였고 장 대사는 게임에 승부욕은 많지만 게임에서 딴 것 이상을 돌려준다고 귀띔해 줬다. 약 1시간 게임을 한 후 100달러 정도를 잃고 대사가 돈을 따게 되었다. 장 대사는 약 200달러를 더 추가해서 필자에게 300달러를 주며 아프리카 여행 잘 하라고 격려해 주었으며 그 돈은 여행에 큰 도움이 되었다.

다음 일정으로 스웨덴을 방문하였다. 그 당시 주 스웨덴 한국 대사관에는 외무부에서 친하게 지냈던 분이 2인자로 근무하고 있어 많은 도움을 받았다. 한영우 박사는 6.25 전쟁 당시 한국에 파견된 스웨덴 병원선 원장을 통역해준 인연으로 스웨덴의 최고 의과대학에서 공부하게 되어 당시 스웨덴 왕의 주치의가 되었고, 스톡홀름 시내에 Dr. Han's Clinic 병원을 운영하고 있었다. 독일인과 결혼하였으며 독일인 부인의 한식 요리 솜씨가 뛰어나다는 얘기를 들었다. 인터뷰 중 스웨덴의 복지 제도에 관해서 설명하면서 한 달에 40시간 병원을 열었을 경우와 한 달에 50시간을 열었을 경우에 40시간의 경우가 세금 공제 후 소득이 더 많다고 자세히 설명해 주었다. 50시간을 일하는 바보가 되지 않는 것이 스웨덴 복지 시스템의 문제라고 얘기해 주었다.

 그를 인터뷰한 후 저녁 식사를 한 박사 집에서 하기 위해 그의 승용차에 올라탔다. 한 박사는 부인이 비빔밥을 아주 잘한다고 하면서 김 기자를 위해 비빔밥 준비를 부탁하였다고 하였다. 독일 부인은 결혼 후 약 두 달간 한국을 방문하여 한국 요리를 배웠는데 서울에서 돌아온 후 부인의 한국 요리 솜씨는 날로 발전하여 비빔밥으로 한국 손님을 대접할 수준이 되었다. 비빔밥에 쓰이는 고사리도 직접 스웨덴 야산에서 딴 것이었다. 처음 스웨덴 경찰이 고사리 채취 이유를 캐물을 때 집에 있는 토끼 밥이라고 대답하였다고 하면서 한바탕 크게 웃었다.

 당시 스웨덴은 중립국으로서 국제 외교 무대에서 상당한 영향력을 행사하고 있었으며 중요 외교 현안이 있을 때 박정희 대통령이 직접 한 박사에게 전화하여 부탁하기도 했다고 한다. 그 이유는 한 박사가 스웨덴 왕의 주치의이기에 스웨덴 왕과 개인적인 친숙한 관계를 유지하고 있어 공식 채널보다는 비공식 채널이 더 효과적이었기 때문이다. 그런 인연으로 한국에 왔을 때 청와대로 초대되어 박정희 대통령과 식사하면서 스웨덴

과의 관계에 대해 논의하기도 했다고 한다. 한영우 박사는 '김 기자, 내가 한국에서 식사한 것 중에서 청와대 식사의 반찬이 제일 빈약했는데, 박정희 대통령의 검소한 생활과 초라하게 보였던 반찬을 보고서 모든 정성을 바쳐 도와 드려야겠다고 결심했다'고 말하였다.

그 후 들은 소식으로는 한 박사의 딸이 스웨덴에서 활발한 NGO 멤버가 되어 한국을 방문하였다고 한다. 한 박사와 얘기하던 중 입양된 한국 고아들이 잘 성장하여 여러 곳에서 뛰어난 활동을 하고 있다는 사실을 알게 되었다. 신문 기자, 작가, TV 사회자, 심지어 외교관 활동까지 하고 있어 한국인인 것이 자랑스럽게 느껴졌다.

필자가 북유럽을 방문했을 당시만 해도 북한은 '대한민국은 모든 것을 다 수출하여 더 이상 수출할 것이 없어 불쌍한 아이들까지 수출한다'는 얼토당토 않는 선전을 하고 있었는데 이와 같이 입양아들이 훌륭하게 성장해서 국위를 선양하고 있어 북한의 코를 납작하게 하고 있다는 기분 좋은 소식도 코리아헤럴드 본사에 타전하여 기사화 되었다.

다음 일정으로 핀란드를 방문하였다. 본부에서부터 친했던 정우영 대사가 헬싱키에서 반갑게 맞아 주었다. 식사 후 와인을 같이 하면서 핀란드와 스웨덴 간의 오랜 숙적 관계를 설명하면서 핀란드에서 못마땅한 사람을 표현하는 말로 'You look like a Swedish(당신은 스웨덴 사람 닮았어)'라고 창피를 준다고 하였다. 국경을 맞대고 있는 국가 간의 숙명적인 라이벌 의식에 대한 이야기였다. 그 이튿날은 정 대사 덕분에 호숫가에 있는 핀란드 전통식 사우나를 체험하였다. 자작나무 나뭇가지로 등을 두들기면서 땀을 흘린 후 바로 앞에 얼음을 깨놓은 호수 물로 뛰어들어 보기노 하였다. 잊지 못할 진한 북구라파 체험이었다.

졸지에 회사를 잃은
대기업 회장의 행복론

삼호건설 조봉구 회장,
불운했지만 불행하지 않았다!

저녁 늦은 시간 세계 최대의 PR 회사 중의 하나인 힐앤놀튼의 런던 본부에 있는 고위 임원으로부터 국제 전화가 걸려왔다. '다음 주 즉시 미국 워싱턴 D.C.로 가서 전 삼호건설 조봉구 회장을 만나고 워싱턴 주재 한국 특파원들과의 기자회견을 주선하기 위해 조봉구 씨와 미 국무성 국장인 제프리 시브라이트 (Jeffrey Seabright)씨를 만나 구체적인 실행 방안을 논의하라'는 내용이었다. 조봉구 씨가 김대중 정부를 통해 과거의 억울한 사연을 세상에 알리려고 하는데 법적인 일과 대미 관계는 미국에서 담당할 테니 한국의 언론에 그 실상을 알리는 일을 도와달라는 부탁이었다. 필자에게 긴급 사항을 전한 후 관련 뒷얘기를 자세히 하나하나 설명해주고 또 부족한 자료는 문서로 전달해 주었다.

1970년대 국내에서 아파트 붐이 일던 초기에 방배동에 삼호아파트를 짓고, 중동에 진출하여 삼호의 이름을 국내외에 떨치다가 어느 날 갑자기 소리 없이 사라진 삼호건설의 창업자 조봉구 씨. 1997년의 어느 봄날 아침, 시중에서는 조봉구 씨가 사라진 것을 하나의 미스터리로 여기고 있었고 필자도 의문스러워하던 참이었다.

부동산 개발 붐이 한창이던 1997년 무렵 조봉구 씨는 부동산 업계의 신화적인 인물이었다. 테헤란로 주변의 역삼동, 도곡동, 방배동 일대의 수십만 평과 강남 일대는 물론 제주도에 있는 땅까지 합해서 근 백만 평의 부동산을 소유하고 있어 한국 최고의 부동산 재벌로 꼽혔으며, 그가 살던 방배동 집은 국내 재산세 1위를 놓치지 않았다. 그는 1974년 건설업체인 삼호를 설립했으며, 강남 일대에 1천 세대 이상의 대규모 아파트를 지었다.

필자는 조봉구 씨를 둘러싸고 복잡하게 얽히고 설킨 여러 사정들을 밝힐 자료도 없을 뿐더러 그럴 의도도 없었다. 이 사건은 5공 군사정권 때 입도 뻥긋하지 못하다 김대중 대통령의 국민의 정부가 들어선 후 이젠 때가 되었다고 문제를 들고 나온 것일 뿐이었다. 그 문제를 '정의(justice)' 차원에서 규명하고 조봉구 씨의 명예를 회복시키겠다고 나선 사람은 아이러니하게도 미 국무성의 국장이었던 제프리 시브라이트 씨였다. 조봉구 씨의 딸 조영애 씨의 남편, 그러니까 조봉구 씨의 사위였던 그는 로스앤젤레스에 있는 자신의 하버드대학교 법대 동창이 운영하는 대형 법률회사를 통해 LA 카운티 법원에 20억 달러 상당의 재산 반환 청구 소송을 제기했다.

조 회장은 전두환 군부 정권에게 미운 털이 박혀서 모든 것을 포기하고 미국으로 떠나게 되었다. 삼호가 가지고 있던 건설, 제주도 오라오라 골프장, 제주공항 근처 호텔(지금은 글래드호텔) 등이 모두 합법적인 절차를 통해 대림건설로 넘어가게 되었다. 이 사건에 대해 월간조선 우종창 기자가 미국을 방문하여 직접 조봉구 회장을 인터뷰도 하였다. 우 기자가 쓴 기사를 최종 교정을 보고 확인해 준 상태에서 3일만 있으면 월간조선

조봉구 회장 사위가 접촉했던 당시 청와대

이 시중 서점에 나오게 되어 있었다. 그런데 서점에 가서 월간조선을 사 보았더니 삼호건설 부분이 빠져 있었다.

그 때 시사저널 기자도 미국에서 조봉구 씨를 만나서 현지 인터뷰를 하였으며 그 후 3페이지에 달하는 미국발 현지 리포트와 함께 조봉구 씨의 사위인 제프리 시브라이트의 코멘트도 덧붙였다. 제프리 시브라이트 미 국무성 국장이 당시 청와대의 김대중 대통령에게 장인과 삼호에 관한 억울한 사연을 호소하였다는 내용이 시사저널 기사의 요지였다.

필자에게는 그 사건 자체보다는 조봉구 씨의 기막힌 인생 역정이 더 큰 관심사였다. 한국 최고의 갑부였던 그가 어느 날 갑자기 사람들 사이에서 자취를 감추고 미국 정부의 지원을 받으면서 13평짜리 아파트에 살게 되었다면 자살을 생각할 수도 있지 않았을까 생각했다. 그러나 그는 오히려 변화된 환경에 적응하여 생활하는 법을 잘 터득한 것 같았다.

워싱턴에서 만난 조봉구 씨는 생각 했던 것과는 달리 편안해 보였다. 만면에 웃음을 띠고 차분히 과거를 얘기하면서 긴박했던 1984년을 털어놓기도 했다. 그는 분명 악에 받친 모습이 아니라 편안한 마음으로 그 기막힌 사연을 남의 얘기하듯 털어놓았다. 오히려 시브라이트 국장이 정의는 살아 있다고 강조하면서 장인의 명예를 회복시켜야 한다고 목청을 높였다. 조봉구 씨는 처음에 딸이 미국인과 결혼하는 것을 반대했다고 한다. 그러나 그 미국인 사위가 자신의 한을 풀어주기 위해 앞장선 지금은 만감이 교차할 것이라는 생각이 들었다.

 조봉구 회장, 시브라이트 국장, 조봉구 회장 딸 조영애, 그리고 필자 4명이 워싱턴 주재 한국 특파원들과의 오찬 간담회를 준비하는 중 커피를 마시고 있을 때 조봉구 씨는 '김 사장, 나는 이제 과거 그 때 가슴 아픈 사연을 다 잊고 있는데 이 딸년이 자꾸 남편을 쑤셔서 남편에게 아버지 한을 풀어 달라고 얘기하는 바람에 여기까지 왔소. 나는 현재 13평 아파트에서 미국 정부 도움을 받으면서 살고 있지만, 나는 정말 행복하다오. 내가 지금까지 삼호를 경영하고 있다면 내 몸과 정신은 다 곪아 터져 있을 것이오'라고 말했다.

'나는 행복하다'고 할 수 있는 조봉구 회장의 인생관에 감동

 인간 조봉구 씨와 몇 시간을 지내면서 필자는 모든 것을 잃은 조봉구 씨는 불운했지만 지금은 불행하지 않고 오히려 더 진한 행복을 누리고 있는 것처럼 느껴졌다. 재벌로서 매일 무거운 짐 속에서 편할 날이 없는 생활을 하다가 모든 것을 다 잃어버리고 새로운 삶을 사는 조봉구 씨의 얼굴은 분명 모든 것을 잃어버린 자가 아니라 많은 것을 얻은 자의 모습이었다. 그 때 들리는 얘기로는 큰아들 조영시 씨는 아버지가 모든 것을 포기하고 미국으로 피해 오자 너무 큰 충격을 받아 정신적인 괴로움을 앓고 있다고 하였다.

 서울로 오는 기내에서 간담회 내용을 마무리하여 보고서를 정리한 후 비행기 좌석에 기대 조봉구씨의 생에 관해 생각하면서 '나는 행복하다'고 할 수 있는 그의 인생관에 감동을 금치 못하였다.

 조봉구 씨가 이렇게 된 것은 5공 정권 실세에 미운 털 박힌 것이 화근이

었다. 조봉구 회장이 이들과 포커 게임을 하면서 재벌인데도 너무 심하게 승부에 집착하여 돈을 땄을 때 다른 사람을 배려하지 않았다고 한다. 재벌 하나가 무너지는 이유가 이런 아주 작은 일에서 발생했다는 사실을 알게 된 후 세상 많은 위기들이 이와 같이 작은 일에서부터 출발한다는 위기관리의 대원칙을 확실히 배우게 되었다.

9.11 참사현장 책임자 조 알바우 전 FEMA (미 연방 재난관리청) 청장 초청

Known Unknowns와 Unknown Unknowns의 차이를 아십니까?

위기관리에 관심을 갖게 되면서부터 미국 연방 재난관리청(Federal Emergency Management Agency: FEMA)의 책임자를 한국으로 초청하여 우리의 위기관리 수준을 높이고 그 당시 한국이 'R.O.T.C (Republic of Total Crisis: 총체적 위기 공화국)'로 불렸던 치욕을 씻어 버리겠다는 다짐을 하였다.

미국에 있는 한 PR 회사 동료 주선으로 9.11 당시 FEMA의 청장이었던 조 알바우 (Joe Allbaugh)씨와 연락이 닿았다. 국제 전화를 통해 한국 초청 의사를 표시하였고 알바우 씨도 한국에서 일어난 많은 대형 참사에 대해 전문가적인 견해를 표명하면서 방한을 구체적으로 논의하기 위해 필자가 미국을 방문하기를 요청하였다. 당시 알바우 씨는 지리적으로 미국의 최중심이라고 불리는 캔자스주의 위치타(Wichita)에 살고 있었다. 알바우 씨는 위치타에 관해 자세히 설명해 주었다. 미국 전 지역 동서남북 모든 방향에서 가장 중심에 있는 도시이기 때문에 항공 산업이 발달되었고 그 이유는 안전을 고려한 미국 정부의 장기적 위기관리 계획 때문이라고 설명하였다. 6.25 때 한국 전쟁에 참여한 B-29노 위치타에서 생산되고 있었고, 보잉에서 개발하고 있는 최신 기종도 필자에게 시찰할 수 있는 기회를 주었다. 도시 전체를 항공 산업의 요람으로 만든 것으로 보아 미국 정부의 위기에 대비하는 보이지 않는 손이 작동하고 있다는 생각을 하면서 조 알바우 씨와 위기관리에 관해 많은 대화를 나누었다.

 특히 조 알바우 씨는 지방자치단체 즉 시·도 혹은 군 단위의 책임자가 위기관리에 대한 깊은 이해를 가지는 것이 중요하다고 강조하였다. 중앙대책본부가 개입하기 전 1차적 조치는 시도 책임자들이 하기 때문에 그들이 1차로 내리는 조치가 위기관리의 성패를 이끄는 잣대가 된다고 하였다. 플로리다 태풍 때 관련 도시의 시장이 초등학교 교장 출신으로 위기관리에 대한 이해가 없어 초등학교 스쿨버스 수백 대가 물에 떠내려가 큰 위기를 초래한 사례를 설명해 줬다.

 필자는 조 알바우 씨에게 사례로 5만 US 달러를 지불하고 두 명의 비즈니스 왕복 항공편과 5성급 호텔을 제공했다. 위기관리를 공부해온 학생이 높은 수업료를 내고서 한 수 배우는 것은 매우 가치 있는 일이라 생각했다. 소방방재청에서 세미나를 하면서 강연하는 것이 한국의 위기관리 능력을 업그레이드 하는 데에 큰 도움이 되리라 확신하였다.

 200명이 모인 정부종합청사 회의실에서 알바우 씨와 소방방재 분야 전문가들이 참석하여 알맹이 있는 위기 대응 세미나가 진행되었다. 미국에서 이 분야 박사 학위를 얻은 젊은 인재들이 많이 참석하여 아주 신선한 각도의 의견도 개진하였으며 몇몇 중앙 일간지에서는 크게 보도하기도 하였다.

 그 다음 서강대 후배였던 부산의 서병수 시장에게 연락이 되어 부산에서 경찰·소방대원 및 시청 직원이 모인 월례 모임에서 조 알바우 씨의 특강을 마련하였다. 50층 이상의 초고층 빌딩이 제일 많은 곳이 부산이라는 사실을 알게 되었고 서 시장은 초고층 관련 위기 대책에 대해 조 알바우 씨에게 많은 질문도 하고 서로 의견 교환을 하였다. 소방방재를 담당하는 책임자들 몇 명도 활발히 의견 개진도 하고 질문도 던졌다. 알바우 씨는 재난 발생시 지자체장들의 초기 대응(First action)이 위기관리의 성패를 좌우한다고 강조하면서 지자체장들을 위한 정기적인 위기 대응 교육을 검토해 보라고 추천하기도 하였다.

국가 전체의 위기를 소방 차원에서 보아서는 안 된다

 노무현 대통령은 위기에 근원적인 대책을 마련하기 위해 김두관 행자부 장관에게 위기관리 담당 기관을 신설해서 본격적인 위기관리 전략을 수립하라고 지시하였다. 어느 날 행자부 장관 비서실에서 연락이 와 세계적인 위기관리 현황에 대해 1시간 개인 가정교사를 해달라는 부탁을 받았다. 그날 오후에 노 대통령을 만나 위기관리 관련 주요 내용을 설명했다. 그 때 기관 명칭도 거론되었다. 필자는 미국의 FEMA처럼 우리도 '재난관리청'으로 명명해서 글로벌 스탠다드의 조직적인 위기관리를 시작해야 한다고 강조하였으나 결국 '소방방재청'으로 바뀌어 결론이 났다. 소방 관련 로비 세력이 막강하다는 얘기를 나중에 들었다.

 한국 정부 정책에 관해 필자와 대화를 나눈 후 조 알바우 씨는 '소방이라는 것도 물론 중요하지만 국가 전체의 위기를 소방 차원에서 보아서는 안 된다'는 의견을 피력하였다. 당시 서초구청장이었던 조은희 구청장(현 국민의힘 국회의원)도 직원들을 위해 특강 요청을 하였으나 일정이 맞지 않아 아쉽게도 이루어지지 못했다. 3박 4일의 방한 기간 중 조 알바

9.11 참사

우 씨가 강조한 것은 사전 대응의 중요성이었다. 위치타가 미국의 한 중심에 위치하고 있는 것 자체가 위기관리의 첫 사전대응 조치였다는 것이었다. 그리고 꾸준한 대비 훈련이 중요하다고 강조하였다.

9.11 사태에 관한 기억도 놓치지 않고 설명해 주었다. 부시 대통령과 모바일 폰으로 교신하면서 9.11 사태 수습을 하였다고 하면서 중간 결재 과정 없이 대통령과 논의 할 수 있게 된 것이 효과적인 사후 수습에 크게 도움이 되었다고 하였다. 그 때 조 알바우 씨는 위기를 두 개의 유형으로 구분하였다. 'Known unknowns' 와 'unknown unknowns' 이다. Known unknowns는 알려져 있으면서 안 알려져 있는 것, 즉 항공기는 추락한다는 사실은 알려져 있지만 언제 어디서 어떤 이유 때문에 추락할지는 안 알려져 있는 것이다. 이런 경우 항공기 정비를 잘 하고 조종사에게 충분한 휴식을 주는 등 사전에 필요한 조치를 취하면 위기를 완화할 수 있다. 이것이 최대의 위기관리 기법이다. 한편 'unknown unknowns'는 신의 영역에 속하는 일이며 구 소련이 300여 명의 승객이 탄 대한항공 여객기를 태평양으로 격추시킨 천인공노할 행동이 그러한 유형에 속한다고 할 것이다.

  세계적인 위기관리 대가께서 경천동지할 큰 그림을 제시하실 것이라 생각했으나 역시 '기본에 충실하라(Back to the Basic)'는 아주 평범한 진리만을 듣게 되었다.

내가 만난 룩셈부르크 왕세자는
최고의 PR맨

왕세자가 국가 PR에 앞장서는 룩셈부르크.
우리는 누가 이 부러운 일을 해줄까?

전 세계적으로 입헌군주제가 흔들리고 있다. 이런 와중에도 흔들리지 않고 제대로 자리를 잡고 있는 나라가 룩셈부르크인 것 같다. 작년 말 기욤 장 조세프 마리 룩셈부르크 왕세자가 대규모 경제사절단을 이끌고 방한했을 때 필자는 그 배경을 어느 정도 파악했다고 생각한다. 왕세자라는 자리는 어떻게 보면 굉장히 애매모호한 자리이며 왕이 존재하고 있어 개인의 능력과 신념에 따라 국가에 어떤 기여를 하는가에 따라서 그의 스펙트럼은 0부터 100까지 좁아질 수도 있고 확대될 수는 있는 것이었다.

왕세자는 방한 기간 중 6.25 전쟁 당시 룩셈부르크군에 배속돼 싸웠던 한국인 참전 용사인 92세의 김성수 옹을 만났다. 그리고 그의 용기와 희생에 대한 감사를 표하면서 진하게 포옹하고 미리 준비한 선물을 전달해 이를 목격한 박민식 국가 보훈처장(현재 국가보훈부 장관)과 주위 사람들의 가슴을 뭉클하게 하였다. 왕세자는 방문 당시 한국과 룩셈부르크 간의 훌륭한 관계 발전에 만족감을 표시하면서 정전 70주년을 맞는 2023년 올해에 룩셈부르크 대사관이 한국에 설치될 것이라는 선언을 하고 박진 외교부장관과 같이 축배를 들었다. 필자는 이런 모습을 보면서 왕세자가

룩셈부르크 왕세자(좌)와 6.25 전쟁 당시 룩셈부르크 부대 소속이던 김성수 옹, 박민식 국가보훈부 장관(우)

룩셈부르크 국가를 대표하는 PR 전도사 역할을 수행하고 있다고 느껴졌다. 특히 우주 분야에서 한국과 룩셈부르크의 협력을 강화하는 서명식도 있었으며, 한국 정부도 우주 분야 발전을 위해 총력을 기울이고 있어 서로의 이해 관계가 맞아 떨어졌다. 룩셈부르크는 인구 60만의 소국이지만 우주 강국으로 꼽힌다. 1980년대에 이미 인공위성을 쏘아 올렸으며 세계 최고의 위성 운영 회사인 SES도 보유하고 있다. 최근에는 우주 광물 채취에도 공을 들이고 있다. 한국도 룩셈부르크와의 협력 관계에 힘입어 올해 우주항공청 설립을 계획하고 있다.

이번 왕세자 방한 중 참전 용사 프로젝트를 진행한 박민식 장관은 외교관 못지 않은 수완을 발휘하면서 왕세자와의 관계를 돈독히 하는 데 큰 역할을 하였다. 박 장관은 '6.25 전쟁은 룩셈부르크가 자국 군인을 해외 전쟁에 파병한 유일한 군사 개입 사례'라며 룩셈부르크 참전 용사들의 공헌이 있었기에 지금의 대한민국이 존재할 수 있다고 밝혔다. 룩셈부르크

최정식 홍보담당관

는 6·25전쟁 당시 인구 20여만 명에 불과했지만 1951년 1월 31일~8월 25일 제1차 분견대와 1952년 3월 28일~1953년 1월 7일 제2차 분견대 등 총인원 100명의 전투병을 참전시켰다. 22개 참전국 중 인구 대비 가장 많은 병력을 보낸 것이다.

필자의 회사는 5개 회사가 참여한 왕세자 방한 PR 활동을 위한 경쟁 입찰에서 선정되어 적극적인 PR 업무를 수행하였다. 최종 선발 업체 선정과정이 아주 투명하게 진행되는 과정을 지켜보면서 룩셈부르크가 세계 금융 산업에서 왜 중요한 위치를 차지하고 있는가를 알게 되었다. 우리 대한민국과 비슷하게 독일, 프랑스 등 강국으로 둘러싸여 있어 나라 전체가 일종의 요새라는 얘기도 들었다. 금번 룩셈부르크 PR 프로젝트를 수행하면서 보훈처 최정식 홍보팀장이 큰 힘이 되었다.

필자가 서강대학교 언론대학교 겸임 교수로 강의에 나갔을 때 제자였던 최정식 씨가 보훈처(지금은 보훈부로 승격) 홍보담당관으로 근무하고 있어 최 담당관으로부터 룩셈부르크 참전 관계 자료, 관련 통계 자료와 산업 현황 전반에 관한 자료를 쉽게 얻을 수 있었다. 그리고 사절단이 방문하는 중 왕세자와 함께 6.25 전쟁 당시 룩셈부르크 병사들과 같이 참전했던 한국인 노병도 만난다는 상세한 정보도 얻게 되어 언론 보도에 효과적으로 대응할 수 있었다. 최 담당관은 국정 홍보의 민간 기법 도입에 솔선수범하고 있었다. 왕세자의 참전 용사 만남에 관한 자세한 기획 기사를 보도자료로 내어 주요 일간지에서 큰 지면을 할애하여 기사화하였다. 한 사람의 탁월한 정부부처 홍보 책임자가 그 부처의 위상 제고에 결정적인 역할을 한다는 사실을 확인하였다.

  전반적인 PR 활동을 마치고 나서 되돌아보니 왕세자라는 탁월한 인물 한 명의 진두지휘로 양국관계 발전에 앞장서고 언론 앞에서 당당히 모습을 드러내 룩셈부르크에 대해 우호적인 이미지를 심게 되니 룩셈부르크의 국격도 높아지게 되었다. 이러한 활동이 바로 최고의 국가 PR이고 그 중심에 왕세자가 있었다. 이렇게 양국 간에 협력 발전을 위한 프로젝트에 참여한 것이 보람 있다고 느껴졌다. 이로 인해 2022년 룩셈부르크 경제사절단과 관련된 기사가 총 122건 보도되었고, 회사로서는 또 하나의 성공사례를 만들어낼 수 있었다. 어떻게 보면 왕족이라는 특수 신분이 만든 성과이기도 했다. 우리나라도 이런 말을 해줄 왕족이 있었으면 하는 생각도 해 보았다.

대미 구매사절단에 포함된 30대의 젊은이들, 재벌의 싹이 보이다

대미외교를 위해 300개의 고급영어 유머를
다 외운 김태동 단장

1980년대 대미 무역흑자 문제를 미국 언론들이 제기하였고 그에 이어 미국 정부에서도 한국 정부가 대미 무역 흑자를 줄이기 위한 노력을 해달라고 강하게 요구하였다. 해결책의 일환으로 경제부총리와 재벌급 기업들의 회장들로 구성된 대형 구매사절단 파견이 결정되었다. 한미경제협의회(Korea-U.S. Economic Council)의 김태동 이사장이 사절단을 이끌었다. 김태동 단장은 당시 코리아헤럴드 사장을 겸하고 있었으며 보건사회부장관을 역임하였다. 필자는 그 당시 경제 기획원을 출입하고 있었다. 이 사절단 파견을 통해 무역 적자를 해소해주겠다는 한국 정부의 강한 메시지를 미국에 전달해야 한다고 판단하고 정부 당국이 이 사절단에 코리아헤럴드만 동행 취재하게 하였으며, 김 사장이 필자를 콕 찍어 동행하라는 지시를 하였다.

미국 워싱턴에 도착하자마자 미 상무성 관리들과 잇단 미팅을 하였으며 호텔에서 부스를 열고 미국 수출업자들과 상담을 시작하였다. 미국 언론에서도 큰 관심을 갖고 보도하였으며 필자도 매일 기사를 본사로 송고하였다. 뉴욕에서도 비슷한 일정이 이어졌다. 그 때 약 40명이 넘는 단원

중에는 30대 초반의 젊은이 몇 명이 포함되어 있었다. 이름 부르기도 쉽지 않은 이상한(?) 회사명의 명함을 내밀었다. 그 때 그들을 아무도 주시하지 않았는데 그들이 현재 우리나라 게임 산업을 주도하고 있는 준재벌이 되었다. 아무

한미무역

도 눈여겨 보지 않던 분야를 개척해서 미국 시장 침투 전략을 짰던 것이다. 구매사절단의 본래의 목적인 대미 수입 증대와는 맞지 않는 인적 구성이었지만 그들은 그 때부터 면밀한 시장 조사와 미 상무성 직원들을 만나며 게임 산업에 대한 미국 정부의 향후 정책 방향에 대해 귀한 정보를 캐내고 있었던 것이다. 남보다 한발 앞서 뛴 젊은이들의 노력은 크게 보상을 받았다. 지금은 없어진 미도파 백화점을 운영하던 대농그룹의 박용학 회장은 매일 아침 조깅을 약 20분 간 한 후 서울에서부터 가져온 아령으로 약 10분간 운동하고 수영도 하며 다른 재벌 회장들에게 큰 자극을 주기도 하였다(2014년 99세로 별세).

재미있는 일화를 하나 더 소개한다. 뉴욕 상담 이후 로스앤젤레스로 향하기 위해 비행기에 올랐다. 미 국무성의 여성 과장 한 사람도 행사 내내 사절단을 동행하여 필자와도 꽤 가까워졌다. 김태동 단장이 상무성 과장을 단장 옆자리로 배치해 달라고 요청하여 약 4시간 동안 기내에서 편안한 분위기에서 한국 정부의 메시지를 부담 없이 전달하였다. 필자는 바로 뒷자리에서 두 사람간의 대화를 좀 엿듣기도 하였다. 영어 농담으로 시작하여 영어 농담으로 끝났다고 할 정도로 김 단장은 고급 유머를 줄줄 쏟

아 내며 상무성 과장이 배꼽을 잡고 웃게 만들었다. 미국에서는 실무자의 역할과 권한이 크기에 그런 전략을 쓴 것 같다. 미 상무성 과장은 김태동 단장의 팬이 되어버렸다.

농담 중간중간 한국 정부의 메시지가 가벼운 톤으로 추가

사실 김 단장은 그 행사 준비를 위해 약 400개의 고급 유머를 외웠다고 한다. 언제나 바로 틀면 자동으로 나올 수 있을 정도로 외웠다고 하니 그 피나는 노력은 높이 평가할만 했다. 농담 중간중간 한국 정부의 메시지가 가벼운 톤으로 추가되어 아무 부담 없이 들을 수 있게 되었다. L.A.에 도착하니 많은 L.A. 주재 주요 기업 임원들과 현지 한국인 기업가들이 마중 나왔으며 모두 합쳐 그 규모가 100여 명에 달하였다.

날씨가 아주 더워 자판기에서 콜라 하나 사려고 하는 순간 한 미국 노인이 필자 옆으로 걸어왔다. '젊은이, 바로 옆에 손만 누르면 시원한 물을 공짜로 즐길 수 있는데 왜 벤딩머신을 사용하는가. L.A. 물은 수질이 좋기로 정평이 나있다'고 하면서 기자에게 접근하였다. 자신을 한국전 참전 용사라고 소개하면서 평소 한국에 관심이 많았다며 이번에 한국이 사절단을 파견 한 것에 고마움도 표시하였다. 필자가 가슴에 달고 있는 배지를 보고 사절단의 일원인 것을 알게 되어 친근감을 느껴 접근했다는 이야기까지 하였다. 그 날이 금요일이라 저녁에는 대규모 상담회가 열리도록 예정되어 있었다.

그 노인은 기자에게 내일 저녁 시간이 되면 자기 집에서 저녁이나 같이 하자고 하여 즉석에서 응하고 약속 시간과 장소를 정하였다. 다음 날 약속 장소에 갔더니 노인이 차에서 기다리고 있었다. 약 30분 간 노인이 직접 운전하여 드라이브 후에 집에 도착하였다. 집에는 나이가 60대 정도 되어 보이는 부인이 기다리고 있었다. 아주 평범한 미국식의 저녁 식사였다. 식사 후에 노인과 와인 한잔 하고 있는데 구운 소시지 몇 조각, 연어 몇 조각 그리고 스낵 등을 부인이 손수 요리해 주었다.

  노인은 6.25 참전 시의 상황에 대해 그가 기억나는 대로 얘기하고 필자에게 현재 한국 상황에 대해 자세히 물었다. 비즈니스 동향도 꽤 많이 알고 있는 것 같아서 과거 사업 경영을 해본 것이 아닌가 생각하였다. 그는 집에 명함을 갖다 놓지 않는다고 설명하고 메모지에 이름과 전화번호만 적어주면서 다음에 L.A.로 올 때 꼭 연락 달라고 하였다. 그리고 이튿날 무역협회 L.A. 지사장이 기사 관련 상의를 위해 만나자고 하였다. 그 자리에서 어제 저녁을 함께 했던 미국 노인의 얼굴 생김새를 설명하고 나이와 메모지에 적어준 전화번호를 보여주었더니 그 사람은 L.A.에서 5대 안에 드는 유태인 갑부라고 하여 깜짝 놀랐다. 집안에 아직도 흑백 TV가 있었고 부인이 직접 요리해서 손님을 대접하는 서민중의 서민이라고 생각했는데 알고 보니 L.A.의 5대 갑부! 이것이 유태인들이 세계 경제를 지배하는 법칙이라는 것을 새삼 느끼게 되었다.

5장

파이어니어(Pioneer)의 길을 걷다

파이어니어(Pioneer)
의 길을 걷다

    2022년 가을 한-룩셈부르크 수교 60주년에 즈음하여 룩셈부르크 왕세자가 단장이 되어 대규모 경제사절단과 함께 방한하게 되어 있었다. 이 행사를 담당할 PR 회사 선정을 위한 입찰에 필자의 회사도 포함되어 국내 총 5개의 PR 회사가 초청되었다. 우선 제안서를 제출한 후 정해진 날에 줌(Zoom)으로 프레젠테이션(PT)를 하게 되어 있었다. 필자의 경험으로는 초청된 5개 회사라면 제안서 수준은 평균 85점 이상은 될 것이라서, 제안서 제출 후 실시되는 PT가 최종 선정에 결정적인 영향을 미칠 것이라 생각하였다.

    제안서 제출 후 드디어 며칠 후 줌으로 PT를 진행할 시간이 정해졌다. 이때 PT에 참석자 명단을 고객에게 사전에 전달해야 한다. '내 이름도 넣어주시오'라고 회사 담당자에게 지시하고 내부 전략 회의를 하였다. 그 후 약 30분간 PT가 진행되었고 30분 이상 질의응답 순서가 진행되었다. 대개 1시간의 PT가 끝나면 감이 온다. 결과는 필자의 회사 커뮤니케이션즈코리아가 5개 회사 중 최종 2개의 회사로 압축되는 리스트에 포함되어 이제 남은 두 회사 간에 '피 튀기는 PT'를 해야 하였다.

필자가 경험에 바탕을 둔 PT를 진행하는 동안 룩셈부르크 측 참석자들이 PT 내용에 점점 더 깊이 빠져들어 오는 것을 체감하고 더욱 더 자신감 있게 질문에 대답도 하고 또 추가적으로 유의해야 할 사항까지도 제시하였다. 실제 PT에 몰두하다 보면 다른 곳에 신경 쓸 여유가 없으나 36년 경력의 긴 세월이 상대방 참석자들의 표정을 읽고 질문의 냄새까지 맡을 수 있게 만들었다. PT 후 90%는 필자의 회사가 선정될 것이라는 감이 들었다. 예상대로 약 2주 후에 필자의 회사가 최종 선정되어 룩셈부르크의 왕세자도 만나고 한-룩셈부르크 경제협력 관계 발전에 역할을 할 수 있게 되었다.

시작을 PT 이야기로 전개하는 데는 그만한 이유가 있다. PR 회사가 살아남기 위해서는 '피 튀기는 발표'에서 승리해야 하기 때문이다. 제안서를 하나 만드는데 회사의 핵심 인력이 동원되어 많은 시간을 투입하기 때문에 마침표를 찍는 최종 PT에 회사의 대표가 참여하는 것은 중요하다고 생각한다. 광고계의 귀재 오길비도 주요 고객의 영입을 위해 자신이 직접 PT를 하였다.

PT에 직접 참여하여 승산이 있을 것이라는 직감을 갖게 되고 그 직감이 맞아 떨어져 실제 최종 선정되었을 때 느끼는 쾌감은 말로 표현할 수 없다. 이 쾌감 때문에 나이 70이 넘어서도 PT에 참석하고 어떤 때는 주도적인 역할도 하게 된다. 이제 회사 경영에서 한 발짝 뒤로 물러서서 좀 쉬라는 아내의 말이 귓전에 잘 닿지 않는 이유이기도 하다.

또 하나의 다른 이유는 국내 기업들은 필자가 참석한다고 하면 못마땅한 표정을 지으면서 아랫사람 보내라며 점잖게 거절하기 때문이다. 그러나 외국 기업들은 회사의 CEO가 책임 있게 PT에 참석하는 것을 아주 환

서강헤럴드 편집회의 중인 필자(좌)와
조명호·김기창 에디터(우)

제롬 브루닉 신부 (출처 : 이동근 명예교수)

영하는 분위기다. 룩셈부르크 PT에서는 필자가 참석한 것이 선정에 큰 영향을 미쳤다는 얘기도 나중에 들었다.

이렇게 끊임없이 도전하는 PR 인생 36년과 언론 인생 14년(PR인과 언론인의 삶을 동시에 산 세월 포함)을 살게 된 연유의 시작은 서강대학교 영문학과 1학년 때부터 교내 영자 신문인 '서강헤럴드(Sogang Herald)'에 지원하여 학생 기자가 된 것이다. 서강헤럴드에 들어가 학생 기자 생활을 시작한 것이 어찌 보면 필자의 첫 언론인 경험이었을 것이란 생각이 든다. 당시 서강헤럴드는 연세대학교에서 발행하는 The Yonsei Annals와 한국외국어대학교에서 발간하는 영자 신문 'Argus'와 트리오를 이룬 수준 높은 학생 신문이었다. 2학년이 되었을 때 편집국장이 되어 필자의 평생의 스승이자 은인이었던 제롬 브루닉(Rev. Jerome E. Breunig, S.J: SJ는 예수회) 신부님을 만나게 된다. 신부님은 영문학과 학과장인 동시에 서강헤럴드 신문제작과 편집을 책임지는 모더레이터(Moderator)였는데 필자가 PR과 언론 인생을 시작할 수 있었던 것은 이 신부님 덕분이었다.

서강헤럴드 원고를 모두 인쇄소에 넘기고 좀 여유가 있을 때 신부님이 한 말씀이 내 인생의 진로에 크게 영향을 미쳤다. 그 말씀은 'printer's ink in your blood' 즉 핏속에 인쇄 잉크를 가지고 있어야 진정한 언론인이 될 수 있다는 것이었다. 신부님은 사회 정의를 추구하는 언론인의 기본을 '인쇄 잉크'에 비유하였다. 그리고는 '미스터 김은 핏속에 인쇄 잉크가 흐르는 것 같다'고 칭찬하셨다. 철 없이 고집만

제7차 남북적십자회담 취재 당시 필자 (맨 앞)

부리던 제자를 격려하려는 말씀이었겠지만 큰 감명을 받았다. 내가 앞으로 나갈 길을 제시해 주신 것이다.

졸업을 두 달 앞두고 코리아헤럴드 모집 광고를 보면서 신부님의 말씀이 떠올랐다. 그 순간 모든 것을 포기하고 코리아헤럴드에 지원하자고 결정하였다. 그 당시만 해도 코리아헤럴드의 봉급 수준은 대기업과는 비교가 되지 않을 정도로 낮았다. 1973년 2월 1일 견습기자로 입사하여 6개월 후 견습기자 딱지가 떨어져 정식 기자가 되는 일정이었다. 치열한 경쟁 속에서 나를 포함한 5명이 최종 선발되었다.

코리아헤럴드 입사 후 일에 미친 결과 6개월 견습 기간을 끝내지도 않았는데 제7차 남북적십자회담 취재를 위해 평양으로 파견되었다. 입사 후 거의 매일 오전 6시 30분경 출근하여 약 2시간 반 동안 반 페이지 정도 기획 기사를 일주일에 2-3개 생산하였다. 기획 기사 작성을 부담으로

여기는 기자들도 있었으나 필자는 하나의 큰 즐거움으로 여겨 쉬지 않고 기획 기사를 생산하였다. 이것을 눈여겨 본 김용국 편집국장이 회사로서는 중대한 취재였던 제7차 남북적십자회담 취재를 위해 평양 파견을 결정하였던 것이다.

3년 동안 코리아헤럴드에서 열심히 뛰어 많은 기획 기사를 쓴 덕분에 한국 로이터통신 이시호 지국장으로부터 스카우트 제안을 받고 통신사 기자가 되었다. 그 당시 월급의 5배를 준다는 제안을 받고 국제적인 대형 통신사의 기자 생활도 할 기회를 얻을 수 있었다.

통신사 특파원으로 산다는 것은 정말 힘든 일이었다. 새벽부터 주요 뉴스를 체크하면서 30분마다 뉴스 모니터링을 해야 했다. 약 3년 간 통신사 기자 업무를 수행 하면서 정신적 스트레스를 받고 보니 '돈보다는 좀 더 의미 있는' 생활을 하고 싶었다. 통신사 기자는 뉴스 제조기 같다는 느낌도 받고 또 필자가 즐기는 등산도 간첩으로 오인된 일 때문에 흥미를 잃게 되어 다시 코리아헤럴드로 돌아가게 되었다.

필자는 한국 최초 영문 경제 잡지인 『비즈니스코리아(Business Korea)』를 창간하기 위해 코리아헤럴드를 떠났다. 그 당시 신규 언론사 등록 허가를 받는다는 것은 기적 같은 일이었다. 왜냐하면 전두환 대통령이 언론사를 줄이려고 신문방송통신 통폐합을 하던 시절이었기 때문이다. 하지만 필자가 그런 어려운 시기에도 새로운 언론사를 설립할 수 있게 된 것은 당시 필자의 고향 선배인 서석준 상공부 장관이 직접 대통령에게 '한국 경제의 도약을 위해서는 국제적인 수준의 전문 영문 경제 잡지가 꼭 필요하다'고 강조하면서 도와준 덕분이다.

이렇게 비즈니스코리아를 창간한 후, 한국 수출이 늘어나고 한국 경제

비즈니스코리아 창간 기념 리셉션에서 주한 미국대사 리처드 워커 부부와 필자

가 국제화되는 시점에 미국 맥그로 힐에서 발행하고 세계 경제를 움직이는 것으로 평가되던 'Business Week' 같은 잡지를 발행하고자 했다. 그래서 잡지 제호도 『Business Korea』로 정했다. 그 때 필자는 그간 모은 돈으로 아파트 1채를 갖고 있었는데 그것을 팔아 사업 자금으로 썼다.

그 시절에는 코리아헤럴드 기사의 톤이 너무 친정부적으로 편향되어 있었기 때문에, 이에 실망한 외국인 기자들이 비즈니스코리아로 지원하였다. 저명한 미국 미주리 주립대학교 저널리즘 스쿨 출신의 피트 엔가르디오(Pete Engardio)와 어윈 슈레이더(Ewin Schrader) 등이 입사하여 비즈니스코리아는 최고의 영어 문장과 한쪽으로 편향되지 않고 균형 잡힌(balanced) 잡지를 발행할 수 있었다. 비즈니스코리아는 점점 더 훌륭한 인재들이 들어왔고, 락스미 나까미(Laxmi Nakarmi) 편집국장, 전 CNN 특파원 손지애, 전 Newsweek 특파원 이병종, 배철수, 권선중, 장정수 전 아시아 위크 특파원, 박영준, 김진문, 심성원 씨와 현 외신 기자 클럽회장

신라호텔에서 개최된 비즈니스코리아 3주년 기념파티

임연숙 씨와 늦게 참여한 이금현 편집국장(후에 영국 이코노미스트지 한국특파원) 등을 배출해 내면서 '외신 기자 양성 사관학교'라는 별명까지 얻게 되었다. 1984년 입사한 이동근 씨는 1년 근무 후 미국 텍사스 대학교(오스틴) 저널리즘 학과에서 박사 학위를 받고 조선대학교 신문방송학과 교수로 재직하였다.

　네팔 국적의 락스미 국장은 그 후 Business Week지의 서울 특파원으로 옮겨 중책을 맡게 되었고 비즈니스코리아에서 근무하던 이화여대 출신 기자와 결혼하였으며 그 때 대우그룹 김우중 회장이 주례를 서기도 하였다. 이때가 비즈니스코리아의 전성기라고 할 수 있겠다.

　비즈니스코리아에 대한 평가는 기대 이상이었다. 대한항공과 서울 취항 주요 여객기가 기내 잡지로 선택하여 기내에서 비즈니스코리아를 읽게 된 업계·정부·외국기관 등으로부터 구독 문의가 쇄도하였고 광고 수주도 원활히 진행되었다. 여기에 힘입어 약 1,000페이지에 달하는 비즈니스코리아 연감(Yearbook)을 발행하였다. 경영진으로는 서강대학교 영문과 동기이며 현대건설 말레이시아 지점에서 근무하던 조명호 씨가 부사장으로 참여하여 취재와 편집을 측면 지원하면서 광고 수주 등 마케팅 활동을 크게 활성화시켰고, 주한 외국 대사관들과도 매우 협조적인 관계를 유지하였으며, 원만한 대인 관계와 친화력으로 필자가 채우지 못했던 공백을 잘 메워 주었다.

이때 한국 최초의 PR 회사 커뮤니케이션즈코리아가 태동하게 된 중요한 계기가 있었다. 정치적으로 암울하던 시절 박정희 대통령이 주요한 정책을 발표하면 동경에 주둔하던 외신 기자들이 우르르 서울로 몰려들었다. 그들은 동경에서 국제 뉴스를 취급해 왔기에 한국 실정에 밝지 않아 그들에게 영어로 한국의 정치 상황을 자세히 브리핑해줄 사람이 필요했던 것이다. 그 중 주요 매체는 필자와 접촉하였다. 영어가 가능하고 한국 정세를 잘 알고 있고 또 정부 주요 부처에 지인도 있어 현안 이슈에 정통하다는 이유 때문이었다. 어떤 때는 필자를 만나자는 요청이 3-4건 동시에 들어와서, 하루는 저녁을 서너 사람과 다른 장소에서 각각 하기도 하였다. 그들이 도움에 고마운 마음을 표시하기 위해 필자에게 정보를 주었다. "미스터 김, 지금 외국에는 PR 회사들이 크게 성장하고 있는데 한국에는 아직 본격적인 PR 회사가 없으니 미스터 김이 한번 시작해 봐라. 당신은 기업체, 정부, 외국 기관에도 친한 사람들이 있으니 PR 회사 운영에 최적이다" 이들의 권유와 비즈니스코리아의 광고 수주 저조 때문에 PR 회사를 설립하게 되었다.

설립 6개월 후 세계 최대의 PR 회사 중 하나인 힐 앤 놀튼(Hill &Knowlton)의 홍콩 지사장에게 면담을 요청하는 편지를 보냈더니 좋다

커뮤니케이션즈코리아 25주년 기념식

고 하면서 날짜를 잡아주어 홍콩을 방문하였다. 그 당시 힐 앤 놀튼은 국내 광고 회사 오리콤 내부의 PR팀과 업무 협조를 하였다. 필자가 홍콩 사장과 무려 4시간이 넘게 얘기를 나누고 준비해 갔던 커뮤니케이션즈코리아의 계획을 자세히 브리핑하였다. 분위기가 우호적이라는 생각을 했지만 PR 업무를 직접 수행해 보지 않았다는 약점이 있었다. 한국에 들어온지 일주일 만에 필자와 같이 일하기로 결정했다는 힐 앤 놀튼 홍콩 지사장의 연락을 받고 그 후 10년 간 힐 앤 놀튼 파트너(associate)로서 일하게 되었다.

커뮤니케이션즈코리아를 경영하면서 많은 인재를 배출하였다. 비즈니스코리아 조명호 부사장의 추천으로 현대건설 국제업무부에 근무하던 신성인 씨를 기획실장으로 채용하여 커뮤니케이션즈코리아 초창기 사업이 안정될 때까지 큰 역할을 담당하였다. 이후에 이사로 승진하였고, KPR 사장으로까지 중책을 맡게 되었다. 일처리가 완벽하여 외국 고객으로부터 환영받았다. ㈜코오롱 홍보부에 근무하던 김장열 씨도 커뮤니케이션즈코리아에 입사하여 태국관광청 업무를 맡은 후 미국으로 가서 공부한 후 박사 학위를 취득한 뒤 코콤포터노벨리를 설립하여 사장이 되고 현재 콜로라도 주립대학에서 강의를 하고 있다. 전략업무를 담당하던 김기훈 부장도 크게 성장하여 현재 코콤포터노벨리 사장으로 근무하고 있다.

커뮤니케이션즈코리아 25주년 기념 케이크

 괌정부관광청의 어카운트를 관리했던 윤인숙 씨, 박현정 씨, 이은경 씨와 최지훈 씨와 늦게 합류한 성연아 씨, 윤일상 씨와 김동현 씨도 유능한 인재들이었으며 모두 자기 분야에서 우뚝 서 있다. 서강대학교 동문인 김기창 씨도 나중에 부사장으로 영입되어 괌정부관광청을 비롯한 외국 및 국내 클라이언트 관리에 역점을 두었다. 민경세 이사(현 식품안전정보원 책임연구원)는 회사가 전략적으로 한 단계 업그레이드 하는데 크게 기여하였다. 국정 홍보처의 정책 홍보 과제 컨설팅 사업으로 PR 전략 수립과 프로그램 기획 컨설팅을 수행하였으며, 식약처와 국가안전보장회의(NSC)의 위기관리 매뉴얼 개발을 총괄하였다. 그 후 방사성 폐기물 관리 사업에 대한 상황 매뉴얼도 제작하였다. 현 홍익대학교 정지연 교수는 커뮤니케이션즈코리아에서 근무할 당시 국정 홍보처의 정책홍보과제 컨설팅 사업의 실무 담당자로서 정부 전체 부처의 PR 기획 컨설팅과 전략을 수립하고 이를 직접 실행하였으며, 국가안전보장회의의 국가위기관리 매뉴얼을 개발하고 직접 작성, 제작하는 등 실무 담당자로 큰 역할을 수행

커뮤니케이션즈코리아 로고

하였다. 필자의 네 번째 저서인『큰 생각 큰 PR』집필에도 크게 힘을 보탰다. 이후 미국에서 박사 학위를 취득한 후 교수로 재직하고 있다.

그 후 필자는 한국PR협회 2-3대 회장에 취임하게 되었으며 매달 'PR 교실'이란 것을 운영했다. PR 산업이 오늘날 있게 된 배경에는 'PR 교실'이 있었다. PR 전문가와 미국에서 박사 학위 취득 후 갓 국내 대학에서 교편을 잡고 있는 교수들을 중심으로 매달 다양한 분야의 강의를 계속하였다. 주로 서강대학교의 계단식 강당에서 PR 교실이 진행되었다. 하루 일을 끝낸 PR협회 회원 약 150명이 매달 모였으며, 식사비 2,000원을 지불하고 서강대 카페테리아에서 식사한 후 곧바로 강의에 참석했다. 강의가 끝나는 밤 10시경에는 밤안개가 낀 내리막 길에 비치는 네온사인 불빛을 감상하고 옛 대학 생활의 낭만을 되새기며 열심히 공부하였다. 지금도 그 때 열성적으로 참석했던 회원들을 만나면 '나이가 들어 밤 10시 경 대학 언덕을 내려오던 그 때 뭔가 배우고 있다는 뿌듯한 행복감이 참 좋았다'고 회고한다.

3대 PR협회 회장을 지내면서 기억나는 보람된 일 한 가지는 'PR인 윤리강령'을 만든 것이다. 서강대학교 신호창 교수와 같이 전문직으로서의 PR인은 수준 높은 윤리 의식을 가지고 있어야 의사나 변호사처럼 사회적으로 존중 받는 전문직이 될 수 있다고 생각하였다.

PR인은 끊임없이 고객의 '위기'에 대비해야 한다. 만약 TV 탐사 보도 취재 대상에 고객의 회사가 리스트에 오르게 되면 즉시 위기관리에 들어가야 하고, 식용 죽에 썩은 이빨이 발견되었다면 그 순간부터 초죽음이 되어 언론과 제보자를 만나야 한다. 괌에 대한항공이 추락했을 때는 6개월 이상 지루한 위기관리 전략 수립에 몰두해야 했다. 직원들과 같이 머리를 맞대고 전략을 수립하여 위기가 효과적으로 해결될 때에야 비로소 그간의 긴장과 피로가 모두 가시게 되는 것

경북북부교도소 (구 청송교도소)

을 느끼게 된다. 고진감래(苦盡甘來)라, 힘든 과정을 거친 후 느끼는 행복감 때문에 이렇게 힘든 PR업에서 아직도 손을 놓지 못하고 있다. 그간 짜릿하게 맛보았던 행복한 순간들이 스크린처럼 지나간다.

- 필자의 커뮤니케이션즈코리아가 대행했던 F-16 제너럴 다이나믹스 사의 전투기가 3년 간 'PR 전쟁'을 거쳐 한국전투기사업에 선정되어 제너럴 다이나믹스 사 최고위층의 축하를 받았을 때

- 경상북도 청송군민들의 썩은 이빨이었던 청송교도소를 3년 간의 노력 끝에 '경북북부교도소'로 이름을 바꿔 청송군민들이 만세를 부르고 한동수 군수와 얼싸안고 기쁨의 눈물을 흘렸을 때

- 개인적으로 견습 기자 6개월도 끝나기 전에 그 동안의 능력을 인정받아

이례적으로 제7차 남북적십자회담 취재를 위해 평양으로 파견되었을 때

- 서석준 전 상공부 장관이 전두환 대통령에게 간곡히 부탁하여 영문 경제 전문지 비즈니스코리아의 발간 허가를 받고 '내 몸에 있는 인쇄 잉크 (Printer's ink)를 다 쏟아 붓겠다'고 다짐했을 때

- 커뮤니케이션즈코리아 설립 후 홍콩을 방문하여 세계 최대의 PR 회사였던 힐 앤 놀턴 CEO와 4시간 대화 후 커뮤니케이션즈코리아가 힐 앤 놀턴의 공식 파트너로 인정받았을 때

- 처가에서 아내와의 결혼을 허락해 주었을 때

한국에 진출해 있는 외국 원조단체인 캐나다 유니테리언 서비스의 김창숙 부장을 취재 중 만나게 되었다. 김 부장은 이화여대 사회학과 출신으로 외원 단체에서 오래 근무하고 있었다. 어느 날 회사에서 기사를 마무리하고 있는데 김부장의 전화가 걸려왔다. '김 기자, 며칠 있다 시간 좀 내줘야 되겠다. 참한 친구 하나 소개해 줄려고 해...' 김 부장과는 스스럼없이 반말을 주고 받는 사이였다. 김 부장은 이화여대 후배가 지금 우리 기관에 실습도 나오고 대학 논문도 쓰고 있는데 며칠 있다가 시내 한 호텔에서 교수님들을 모신 사은회가 있으니 그날 참석해서 파트너 역할을 해줘야 되겠다고 했다.

이러한 인연으로 그 '이대 후배'와 서로 사귀게 되었으며 1978년 결혼까지 골인하게 되었다. 13평짜리 신혼집 연탄 아궁이에서 매운 연기를

커뮤니케이션즈코리아가 담당해 온 300여개의 클라이언트 일부

맡으며 연탄 구멍을 맞추는 일을 생전 처음 해본다면서 힘든 신혼 생활을 아무 불평 없이 감수한 아내에게 항상 고마움을 느끼고 있다.

연애 후 결혼에 대한 얘기가 나오자 처갓집에서 강하게 반대를 하여 어려움을 겪었다. 장인어른은 일제시대 연세대학교 세브란스 의과대학을 졸업한 후 고향인 청주에서 병원을 운영하고 있었다. 환자들을 지극 정성으로 진료하여 청주에서 좋은 평을 받고 있던 장인어른과 장모가 반대한 이유는 '기자'라는 직업이 싫어서였다.

당시 지방 주재 기자들은 병원에서 일어나는 불가항력적인 인사 사고를 뒤에서 조정하면서 장례에 관여하는 경우가 가끔 있었다. 그 당시 일부 지방 주재 기자들은 월급도 본사에서 받지 못하고 있어 정당하지 못한 수단으로 돈을 벌려고 했으니 지방 병원들에게는 골칫거리였던 모양이다. 이런 사실 때문에 고통을 당해본 장인이 기자라는 직업 때문에 결혼을 반대하는 것은 이해할 수 있었다.

그 후 자주 만나서 인사드리고 또 '영자지 신문 기자는 일반 신문 기자와 다른 부분이 많고 특히 지방 주재기자는 전체 기사들 중에 아주 소수이며 일부에 속한다'고 설득도 하면서 기자라는 직업에 대한 부정적 선입 견을 지우는데 성공하여 결국 결혼 허가를 얻어내게 되었다. 필자가 어렵게 지내온 얘기를 듣고서 '그런데도 얼굴에 어두운 구석이 없어서 좋다'고 허락해 주셔서 지금까지 힘든 PR인의 길을 걷는데 동반자가 되어 큰 힘이 되어 주고 있다.

비즈니스코리아를 경영하면서 출발은 좋았으나 영문 경제 잡지 시장이 잘 되는 기미가 보이자 5-6개의 유사 영문 경제 잡지가 경쟁적으로 창간 되었다. 그들은 대기업 홍보실을 향해 왜 비즈니스코리아하고만 광고 계약을 하느냐고 항의를 하면서 기업에 대한 비판 기사까지 쓰겠다고 압력을 가하니 주요기업 홍보실에서도 당분간 광고 게재를 중단한다는 통보를 해왔다. 이 바람에 회사 운영이 무척 어려워져 어떤 때는 월급날이 다가오면 아내가 임신한 무거운 몸을 이끌고 친구에게 돈을 빌리러 간 적도 있었다. 모든 것을 접고 대기업에 취직이나 할까 생각도 하였으나 포기하지 않고 끝까지 한 우물을 파는 결심을 한 네에는 고등학교 때부터 어려운 환경을 이겨낸 불굴의 의지 때문이었다고 자평하고 싶다.

이런 새로운 상황 전개로 비즈니스코리아 경영 상태는 점차 나빠지기 시작하여 10년 간의 발행을 마감하고 박정환 씨에게 비즈니스코리아 경영을 넘기고 PR 전문 회사인 커뮤니케이션즈코리아에만 집중하기로 하였다. 아쉬움을 달래기 위해 커뮤니케이션즈코리아 신규 사업 개발에 몰두하였다.

필자는 고등학교 때 부친의 사업 실패로 집안이 기울어져 고등학교 1학년 이후 현재까지 누구의 도움도 받지 않고 혼자 살아왔다. 고등학교 1학년부터 가정교사로 남의 집에 입주하여 저녁 식사 후부터는 가르치는 일이 시작되어 밤 11시경이 되어야 가정교사 수업이 끝났다. 그 이후는 필자의 공부 시간이 시작된다.

하루는 영어 교과서를 펼쳤다가 집을 나가달라는 쪽지를 발견했다. 그 이전에도 몇 번 그런 쪽지를 발견하긴 했지만 참지 않을 수 없는 형편이었기 때문에 꾹 참으면서 버텼다. 하지만 다섯 번째 쪽지를 발견한 12월 23일, 그날 일은 정말 잊을 수 없다. 도저히 더 이상 참을 수가 없었다. 가방과 이불 보따리 하나만 둘러메고 그 집을 뛰쳐나오게 되었다.

한 두 시간을 정처 없이 방황해도 어디 갈 곳이 없었다. 이를 꽉 깨물고 현 영남대학 전신인 대구대학 옆 야산에 올라가서 이불을 깔고 누웠다. 밤하늘의 별들만 눈에 들어왔다. 눈물이 그치지 않고 두 뺨으로 흘러내렸다. 심신이 고단했던지 곧바로 잠이 들었던 모양이다. 새벽 4시경 이불이 축축해서 눈을 떴더니 이불에 눈이 쌓여 있었다. 일어나 눈을 털고 이불을 접고 학교로 향했다. 마침 평소에 알고 지내던 수위 아저씨가 보이기에 사정을 얘기했더니 도서관으로 안내해서 난로 불을 피워주고 찐빵 몇 개도 건네주었다.

여러 가지 사정으로 볼 때 서울로 유학을 하여 대학 생활을 시작할 형편이 되지 않았으나 무조건 도전하기로 마음을 먹고 3등 야간열차에 몸을 싣고 서울로 올라왔다. 고교 친구의 도움을 받아 며칠 간 그 친구 집에서 숙식하면서 대학 시험을 치르기로 하였다. 여러 어려운 과정을 극복한 후 서강대학교 영문학과에 합격하여 본격적으로 대학생활을 시작하였다. 거기서 PR인 36년, 언론인 14년의 발을 내디디게 되었다.

지금 생각해보니 필자는 여러 가지로 운이 좋았던 것 같다. 우리나라는 1988년 올림픽과 함께 노태우 정부가 출범하면서 사실상 민주화가 시작되었다고 해도 과언이 아니다. 김영삼, 김대중, 노무현 정부로 이어지면서 확고한 민주주의 국가의 기반을 잡았다. PR이란 민주주의가 전제가 되어야 하는 직업이고 산업이다. 그 전 군사독재 시대에는 권력을 가진 소수자, 재벌, 그리고 권언유착을 하고 있는 언론사와의 관계 유지와 로비만이 PR의 대부분이었다. '민주주의가 발달하면 PR이 발달하고 PR이 발달한 나라는 반드시 민주주의가 발달된 나라이다' 이는 대명제이다. 필자가 언론인으로서의 커리어를 접고 PR 회사인 커뮤니케이션즈코리아를 시작한 다음해가 바로 노태우 정부가 시작된 해이니 사업의 운대는 분명히 있었던 듯하다.

여러 곳에서 후배 PR인들을 자주 만난다. 그리고 빠르게 변해가고 있는 PR 현장 소식을 듣게 된다. AI의 등장 때문에 큰 걱정을 하고 있다는 사실도 알고 있다. 작년 10월에 등장한 생성형 AI 챗GPT는 실제로 계속 기능이 발전하고 있고, 사람 이상의 생산성과 효율성을 보이고 있으며, 전 세계적으로 AI에 대한 활용과 투자가 급격하게 일어나고 있다. 실제로 AI 기술을 보면 상상도 못할 기술의 발전으로 보이기도 한다. 하지만 극도로 발전한 AI 기술이 규제되고 있지 않아 우려의 목소리도 많다. 왜냐하면 AI는 인류가 새로운 과학문명시대를 개척하는 혁명적인 기술이 맞지만, 초연결 사회(hyper connected society)인 우리 현주소에서 AI의 부정적인 사용은 원자폭탄과 맞먹을 정도로 무시무시한 위험 요소도 가지고 있기 때문이다.

이에 대해서 지금 이 순간이 오펜하이머 모먼트(Oppenheimer Moment)라고 비유하면서 AI의 기술혁명이 인류에게 이득을 주는 것이 아닌 또 다른 무기 개발(creation of AI weapons)을 초래해 인류에게 또 다른 시련을 가져올 수 있다는 얘기가 나오고 있다. 이런 경각심으로 인해 미국 등 주요 선진국들은 거대한 테크 기업들을 대상으로 강력한 규제의 움직임을 보이고 있다. 바이든 대통령은 대표적 테크기업 대표들로부터 AI가 가져올 리스크를 규제해 나가고, 안전 테스트를 하고, 정부, 시민 사회, 학계 등과 정보를 교환하고 사이버 안전을 강화하는 등 약속을 받았다. 반면, 중국은 AI 기술에 대한 투자가 미국보다 비중이 높고 계속해서 확대하고 있는 것을 보면서 앞으로 AI가 인류의 편의와 효율성을 위한 도구뿐만 아니라 위협적인 무기가 될 수도 있다는 점을 유의해야 할 것 같다는 생각이 들었다.

이와 더불어 UN은 새로운 무기로서 AI가 아닌 인간 사회의 인권 박탈과 차별 등이 더욱 불거질 수 있다는 것도 경고하며 이런 부분도 규제에 포함해야 한다고 강력하게 주장하고 있다. 이처럼 현재 AI는 인류에게 축복인 동시에 재앙이 될 수 있는 양면성을 가지고 있고, 어찌 보면 인류에게 또 하나의 위기, 나아가서는 종말론의 불안을 조성할 수도 있다는 끔찍한 생각이 든다. 이런 미지의 세계에 대한 우려와 불안감을 생각해보면, 앞으로 후배 PR인들이 함께 머리를 맞대어 고민하면서 PR과 위기관리를 통해 AI가 인류에게 흉기가 되지 않고, 올바른 활용과 규제로 이기(利器)가 될 수 있도록 지혜를 짜내기를 바라는 마음이다.

딸에게 회사의 경영을 넘기다

회사를 경영하는 많은 지인들의 말년 고민은 후계자가 없어 회사를 팔거나 문을 닫는 것이다. 이런 면에서 필자는 딸인 김희진(부사장)에게 회사의 경영을 넘길 수 있다는 사실에 크게 다행이라고 생각하고 있다. 김

커뮤니케이션즈코리아 김희진 부사장

부사장은 현재 한국 PR협회 대외협력이사로 활동 중이다. 필자의 딸은 인턴부터 시작하여 오랫동안 힘든 과정을 거쳐 오늘에 이르렀기 때문에 PR의 주요 트렌드를 잘 파악하고 있고 주위의 많은 고객들과 좋은 관계를 유지하고 있어 PR 업무가 적성에 맞는다고 생각하고 있다. 그러나 어떤 때는 미팅에 지쳐 녹초가 되어 들어오는 딸을 보면서 내가 잘못된 길을 제시한 것은 아닌가 자문할 때도 있었다.

필자에겐 이번 책이 5번째 책이다. 그 동안 『큰 생각, 큰 PR』, 『Let's PR』, 『위기를 극복하는 회사 위기로 붕괴되는 기업』, 『생생한 PR현장 이야기』 등을 발간하여 PR 업계로부터 좋은 반응을 얻었다. 이번에는 한가지 주제로 쓰지 않고 36년 간의 경험을 기본으로 종합적인 글을 쓰게 되었다. 새벽 2시까지 글을 쓰기 위해서는 체력 보강이 필요했다. 운동 시간을 평소의 두 배로 늘려 하루에 거의 3시간 가까이 뛰기, 자전거 타기, 노 젓기, 말타기 운동을 하였다.

필자는 가끔 아이비 리(Ivy Lee)를 생각한다. 에드워드 버네이즈보다 반 세대 앞선 PR인으로 필자와 같이 기자 출신이고 미국에서 세 번째로 PR 회사 '파커 앤 리(Parker &Lee)'를 만든 사람이다. 그 당시 거의 'Publicity Only(언론사에 기사만 실어주는)'에 가까운 PR 대행업에 컨설팅 기능을 갖추게 한 선구자다. 광고나 선전에 가까운 기사 실어주기, 남의 스캔들이나 파헤치고 회사 비리 터뜨리기가 횡행하던 시절에 보도자료(Press Release, 그 전에는 Handout이라는 말로 통용)라는 것을 만들어 정식으로 언론에 정확한 정보를 제공하고 언론인들의 취재에 협조하는 새로운 PR의 시대를 연 사람이다.

그가 110년 전에 발표했다는 원칙 선언(Declaration of Principle)은 지금 보아도 신기하고 대단하다. 첫째, 우리가 하는 일은 비밀이 아니고 공개한다. 둘째, 우리가 하는 일은 뉴스의 제공이다. 셋째, 우리가 제공하는 보도자료는 광고가 아니다. 불필요 하면 이용하지 말라. 넷째, 보도와 관련해서 도움이 필요하면 기꺼이 돕겠다. 다섯째, 기업이나 공공기관을 대신해서 시민들이 알아야 할 가치 있는 관심사를 정확히 알린다. 미국의 PR 역사는 선전, 공보, PR 순으로 발전했다면 아이비 리는 공보의 시대를 연 사람이다. 기자를 하다 PR 회사를 만든 필자와 같은 경력의 사람이기에 더욱 흥미가 간다. 그는 록펠러, 루즈벨트(대통령), 찰스 스왑(베들레헴철강), 조지 웨스팅하우스, 오토 칸(도이치 뱅크) 같은 쟁쟁한 거물들을 상대로 한 PR 컨설팅으로 크게 성공했다. 그가 위대한 것은 새로운 PR을 시작했다는 것이다. 창업이나 같은 일이다. 비슷한 삶을 산 필자가 존경하지 않을 수 없는 인물이다.

그러나 필자가 진정으로 존경한 PR인은 에드워드 버네이즈 같다. 우선 아이비 리보다 14살 적은 사람이지만 103세까지 활동하면서 105세(1891-1995)까지 살았으니 가히 신화적이지 않은가(아이비 리는 57세에 타계, 1877-1934). 요즘 말로 벤치마킹할 것들이 너무나 많은 인물이다. 버네이즈에 관한 책 『큰 생각, 큰 PR』도 출간하여 많은 분들의 성원과 사랑을 받기도 하였다. 특히 한국에서 처음으로 PR 회사를 차린 필자로서는 아이비 리와 버네이즈가 큰 힘이 되었다. 처음 시작하는 필자의 PR 사업에 조언을 해 줄 선배나 선각자가 국내에 없었기 때문이다.

원로가 되어가는 선배로서 PR업을 어떻게 하면 그 위상을 높이고 훌륭한 인재들이 모이게 할 수 있을까 고민해볼 때가 있다. 그것은 결국 PR을 아무나 하는 일반 직업(occupation)이 아닌 전문 직업(profession)에 가깝게 가게 하는 것이라 생각한다. 전문 직업이 되는 기준은 한 네 가지로 요약되지 않을까 싶다.

첫째는 그 직업에 체계적이고 깊은 전문 지식이 있어야 한다. 의사나 법조인이 되려면 엄청난 전문 지식과 훈련이 필요하지 않은가. 앞으로의 PR 직업은 조사(research)와 통계 분석, 언론과 미디어에 대한 지식, 다양한 소셜 미디어 활용 능력, 전문 기획 능력, 빅데이터 분석, 높은 어학 수준과 같은 지식적 전문성을 갖추어야 일할 수 있는 전문 직업이 되었으면 한다.

공무원 조직에서는 대변인이나 공보관이 되는 것을 선호한다

둘째는 진입장벽이다. 법조인이 되려면 로스쿨을 나오고 변호사 시험을 통과해야 한다. 의사가 되려면 의과대학 6년 과정에 더해 3-4년 이상의 수련의 과정을 거쳐야 한다. 물론 언론인이나 PR업에 자격증을 부여할 수는 없으며 국가고시와 같은 시험을 보게 할 수는 없다. 그래도 아무나 쉽게 들어올 수 있는 직업이 되면 곤란하다고 본다. 언론은 그래도 언론고시라 불리우는 진입장벽이 있지 않은가. PR인도 점차 높은 학력과 전문 지식을 요하는 좁은 문이 되어야 전문 직업의 길로 가까이 갈 수 있다고 생각한다. 그러기 위해서는 PR업이 선호하는 직업이 되어야 한다. 지금 공무원 조직에서는 과거와 달리 대변인이나 공보관이 되는 것을 선호한다. 진급을 위한 필수 코스가 되는 곳도 많다. 대표와 자주 만날 수 있고 언론인들을 만나면서 많은 세상을 경험을 할 수 있기 때문이다. 사회적 네트워킹의 기회는 물론이다.

셋째는 윤리강령(code of ethics)이 필요하다. PR은 제품을 파는 마케팅이나 광고와는 다르다고 본다. 우선 사회적 공기인 언론을 다루기 때문이다. 또 여론을 만들고 이끄는

한국PR협회 로고

한국PR기업협회 로고

직업이다. 필요하면 국민들을 계도해야 할 때도 있다. 항상 여론 조작의 위험이 따르는 직업이다. 얼마 전 세상을 떠들썩하게 만든 한 PR인의 언론인과 기업, 금융인 로비 게이트와 같은 사건이 윤리강령의 중요성을 잘 말해주고 있다. 'PR은 로비가 본업이고 언론에 안 나게만 하면 되는 직업'이라는 그릇된 인식은 꼭 불식시켜야 한다. spin doctor의 오명을 후배들에게 불려주어서는 안된다.

마지막으로 협회의 필요성이다. 모든 강력한 전문 직업은 다 협회가 존재한다. 변호사협회, 의사협회 등 협회의 존재 이유는 전문인들끼리 이익을 도모하고 사회적으로 그 직업을 인정받게 만드는 것이다. 우수한 후진 양성도 돕는다. 협회가 없거나 약하면 외부의 간섭이 들어오고 자율의 기능이 무너진다. 지나친 경쟁을 막고 동반성장의 길을 열어준다. 국내에는 한국PR협회와 한국PR기업협회가 어려운 여건 속에서도 PR 산업 발전을 위해 열심히 노력하고 있다.

에드워드 버네이즈(좌)와 아이비 리(우)

PR이 전문 직업이 되기에는 매우 열악한 환경이라는 것을 잘 알고 있다. 그래도 미래를 이야기하자면 조금씩이라도 전문 직업의 길로 나아가야 한다. 그래야 발전이 있다. PR은 결국 커뮤니케이션이다. PR학의 주요 학자인 제임스 그루닉(James E. Grunig) 교수도 수업과 논문에서 가장 많이 사용하는 용어가 바로 커뮤니케이션이다. 이 이상의 용어를 발견하기 힘들기 때문일 것이다. 실제로 홍보, 소통 등으로 용어를 바꾸어 보려고 했지만 커뮤니케이션만한 용어를 찾기 힘들다. 필자 회사의 이름이기도 하지만 결국 이 말은 사람과 집단 간의 정보 제공과 인식, 상호 이해, 소통, 호감, 의도, 행동, 평가와 같은 요소들이 다 내포된 포괄적 개념이다.

그간 기자 및 발행인 생활과 PR인 생활을 하면서 겪은 사례들을 이 책에서 소개하면서 후배들에게도 조금이라도 도움이 되고 좋은 인재가 PR 산업계로 더 많이 지원하는 계기가 되어 준다면 더할 나위 없는 기쁨이다. 마지막으로 전설의 두 거인 아이비 리와 에드워드 버네이즈가 만났을 때 나눈 이야기로 끝맺고 싶다. 아이비 리는 버네이즈에게 '이제 이 직업(PR)은 더 이상 하기 어려울 걸세. 아마 우리 대에서 끝날 것 같네.' 라고 말했다. 그러나 이 말을 들은 버네이즈는 결코 동의하지 않았다. '더 크게 화려하게 발전할 것입니다.' 그러나 이는 속으로 한 말이다. 과연 버네이즈는 그 생각을 이루었다. 이제 우리가 후배들에게 말할 차례다. "우리의 PR업은, PR 커뮤니케이션 분야와 산업은 앞으로도 지속적으로 크게 발전할 것입니다."

참고문헌

1. 김경해, 『큰 생각, 큰 PR』 서울: 커뮤니케이션즈코리아, 2004.

2. 노전표, 최화열, 『매복 마케팅』, 서울: 북코리아, 2013

3. 래리 타이, 『여론을 만든 사람, 에드워드 버네이즈』, 서울: 커뮤니케이션북스, 2004.

4. 한정호, 손진기, 『성공적인 마케팅 PR』, 서울: 한나래, 2014.

5. Harris, Thomas, 『The Marketer's Guide to PR』 New York: John Wiley & Sons, Inc. 1991

6. Harris Thomas and Whalen, T. Patricia, 『The Marker's Guide to PR: 21st Century』 USA: Thomson Corporation, 2006.

7. Jeffrey L. Cruikshank 『The Apple Way』 USA: McGraw-Hill, 2005

8. Patricia Swann, 『Cases in Public Relations Management: The Rise of Social Media and Activism, Third Edition』 USA and London: Routledge Taylor & Francis Group 2020

9. Tory Altman 'How Santa brought Coca-Cola in from the cold' National Museum of American History https://americanhistory.si.edu/blog/santa-coca-cola

10. '125 years of sharing happiness' The Coca-Cola Company https://www.coca-colacompany.com/content/dam/company/us/en/about-us/history/coca-cola-a-short-history-125-years-booklet.pdf

11. '산타·북극곰...코카콜라는 겨울에 컸다' 중앙일보 , 2012.12.21, 경제 07면

12. Editorial 'The 13 Million Story Behind Red Bull 3 i'es the Tagline.' Business Outreach, https://www.businessoutreach.in/million-story-behind-red-bulls/

13. 'So Red Bull doesn't actually 'give you wings'' Emma Brant , BBC News, 9 October 2014 https://www.bbc.com/news/newsbeat-29550003

14. 'Red Bull Spreads its Wiiings' Professor Nader Tavassoli PhD., London Business School, Harvard Business Review, September 01, 2022

15. 'Red Bull settles false advertising lawsuit for $13M' Pete Evans, CBC, Oct 09, 2014 https://www.cbc.ca/news/business/red-bull-settles-false-advertising-lawsuit-for-13m-1.2793536

16. 'When Red Bull didn't give you wings' Abhishek Sahoo, Insider, 20 March 2021 https://insider.finology.in/business/when-red-bull-didnt-give-wings

17. 'Demarketing, yes, demarketing' Philip Kotler and Sidney J. Levy, Harvard Business Review November - December 1971

18. 'Welcome to the Age of Demarketing!' Philip Kotler, Medium, Jan 31 2021

19. 'Legendary Designer Paula Scher on How to Get Started in Graphic Design' Michell Santiago Cortes Oct 19, 2018

20. 'The $1.5m napkin: Paula Scher's 5 minute logo' Ned Dwyer, Medium, March 7 2017

21. 'Why Aren't People Paid According To How Difficult Their Jobs Are?' Forbes July 16, 2018

PR인의 꿈 그리고 성공
창조적 발상, 감동과 흥미의 생생한 PR스토리들!

초판 1쇄 발행 2023년 11월 10일

지은이 김경해

발행처 도서출판 북적임
출판등록 제2020-000007호
전화 070-8095-9403
팩스 0303-3444-0166
이메일 pso1124829@gmail.com

Copyright ⓒ 2023 김경해

ISBN 979-11-969609-5-7 03320

- 책값은 뒤표지에 있습니다.
- 잘못된 책은 구입하신 곳에서 바꾸어 드립니다.
- 이 책은 저작권법에 따라 보호를 받는 저작물이므로 무단 전재와 무단 복제를 금지합니다.

> 도서출판 북적임에서는 작가 분들의 원고 투고를 기다리고 있습니다.
> 책 출간을 원하시는 작가 분은 이메일 pso1124829@gmail.com으로 책에 대한 간단한 개요와 집필 의도, 내용 요약본, 원고 등을 작성해서 보내주세요.